本书是国家自然科学基金面上项目（71972172）、浙江省社科领军人才培育专项课题
（23QNYC12ZD）、浙江省哲学社会科学规划课题（20NDJC114YB）、教
研究规划基金项目（19YJA630101）的阶段性研究成果，受到以上

杨玉香　著

环境规制下供应链网络
运营决策与优化

HUANJING GUIZHI XIA GONGYINGLIAN WANGLUO
YUNYING JUECE YU YOUHUA

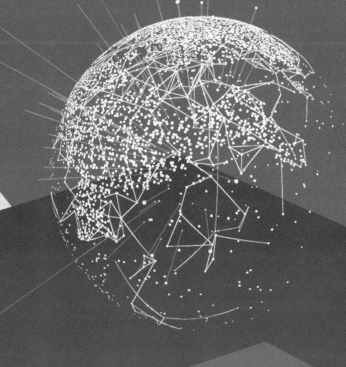

中国财经出版传媒集团
经济科学出版社
Economic Science Press

图书在版编目（CIP）数据

环境规制下供应链网络运营决策与优化／杨玉香著.
－－北京：经济科学出版社，2023.6
ISBN 978 - 7 - 5218 - 4094 - 0

Ⅰ.①环…　Ⅱ.①杨…　Ⅲ.①供应链管理－网络营销
Ⅳ.①F252.1

中国版本图书馆 CIP 数据核字（2022）第 184150 号

责任编辑：周胜婷
责任校对：徐　昕
责任印制：张佳裕

环境规制下供应链网络运营决策与优化

杨玉香　著

经济科学出版社出版、发行　新华书店经销
社址：北京市海淀区阜成路甲 28 号　邮编：100142
总编部电话：010 - 88191217　发行部电话：010 - 88191522
网址：www. esp. com. cn
电子邮箱：esp@ esp. com. cn
天猫网店：经济科学出版社旗舰店
网址：http：//jjkxcbs. tmall. com
固安华明印业有限公司印装
710×1000　16 开　15.75 印张　250000 字
2023 年 6 月第 1 版　2023 年 6 月第 1 次印刷
ISBN 978 - 7 - 5218 - 4094 - 0　定价：94.00 元

序

这是一本可持续运营管理领域经典的著作。该书作者自 2008 年以来的 10 多年时间内，陆续在《管理科学学报》《系统工程理论与实践》《中国管理科学》《管理工程学报》《控制与决策》以及 *Transportation Research Part E: Logistics and Transportation Review*、*Computers & Industrial Engineering*、*Asia - Pacific Journal of Operational Research*、*Environmental Progress & Sustainable Energy* 等国内外顶级期刊上发表了若干关于可持续运营管理的研究成果，并于 2014 年、2019 年承担了关于本主题的 2 项国家自然科学基金项目、2 项教育部项目以及多项省级课题，本部专著即是这几项课题研究成果的主要部分。这本专著丰富了供应链管理理论，具有重要的理论价值和实践指导作用。

该书针对环境规制下供应链网络运营决策与优化问题展开研究，重点研究了碳排放税收政策下供应链网络成员企业博弈问题、碳税和碳限额与交易政策下供应链网络均衡问题、政府监督下供应链成员企业演化博弈关系、政府惩罚机制下制造商低碳技术选择问题、低碳供应链网络优化设计问题、碳交易政策下供应链协调问题、基于减排成本分摊契约的供应链协调问题以及供应链动态减排协调问题。

该书的研究工作是对当前国内外供应链管理理论的有益和必要的补充，研究成果对提升低碳供应链管理水平具有重要的参考价值，相信本专著将为可持续供应链管理理论提供新的研究视角，值得研读。

周根贵
2022 年 6 月于杭州

前 言

随着经济的快速增长，我国能源环境问题越来越突出，经济发展呈现典型的高碳特征，挑战巨大。根据世界能源所数据显示，2009 年我国已超过美国，成为世界上第一大碳排放国家。随着能源消耗的迅速增长，碳排放总量也呈现快速增长趋势。在碳排放持续增长导致全球气候变暖的大背景下，我国的气候系统和生态环境也面临着前所未有的威胁和挑战，这一问题已引起我国政府高度重视。我国的 2023 年政府工作报告中提出：推进能源清洁高效利用和技术研发，加快建设新型能源体系，提升可再生能源占比；完善支持绿色发展的政策和金融工具，发展循环经济，推进资源节约集约利用，推动重点领域节能降碳减污，持续打好蓝天、碧水、净土保卫战。发展低碳经济已成为我国经济发展的必然趋势。

低碳时代，供应链网络中的企业应顺应潮流，选择可持续发展的经营战略，培育以低碳排放为特征的新经济增长点。在全球化竞争环境下，市场主体的竞争已不再是单个企业间的竞争，已经演变成供应链间的竞争。因此，寻求低碳经济的发展模式，实现供应链的低碳化发展是一个重要途径。这种背景下，企业更应该从供应链角度出发，优化各节点企业及整个供应链的低碳行为，通过链上企业相互合作来解决碳排放问题，实施低碳化供应链管理。

本书共 11 章，每章主要内容概况如下：

第 1 章绪言，概述本书的研究背景，介绍碳排放规制相关政策的现状。

第 2 章研究综述，阐述本书的国内外研究现状。

第 3 章碳税政策对供应链网络成员企业决策的影响，针对三种碳税决策框架：分权碳税框架、集权碳税框架——固定阈值、集权碳税框架——弹性阈值，建立碳排放税收政策下供应链网络成员企业博弈模型，分析碳排放税收政策下供应链网络成员企业关于生产决策、分销决策、碳排放量的反应，研究为达到预期的环境目标，政府相关部门如何调整单位碳排放税，同时，根据成员企业相关经济指标的均衡结果，政府相关部门又如何调整碳排放的环境目标。

第4章供应链网络均衡下碳税与碳交易政策比较，探讨这两种减排政策下供应链网络成员的优化问题及均衡条件，以及两种减排政策的均衡条件，构建两种减排政策下的供应链网络均衡模型，并对两种政策进行对比。

第5章政府监督下供应链成员低碳技术选择演化博弈关系研究，考虑在低碳生产中会出现"搭便车"的行为问题，构造政府监管上下游企业采用低碳技术的演化博弈模型，得到了不同情况下的演化稳定状态，并对此进行分析。

第6章政府惩罚机制下制造商低碳技术选择的演化博弈分析，针对企业是否选择低碳化生产策略，将市场上企业间的结构分成四种情形，考虑消费者低碳意识和政府惩罚机制对企业决策的影响，分别给出四种情形下企业的均衡价格和利润，在有限理性空间构建演化博弈模型，分析博弈群体的稳定性条件。

第7章低碳供应链网络优化设计问题，考虑柔性供应策略、设施改造对网络优化的影响，并以经济成本最小、碳排放量最低、社会效益最大为优化目标，构建多目标的多情景－模糊优化模型。针对模型中的不确定参数，用三角模糊数与多情景优化的方法处理其模糊性和随机性，然后根据不同的分析角度，分别用线性加权法和 NSGA－Ⅱ算法对模型进行求解。

第8章碳交易政策下供应链协调研究，研究碳排放权交易政策下两级供应链合作减排的单周期决策。设计以零售商主导、制造商跟随的斯塔克伯格博弈，分析比较有无成本分担契约两种情况下的制造商的减排量、零售商的订货量及双方利润变化。

第9章基于减排成本分摊契约的供应链协调研究，考虑在消费者低碳偏好的情况下，研究由一个制造商和一个零售商组成的供应链的协调问题。通过比较不减排和减排情况可以发现，单纯的合作减排不能实现供应链协调，针对这一问题，本章设计减排成本分摊契约进行供应链协调，进而实现制造商和零售商的帕累托改进。

第10章考虑消费者低碳偏好的供应链动态减排协调研究，针对两级供应链，考虑消费者的低碳偏好和碳交易政策，建立分散决策和集中决策两种情形下的微分博弈模型解决供应链动态优化问题，比较两种情形下的最优均衡反馈策略、减排量的最优轨迹及最优利润，提出减排策略。

第11章结论和展望。

本书系国家自然科学基金面上项目"考虑产品低碳责任的可持续供应链网络均衡及协调机制研究（71972172）"、浙江省社科领军人才培育专项课题"环境规制下电子废弃物回收处理模式选择及政府激励机制研究（23QNYC12ZD）"、浙江省哲学社会科学规划课题"新能源汽车动力电池回收处理模式及政府激励机制研究（20NDJC114YB）"、教育部人文社会科学研究规划基金项目"环境规制下电子废弃物逆向物流实施主体行为互动机制及网络优化研究"（19YJA630101）的阶段性研究成果，并受到了以上项目的资助。在此，笔者一并致以衷心的感谢！此外，感谢研究生管倩在低碳政策、文献综述的归纳和整理方面所做的工作；感谢研究生刘秀磊在网络优化模型建立及数据分析方面所做的工作；感谢研究生武丹、卢诗在协调问题方面所做的资料收集及分析工作。

目 录

第1章

绪　　言

1.1　研究背景

随着全球工业化进程的加快，社会的经济结构和产业模式都得到了质的飞跃，且随着科学技术的日益革新，产品的生命周期逐渐变短，人类社会的物质文明处于空前繁荣的时期。然而，经济的快速发展不可避免地带来了能源的过度消耗以及环境的破坏，二氧化碳的过度排放致使全球的生态系统面临着巨大的考验。南极冰川的逐渐融化、海平面的持续上升、植被面积的不断减小，使越来越多的物种失去自己的家园。据有关研究表明，20 世纪以来，全球的海平面因为气温变化已经上升了 10 ~ 20 厘米，全球气候变暖将导致海平面在未来的 100 ~ 200 年内上升 1 米，一旦海平面大幅度上升，整个世界现有的格局将会被彻底打乱，全球的经济和环境将遭到前所未有的损失①。因此，全球的环境问题已经成为当前社会需要面对的最严峻的挑战之一，影响着一个国家的国际声誉，并严重威胁社会安全。另外，消费者对产品的要求也日趋复杂且不断变化，人们环保意识在不断提高，消费

---

① 赵宗慈，罗勇，黄建斌. 全球变暖和海平面上升 [J]. 气候变化研究进展，2019，15（6）：700 – 703.

者越来越倡导绿色生活和低碳消费。在此背景下，传统的仅仅关注经济收益的供应链管理策略已经不再适用于当下环境，越来越多的企业将低碳管理融入供应链管理当中，以树立良好的企业形象，提升企业的竞争力。

目前，世界各国高度关注温室气体和能源紧缺带来的危害，发展低碳经济、实现节能减排已经逐渐被各个国家重视。国际组织及各国政府陆续出台了一系列政策法规来实现节能减排的目标。1997 年底在日本京都通过了《京都议定书》，议定书给各国规定了减排义务。2000 年，我国发布了《中华人民共和国大气污染防治法》，国家将采取措施，有计划地控制或逐步削减各地方主要大气污染物的排放量。2009 年 12 月，包括中国在内的 192 个国家在哥本哈根召开《联合国气候变化框架公约》缔结方第 15 次会议，会议维护了《联合国气候变化框架公约》以及《京都议定书》确立的"共同区别"原则。各国在会议上就减排问题做出了相应的承诺。2010 年，在墨西哥坎昆举行的第 16 届联合国气候变化大会，推动了温室气体排放量减排指标的落实，为日后应对全球气候变化奠定了基础。在国内政策的制定过程中，我国政府本着调节经济环境之间的平衡为目标，对中华民族负责、对世界负责的态度，重视气候影响问题。2007 年颁布的《中国应对气候变化国家方案》（见附录一）全面阐述了 2010 年我国应对气候变化的对策，提出了到 2010 年实现单位国内生产总值能耗比 2005 年降低 20% 左右的目标；党的十九大报告指出，当前的中国需要加快生态文明体制改革建设，建立健全绿色、低碳、循环发展的经济体系速度，启动全中国的碳排放交易体系，稳步推进全国碳排放权交易市场的建设工作。2021 年，李克强总理在 3 月 5 日召开的十三届人大四次会议上提出，中国要扎实做好碳达峰、碳中和的各项工作[①]。2021 年 12 月国务院制定的《"十四五"节能减排综合工作方案》（见附录二）提出要大力推动节能减排，深入打好污染防治攻坚战，加快建立健全绿色低碳循环发展经济体

---

① 政府工作报告 ［EB/OL］. （2021 – 03 – 13）. http：//www. npc. gov. cn/npc/kgfb/202103/4ce7f589a4c943b099d63f9f498bbb44. shtml.

系，推进经济社会发展全面绿色转型，助力实现碳达峰、碳中和目标。

低碳时代要求企业顺应潮流，选择可持续发展的经营战略，培育以低碳排放为特征的新经济增长点。然而，目前，我国仅部分企业认识到低碳化发展的重要性，并做出相应努力，但基本都是从自身出发尽量使用清洁能源、提高能源利用率、改进生产工艺等，这些方法仅在一定程度上减少了碳排放量，而且仅涉及单个企业的行为。在全球化竞争环境下，市场主体的竞争已不再是单个企业间的竞争，而是演变成供应链间的竞争。因此，寻求低碳经济的发展模式，实现供应链的低碳化发展是一个重要途径。这种背景下，企业更应该从供应链角度出发，优化各节点企业及整个供应链的低碳行为，通过链上企业相互合作来解决碳排放问题，实施低碳化供应链管理。

1.2 碳排放规制现状分析

目前采用的主要碳减排政策有碳交易政策、碳税政策和碳补贴政策。碳补贴政策现在多用于对高耗能高排放的行业，例如电力、钢铁等行业，或者对新能源行业进行补贴。碳补贴政策之后，为使碳减排政策更加合理与可量化，20 世纪 70 年代开始，欧美等国家开始征收碳税，爱尔兰使用碳税政策使得污染减少了 25%，这一政策旨在改善再生能源生产基础设施。加拿大的碳税计划目标是至 2030 年将碳排量降低到 2005 年的 30% 以下。此外，瑞典、意大利、日本等国家也实施了碳税政策，2013 年，我国将排污费改为环境税。2009 年，我国发布了"中国碳税税制框架设计"专题报告，并正式向全国人大提交碳税方案。虽然碳税政策对抑制二氧化碳排放量方面有一定积极作用，但对 GDP 的增长也有一定的负面影响，所以我国政府将碳减排政策的关注点放在了碳交易政策上。

碳交易政策是主要的碳减排政策之一。碳交易政策是政府给企业免费分配碳配额，并允许企业在碳交易市场上进行自由交易。若企业的碳排放量超出碳配额，可在碳交易市场上额外购买碳配额，若企业的碳排放量少于碳配额，可将剩余的碳配额出售。正是由于碳配额可以在企业与企业之间、企业与政府之间进行交易，并且碳交易政策又可以对有限的资源进行有效的配置，使得碳交易政策在世界各国得到认可。同时，碳交易政策在减少二氧化碳排放方面具有很好的发展前景，2017 年中国的碳强度比 2016 年下降 5.1%，相比 2005 年累计下降了约 46%[①]。

我国政府在 2011 年发布了《关于开展碳排放交易试点工作的通知》，并在北京、上海、天津、深圳等 7 个省市率先启动了碳交易试点工作。2017 年底，全国碳交易市场正式开始启动。为响应碳减排号召，电力行业于 2017 年底率先纳入全国碳排放权交易市场，之后钢铁行业碳交易市场也开始进入关键阶段。中国政府承诺减少碳排放，2030 年单位国内生产总值二氧化碳排放量比 2005 年下降 60% ~ 65%。国际社会对碳交易政策也越来越重视。[②]自 1997 年联合国气候大会决议通过了《京都议定书》，提出通过碳交易市场机制管制各个行业碳排放量，各国政府纷纷建立了碳交易市场。2017 年《巴黎协定》开始生效，至 2018 年已有 21 个碳排放交易体系在世界各国投入运行[③]。

1.3 全书内容概述

本书第 1 章概述了研究背景，介绍了碳排放规制相关政策的现状，并对全书内容进行简要介绍。第 2 章分析了全书主要研究内容的国内外研究现状，并进行了评述。第 3 ~ 10 章的内容如下：

（1）碳税政策对供应链网络成员企业决策的影响。第 3 章针对三种

---

①② 碳交易市场运行的中国经验 [EB/OL]. (2018 - 5 - 10). http：//www. tanjiaoyi. com/article - 24263 - 1. html.

③ 2018 全球碳市场进展报告 [EB/OL]. (2018 - 07 - 27). http：//www. tanjiaoyi. com/article - 24537 - 1. html.

碳税决策框架：分权碳税框架、集权碳税框架——固定阈值、集权碳税框架——弹性阈值，分别分析三种碳排放税收政策决策框架下供应链网络中成员企业收益的变化以及各企业间的交互行为，给出了各成员企业的均衡条件，并将其转化为变分不等式问题，建立碳排放税收政策下供应链网络成员企业博弈模型，并提出基于欧拉算法的模型求解方法。最后结合算例分析碳排放税收政策下供应链网络成员企业关于生产决策、分销决策、碳排放量的反应，研究为达到预期的环境目标，政府相关部门如何调整单位碳排放税，同时，根据成员企业相关经济指标的均衡结果，政府相关部门又如何调整碳排放的环境目标。

（2）供应链网络均衡下碳税与碳交易政策比较。第 4 章首先考虑由多个制造商、销售商和需求市场构成的供应链网络，分析两种减排政策——碳税以及碳交易，探讨两种减排政策下供应链网络成员的优化问题及均衡条件，以及两种减排政策的均衡条件，构建两种减排政策下的供应链网络均衡模型。然后基于欧拉方法求解模型，给出算例，分析碳税政策下，不同碳排放阈值下网络均衡结果的变化及最优的碳税税率确定问题；探讨碳交易政策下，单位产品碳排放量对网络均衡结果的影响，给出最优碳信用的分配方案。最后对两种政策进行对比。

（3）政府监督下供应链成员低碳技术选择演化博弈关系研究。随着环境不断恶化，消费者低碳意识逐步提高，低碳产品得到更多关注。第 5 章考虑在低碳生产中会出现"搭便车"的行为问题，构造政府监管上下游企业采用低碳技术的演化博弈模型。通过计算得到不同情况下的演化稳定状态，并对此进行分析。分析表明，政府的惩罚力度和补贴程度与上下游企业采用低碳技术和未采用低碳技术时的收益情况对博弈结果有很大的影响。政府应制定适当的政策逐步实现低碳生产，最终实现经济、社会和环境的共同发展。

（4）政府惩罚机制下制造商低碳技术选择的演化博弈分析。第 6 章针对企业是否选择低碳化生产策略，将市场上企业间的结构分成四种情形，考虑了消费者低碳意识和政府惩罚机制对企业决策的影响，分别给出四种情形下企业的均衡价格和利润。在此基础上，在有限理性空间构建演化博弈模型，分析博弈群体的稳定性条件。最后，数值仿真分析消费者低碳意识和政府惩罚机制对博弈群体行为的影响，给出消费者低碳意识和政府惩罚力度不同取值范围下系统的演化稳定策略，并分析了不同参数取值下企业决策的演化路径。研究表明：若消费者低碳意识在一定范围内，那么低碳意识的增加，将加快有限理性企业选择低碳技术。当超过这一范围，随着低碳意识的提高，企业将经历从部分采用到不采用的过程；随着政府惩罚力度的逐步提高，企业对于低碳技术的采纳将经历"不采用→部分采用→全部采用→部分采用→不采用"的过程。

（5）低碳供应链网络优化设计问题。第 7 章针对可持续的闭环供应链网络优化问题，考虑柔性供应策略、设施改造对网络优化的影响，并以经济成本最小、碳排放量最低、社会效益最大为优化目标，构建了多目标的多情景－模糊优化模型。针对模型中的不确定参数，用三角模糊数与多情景优化的方法处理其模糊性和随机性，然后根据不同的分析角度，分别用线性加权法和 NSGA－Ⅱ算法对模型进行求解，基于算例的求解结果，对目标权重的灵敏度、模型的稳健性以及目标间的冲突性进行分析；此外，还证明了考虑柔性供应策略和设施改造问题的必要性。最后，给出了闭环供应链网络设计的决策建议。

（6）碳交易政策下供应链协调问题。第 8 章研究碳排放权交易政策下两级供应链合作减排的单周期决策。设计以零售商主导、制造商跟随的斯塔克伯格（Stackelberg）博弈，分析比较有无成本分担契约两种情况下的制造商的减排量、零售商的订货量及双方利润变化。研究发现，提供契约后，在一定条件下，双方利润得到帕累托（Pareto）改进，并得到制造商的产品减排量及零售商的最优订货量和所提供的最优成本分担比例的区间。

（7）基于减排成本分摊契约的供应链协调研究。第 9 章考虑在消费者低碳偏好的情况下，研究由一个制造商和一个零售商组成的供应链的协调问题。零售商考虑市场需求决定其订货量，制造商根据零售商的订货量选择如何减排生产。通过比较不减排和减排情况可以发现，单纯的合作减排不能实现供应链协调，针对这一问题，第 9 章设计了减排成本分摊契约进行供应链协调，进而实现了制造商和零售商的帕累托改进，又运用鲁宾斯坦（Rubinstein）讨价还价模型确定成本分摊比例。

（8）考虑消费者低碳偏好的供应链动态减排协调研究。第 10 章针对由一个供应商和一个制造商构成的两级供应链，考虑消费者的低碳偏好和碳交易政策，建立分散决策和集中决策两种情形下的微分博弈模型解决供应链动态优化问题，比较两种情形下的最优均衡反馈策略、减排量的最优轨迹及最优利润，提出减排策略。通过数值仿真，进一步验证了命题的有效性；通过对消费者低碳偏好及碳交易价格进行灵敏度分析发现：随着低碳偏好的增加，供应商和制造商的减排量和供应链系统的利润均增加，并且政府在规划期内应及时调整碳交易政策，达到激励企业减排的效果。

第 2 章

研究综述

2.1 碳税政策下供应链产品定价及协调问题

目前，较多文献关注碳税政策对供应链决策的影响问题。张玉忠和柏庆国（2017）考虑了碳税政策，在时变市场需求依赖销售价格和当前库存水平情况下，设计批发价格契约和两部收费契约协调供应链。有学者研讨了碳税政策下单链系统以及存在竞争的双链系统的渠道结构问题，研究发现对于大排量污染者，权利下放时应该引入较低的碳税（Yu et al，2020）。还有学者针对一个制造商和一个零售商构成的闭环供应链，建立博弈模型评估碳税政策对制造商和再制造决策的影响（Luo et al，2022）。有些研究在模型中引入了消费者的低碳偏好。程永伟和穆东（2016）探讨了不同供应链碳税模式对定价、产能、碳排放强度等决策的影响，通过算例得到最优税率。杨惠霄和骆建文（2016）考虑消费者对低碳产品的偏好，在随机需求情形下设计批发价契约及收益共享契约，分析了碳税政策及消费者偏好对契约参数及减排率的影响。周艳菊等（2017）考虑到消费者具有环境意识，研究了碳税政策下两个制造商存在竞争的供应链定价和社会福利问题。曹细玉和张杰芳（2018）考虑碳税政策和减排补贴政策，构建了供应链博弈模型，发现成本分摊及收益共享组合契约可实现协调。夏西强和徐春秋（2020）构建碳税政策和低碳补贴下低碳企业和普通企业间的博弈模型，探讨了两种政策对产品价格、供应链收益及环境的影响。黄帝和张菊亮（2021）针对两个制造商和一个零售商的两级供应链，构建碳税政策下供应链博弈模型，分析了不同权力结构对供应链定价和减排决策的影响。有学者通过构建双渠道供应链模型，研究累进碳税对制造商生产、定价及排放水平决策的影响（Zhang et al，2021）。还有学者考虑经济约束的闭环供应链网络，将制造商分为低排放和高排放两类，探讨碳税和碳交易政策对供应链绩效的影响（Chen et al，2022）。

2.2 碳交易政策下供应链产品定价及协调问题

关于碳交易政策下供应链产品定价及协调问题，马秋卓等（2014）在配额制碳交易体系下，考虑具有不同低碳偏好的消费者，研究企业低碳产品定价问题。有学者在碳税以及碳限额与交易政策下，研究制造企业多产品联合生产和定价问题，比较两种政策对企业总排放量、利润和社会福利的影响（Xu et al，2016）。何华等（2016）考虑碳限额、碳限额与交易政策，探讨了绿色技术投入情形下企业产品定价决策问题。有学者通过考虑碳限额政策，研究双寡头垄断企业竞争与合作下的产品定价问题（Jian et al，2017）。还有学者通过考虑低碳政策约束下的低碳制造，研究两个竞争制造商的定价和减排决策问题，探讨生产效率、碳减排效率和市场权利结构对低碳制造的影响（Chen et al，2017）。周艳菊等（2019）考虑消费者环境意识和碳税政策，研究制造商存在竞争时的供应链成员定价问题，并研究碳税对消费者福利的影响。夏良杰等（2020）在碳交易政策下，在制造商减排决策中引入交叉持股战略，探讨了一个制造商和一个零售商组成的供应链定价问题。郭军华等（2020）考虑碳限额交易政策及消费者低碳偏好，研究了两个制造商和一个零售商构成的二级供应链定价问题，并给出沙普利（Shapley）值法协调供应链。

2.3　关于低碳供应链网络设计问题

关于低碳供应链网络设计问题，高举红等（2015）考虑了碳排放和市场的不确定性，在碳补贴政策下建立非线性混合整数规划模型优化家电闭环供应链网络，分析了碳补贴强度对网络设计的影响。扎克瑞等（Zakeri et al，2015）研究了碳税和碳排放交易政策下的供应链网络设计问题，评估了两种碳政策下供应链的绩效。法贺米等（Fahimnia et al，2015）建立了碳税政策下包括经济和碳排放的双目标规划模型，分析了碳税政策对网络设计的影响。尤瑞特等（Urata et al，2017）建立了双目标优化模型设计位于亚洲的全球供应链网络，并选择低碳供应商。李进和朱道立（2018）考虑参数的模糊性，建立了网络总成本和总碳排放最小化的机会约束多目标模糊规划模型，设计了低碳闭环供应链网络。还有学者提出用混合整数线性规划模型设计煤炭供应链，探讨了碳限额、碳税、碳交易和碳补偿四种政策对网络设计的影响，并发现碳交易政策有最好的碳减排影响（Li et al，2020）。以上模型均考虑的是确定环境。针对参数的不确定性，哈达斯卡特和瑞恩（Haddadsisakht & Ryan，2018）建立了三阶段随机规划模型，考虑需求、产品返回和碳税税率的不确定性，研究不确定性对网络设计和相关成本的影响。撒西那等（Saxena et al，2018）建立碳税政策下的模糊多目标优化模型，设计轮胎再制造供应链网络。

2.4　研究评述

从已有的文献来看，虽然学者对相关领域有不少研究，但不难发现：
（1）目前，较多学者探讨了碳税政策和碳交易政策下的产品定价及协调问题，研究减排政策对产品定价决策的影响，以及在减排政策下，供应链上下游如何协作减排的问题，然而目前对多成员间的竞争和博弈问题探讨还不足。这为本书的研究提供了一定的探索空间。

（2）对于低碳供应链网络设计问题，学者也进行了大量的研究，然而从经济、环境和社会三维度探讨可持续供应链网络优化问题的研究还比较有限。这正是本书的研究重点内容之一。

第 3 章

碳税政策对供应链网络成员
企业决策的影响

3.1 引言

实现供应链的低碳化发展是寻求低碳经济发展模式的一个重要途径，为规制供应链内企业的碳排放行为，可采取不同的环境政策，其中征收碳排放税不失为一种有效的措施。

首先，学者们从宏观角度分析了碳税对不同部门及相关企业的影响。弗劳瑞斯和弗拉霍（Floros & Vlachou，2005）利用两阶段 translog 成本函数，分析了碳税对希腊制造业和能源相关行业 CO_2 排放的影响，结果显示合理的碳税能够有效减少企业碳排放。魏森马和德林克（Wissema & Dellink，2007）提出，由于不同产业部门对能源需求的弹性存在差异，因而它们受到碳税的影响也各不相同。李和林（Lee & Lin，2008）研究了碳税和碳排放权交易对不同工业部门的影响，指出碳税和碳排放权交易能减少工业部门的碳排放，但仅征收碳税对 GDP 有负面影响，若同时实施碳排放权交易则会拉动 GDP 增长。也有学者通过建立量化模型比较了限额交易和碳税政策的有效性和效率，并通过案例分析了这些政策的有利与不利方面（He et al，2012）。冈萨雷斯（Gonzalez，2012）假定来自碳税的收益以两种方式回收利用：制造业税收减免和食品补贴，建立了一般均衡模型以评估碳税分配影响，并利用来自墨西哥的数据进行实证分析。莫瑞（Mori，2012）建立了碳税分析模型，以研究碳税对燃料消耗、温室气体排放的影响，通过对每个部门和燃料设定弹性范围设计模型最大化预期能力，解释不同的燃料混合产生不同的发电量，并进行了蒙特卡罗模拟。

其次，学者们还专门研究了碳税对中国经济的影响问题。有学者利用1999~2008年29个省份的平面数据，利用广义最小二乘估计分析碳税对中国经济增长的影响，得到碳税对不同地区经济增长影响是不同的，在东部地区碳税能刺激经济增长（Zhang & Li，2011）。高鹏飞和陈文颖（2002）建立了MARKAL - MACRO模型，研究征收碳税对中国碳排放和宏观经济的影响，研究表明：征收碳税将会导致GDP损失，同时存在减排效果最佳的税率。姚昕和刘希颖（2010）考虑中国经济增长阶段性特征，并通过求解在增长约束下基于福利最大化的动态最优碳税模型，得到最优碳税征收路径，并测算其宏观影响，结论发现，开征碳税有利于减少碳排放，提高能源效率，并可以调整产业结构。鲍勤等（2011）基于动态可计算一般均衡模型，研究了美国对我国出口产品征收碳关税对我国经济和环境的影响。

可见，以上文献均是从宏观角度探讨碳税的影响问题，在经济增长理论框架下引入税收政策，探讨碳税的优化问题，这一框架已成为理论界研究最优环境税问题的主流方法之一。与以上文献研究角度不同，也有学者逐渐关注碳税对供应链相关成员决策的影响问题。杨珺等（2012）建立了包含一个供应商和一个销售商的系统动力学模型，引入强制排放和碳税政策，重点考虑了库存和订货问题，分析了两种政策对2个成员的影响。许士春等（2012）通过比较研究方法分析了污染税、可交易污染许可、污染排放标准和减排补贴对市场中 n 个企业的减排行为的影响问题。王明征和刘宽（2014）研究了政府收取运输碳排放税且排放责任由制造商和第三方物流共同承担的环境下，制造商如何制定生产策略；重点分析了碳税对运输模式选择策略的影响。综上，目前学者对此问题仅研究碳税对供应链个别成员企业的影响，并未从网络经济背景下研究碳税对由众多成员企业构成的多层供应链网络的影响，这无疑为本书研究提供了新思路。

针对碳排放负外部性问题，我国正在探讨碳排放税相关规制手段，从我国碳排放管理现状来看，有两个问题值得关注：一是政府应如何设计碳排放税率。该问题需要探讨碳排放税收制度下供应链网络成员企业的行为反应；二是碳排放税收制度下，供应链网络成员企业应如何优化自身的行为，做出恰当的反应，以提升低碳经济下的企业竞争力。因此，建立反映碳税政策的供应链网络成员企业间的相互影响的经济模型，据此决定既能满足政府指定的排放阈值又能使各成员企业利润最大化下的最优碳税，这对政策制定者和供应链网络成员企业来讲都具有很大的实际意义。本章将构建碳排放税收政策下供应链网络均衡模型，探讨碳减排税收政策对供应链网络中众多成员企业行为决策的影响，研究碳税激励下供应链网络成员企业间的竞争关系及交互行为，为碳排放税收政策制定和措施选择以及成员企业在此激励政策下的运营决策提供依据。

3.2 不同碳税决策框架下供应链网络竞争均衡分析

3.2.1 问题描述

下面研究由 I 个制造商（每个特定的制造商记为 i，$i=1$，2，$\cdots$，I）、J 个销售商（每个特定的销售商记为 j，$j=1$，2，$\cdots$，J）和 K 个需求市场（每个特定的需求市场记为 k，$k=1$，2，$\cdots$，K）组成的供应链网络，如图 3-1 所示。

供应链网络中的企业在生产和运营过程中会产生大量的碳排放，然而，在碳排放税收政策下，成员企业的碳排放行为将受到限制。供应链网

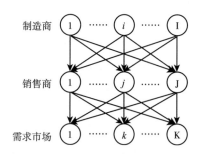

图 3 – 1 供应链网络结构

络中的企业可能分属于不同的税收管辖权范围，各企业的碳排放问题将由各自管辖范围内的主管部门分管，不同管辖范围有各自的环境标准，不同企业的征税税率是不同的，此种情形称为分权决策框架；若供应链网络中的企业属于相同税收管辖权范围，环境主管部门对各企业的碳排放情况进行集中治理，对整个网络中所有碳排放企业制定统一的环境标准，每个企业使用相同的征税税率，则称为集权决策框架。集权决策框架又可细分为固定阈值和弹性阈值两种情形。本章基于以上三种决策框架，研究不同框架下供应链网络各层决策者的行为、均衡条件及碳税的均衡条件，探讨碳排放税收政策对成员企业行为的影响及企业间的交互。模型涉及的决策变量及参数如表 3 – 1 所示。

表 3 – 1 模型涉及的决策变量及参数

符号	说明
x_{ij}	制造商 $i(i=1, 2, \cdots, I)$ 与销售商 $j(j=1, 2, \cdots, J)$ 间产品交易量，$X_1 \in R_+^{IJ}$ 为制造商与销售商间交易量列向量
$h_{ij}(x_{ij})$	制造商 $i(i=1, 2, \cdots, I)$ 与销售商 $j(j=1, 2, \cdots, J)$ 进行交易发生的交易成本
p_{ij}	制造商 $i(i=1, 2, \cdots, I)$ 与销售商 $j(j=1, 2, \cdots, J)$ 间的交易价格
$g_i(X_1)$	制造商 $i(i=1, 2, \cdots, I)$ 的生产成本函数
e_i	制造商 $i(i=1, 2, \cdots, I)$ 生产单位产品的碳排量
x_{jk}	销售商 $j(j=1, 2, \cdots, J)$ 与需求市场 $k(k=1, 2, \cdots, K)$ 间产品交易量，$X_2 \in R_+^{JK}$ 为销售商与需求市场间交易量列向量
$g_j(X_2)$	销售商 $j(j=1, 2, \cdots, J)$ 的处理成本

符号	说明
$h'_{ij}(x_{ij})$	销售商 $j(j = 1, 2, \cdots, J)$ 与制造商 $i(i = 1, 2, \cdots, I)$ 交易发生的交易成本
$h_{jk}(x_{jk})$	销售商 $j(j = 1, 2, \cdots, J)$ 与需求市场 $k(k = 1, 2, \cdots, K)$ 交易发生的交易成本
p_{jk}	销售商 $j(j = 1, 2, \cdots, J)$ 对需求市场 $k(k = 1, 2, \cdots, K)$ 的单位产品索价
$h'_{jk}(x_{jk})$	需求市场 $k(k = 1, 2, \cdots, K)$ 与销售商 $j(j = 1, 2, \cdots, J)$ 交易发生的交易成本
p_{3k}	需求市场 $k(k = 1, 2, \cdots, K)$ 单位产品需求价格，$p_3 \in R_+^K$ 为所有需求价格构成的列向量
$d_k(p_3)$	需求市场 $k(k = 1, 2, \cdots, K)$ 的需求函数

3.2.2　分权决策框架下各层决策者的竞争行为及均衡条件

1. 制造商和销售商的竞争行为及均衡条件

设 t_i 为政府征收制造商 $i(i = 1, 2, \cdots, I)$ 的碳税税率，$t \in R_+^I$ 表示税率向量，此碳税税率不是预先指定的，而是模型要决策的变量。在碳排放税收政策下，可建立制造商 i 利润最大化的最优化模型：

$$\max \boldsymbol{\pi}_i = \sum_j p_{ij}^* x_{ij} - g_i(X_1) - \sum_j h_{ij}(x_{ij}) - t_i \sum_j e_i x_{ij} \quad (3-1)$$

$$\text{s. t. } x_{ij} \geqslant 0; j = 1, 2, \cdots, J \quad (3-2)$$

同时，销售商 j 利润最大化的最优化模型为

$$\max \boldsymbol{\pi}_j = \sum_k p_{jk}^* x_{jk} - \sum_i p_{ij}^* x_{ij} - \sum_i h'_{ij}(x_{ij}) - \sum_k h_{jk}(x_{jk}) - g_j(X_2)$$

$$(3-3)$$

$$\text{s. t. } \sum_k x_{jk} \leqslant \sum_i x_{ij}, x_{ij}, x_{jk} \geqslant 0; i = 1, 2 \cdots, I, k = 1, 2 \cdots, K \quad (3-4)$$

其中，p_{ij}^* 和 p_{jk}^* 分别表示 p_{ij} 和 p_{jk} 的均衡值，均为内生变量，其值将由模型内生决定。

假设供应链网络中同层成员间为非合作竞争关系，即对于每个制造商或销售商而言，给定其他竞争对手的行动，其目的就是最大化利润，从而

决策销往下一层成员的最优产品量以及从上一层成员的产品购入量，均衡时，网络各层间的流量必须是一致的。因此，根据模型（3-1）和模型（3-3），分析考虑税收政策条件下所有制造商同时最优的条件以及所有销售商同时最优的条件，将其分别转化为如式（3-5）和式（3-6）所示的变分不等式问题。

求解 $X_1^* \in R_+^{IJ}$，使其满足

$$\sum_i \sum_j \left[\frac{\partial h_{ij}(x_{ij}^*)}{\partial x_{ij}} + t_i^* e_i - p_{ij}^* + \frac{\partial g_i(X_1^*)}{\partial x_{ij}} \right] \times \left[x_{ij} - x_{ij}^* \right] \geqslant 0, \forall (X_1) \in R_+^{IJ}$$

$$(3-5)$$

求解 $(X_1^*, X_2^*, \lambda_1^*) \in R_+^{IJ+JK+J}$，使其满足

$$\sum_j \sum_i \left[p_{ij}^* + \frac{\partial h_{ij}'(x_{ij}^*)}{\partial x_{ij}} - \lambda_{1j}^* \right] \times \left[x_{ij} - x_{ij}^* \right]$$
$$+ \sum_j \sum_k \left[\frac{\partial h_{jk}(x_{jk}^*)}{\partial x_{jk}} + \frac{\partial g_j(X_2^*)}{\partial x_{jk}} - p_{jk}^* + \lambda_{1j}^* \right] \times \left[x_{jk} - x_{jk}^* \right]$$
$$+ \sum_j \left[\sum_i x_{ij}^* - \sum_k x_{jk}^* \right] \times \left[\lambda_{1j} - \lambda_{1j}^* \right]$$
$$\geqslant 0, \forall (X_1, X_2, \lambda_1) \in R_+^{IJ+JK+J} \quad (3-6)$$

其中，λ_{1j} 为约束式（3-4）相对应的拉格朗日（Lagrange）乘子，所有的乘子组成 J 维列向量 λ_1，即 $\lambda_1 = (\lambda_{11}, \lambda_{12}, \cdots, \lambda_{1j}, \cdots, \lambda_{1J})^T$。

均衡条件式（3-5）和式（3-6）都具有一定的经济意义。式（3-5）描述的是：若制造商 i 运往销售商 j 的产品数量为正，则销售商 j 愿意支付的产品价格 p_{ij}^* 等于制造商 i 的边际生产成本和交易成本（与销售商 j 交易）以及为单位产品支付的碳税之和；若运往销售商 j 的产品数量为零，则制造商 i 的边际生产成本和交易成本及为单位产品支付的碳税之和超过销售商 j 愿意支付的价格 p_{ij}^*。式（3-6）的第 2 项说明，若需求市场 k 的顾客从销售商 j 购买产品，则销售商 j 向其索取的价格 p_{jk}^* 等于销售商 j 的边际处理成本和交易成本（与需求市场 k 交易）以及 λ_{1j}^* 的和，而对于这

里的 λ_{1j}^*，从第 3 项可见，其是销售商 j 的市场出清价格。同时，由第 2 项可知，若需求市场 k 的顾客从销售商 j 未购买产品，则价格 p_{jk}^* 超过了销售商 j 的边际处理成本和交易成本（与需求市场 k 交易）以及 λ_{1j}^* 的和。式（3-6）的第 1 项说明，若制造商 i 和销售商 j 交易的产品流为正，则销售商 j 付给制造商 i 的价格加上边际处理成本（与制造商 i 交易）等于 λ_{1j}^*。

2. 需求市场的竞争行为及均衡条件

需求市场 k 的空间价格均衡条件可表示为

$$p_{jk}^* + h_{jk}'(x_{jk}^*)\begin{cases} = p_{3k}^*,若\ x_{jk}^* > 0 \\ \geqslant p_{3k}^*,若\ x_{jk}^* = 0 \end{cases} \tag{3-7}$$

$$d_k(p_3^*)\begin{cases} = \sum_j x_{jk}^*,若\ p_{3k}^* > 0 \\ \leqslant \sum_j x_{jk}^*,若\ p_{3k}^* = 0 \end{cases} \tag{3-8}$$

均衡状态下，对于每个需求市场，式（3-7）和式（3-8）都必须满足，这些条件构成变分不等式（3-9）的问题，即：求解 $(X_2^*, p_3^*) \in R_+^{JK+K}$，使其满足

$$\sum_k \sum_j [p_{jk}^* + h_{jk}'(x_{jk}^*) - p_{3k}^*] \times [x_{jk} - x_{jk}^*]$$
$$+ \sum_k \left[\sum_j x_{jk}^* - d_k(p_3^*)\right] \times [p_{3k} - p_{3k}^*]$$
$$\geqslant 0, \forall (X_2, p_3) \in R_+^{JK+K} \tag{3-9}$$

3. 分权决策框架下碳税的均衡条件

在分权碳排放税收政策决策框架下，令 B_i 表示环境部门对制造商 i 规定的碳排放量阈值，分权碳税框架下碳排放税收政策的均衡条件可表示为

$$B_i - e_i \sum_j x_{ij}^*\begin{cases} = 0,若\ t_i^* > 0 \\ \geqslant 0,若\ t_i^* = 0 \end{cases} \tag{3-10}$$

上述均衡条件等价于变分不等式（3 - 11）的问题，即：求解 $t^* \in R_+^I$，使其满足

$$\sum_i \left[B_i - e_i \sum_j x_{ij}^* \right] \times [t_i - t_i^*] \geq 0, \forall (t) \in R_+^I \quad (3 - 11)$$

式（3 - 11）可解释为：若对制造商 i 所征碳税税率为零，则说明均衡时制造商 i 的碳排放量小于对其规定的阈值；若对制造商 i 所征碳税税率为正，则均衡时制造商 i 的碳排放量正好等于其阈值。

3.2.3　集权决策框架下碳税的均衡条件

在同一管辖权范围内，要制定碳排放税率，最直接的做法是使用一个固定阈值，当然，为了提高政府政策制定的灵活性，政府也可以考虑设计可变的阈值，这个阈值依赖于税率的大小。因而，将集权决策框架细分为两种：集权决策框架——固定阈值、集权决策框架——弹性阈值。

1. 集权碳税框架——固定阈值

对供应链网络中所有制造商的工厂指定一个全局阈值 B，并设 v 为环境部门向工厂征收排放到环境中的单位碳排放税，集权碳税框架——固定阈值下碳排放税收政策的均衡条件为

$$B - \sum_i \left(e_i \sum_j x_{ij}^* \right) \begin{cases} = 0, 若 v^* > 0 \\ \geq 0, 若 v^* = 0 \end{cases} \quad (3 - 12)$$

均衡条件（3 - 12）等价于变分不等式（3 - 13）的问题，即：求解 $v^* \geq 0$，使其满足

$$\left[B - \sum_i \left(e_i \sum_j x_{ij}^* \right) \right] \times [v - v^*] \geq 0, \forall v \geq 0 \quad (3 - 13)$$

式（3 - 13）可解释为：若征税税率为零，则说明均衡时排放总量小于全局阈值；若所征税税率为正，则均衡时排放总量正好等于全局阈值。

2. 集权碳税框架——弹性阈值

假设阈值为单位碳排放税的函数，即 $B(v)$，此决策框架下碳税的均衡条件可表述如下：

$$B(v^*) - \sum_i \left(e_i \sum_j x_{ij}^* \right) \begin{cases} = 0, 若\ v^* > 0 \\ \geqslant 0, 若\ v^* = 0 \end{cases} \qquad (3-14)$$

均衡条件（3-14）等价于变分不等式（3-15）的问题，即：求解 $v^* \geqslant 0$，使其满足

$$\left[B(v^*) - \sum_i \left(e_i \sum_j x_{ij}^* \right) \right] \times [v - v^*] \geqslant 0, \forall v \geqslant 0$$

$$(3-15)$$

3.3 不同碳税决策框架下供应链网络均衡模型的建立

在每种碳税决策框架下，供应链网络达到均衡时，上一层决策者运往下一层决策者的产品量必须等于下一层决策者的接受量，且网络间产品的运输量、价格和碳税政策必须满足所在决策框架下各均衡条件，现给出如下定义：

定义 3-1 在每种碳税决策框架下，供应链网络的均衡条件是指供应链网络各层决策者间的产品运输量是一致的，且产品运输量、价格和碳税政策满足供应链网络各层决策者的均衡条件及所在决策框架下碳税的均衡条件。

定理 3-1 分权碳税框架下供应链网络在均衡条件下的决策问题与变分不等式（3-16）的问题是等价的，即：求解 $(X_1^*, X_2^*, p_3^*, \lambda_1^*, t^*) \in R_+^{IJ+JK+I+J+K}$，使其满足

$$\sum_i \sum_j \left[\frac{\partial h_{ij}(x_{ij}^*)}{\partial x_{ij}} + t_i^* e_i + \frac{\partial g_i(X_1^*)}{\partial x_{ij}} + \frac{\partial h'_{ij}(x_{ij}^*)}{\partial x_{ij}} - \lambda_{1j}^* \right] \times [x_{ij} - x_{ij}^*]$$

$$+ \sum_j \sum_k \left[\frac{\partial h_{jk}(x_{jk}^*)}{\partial x_{jk}} + \frac{\partial g_j(X_2^*)}{\partial x_{jk}} + \lambda_{1j}^* + h'_{jk}(x_{jk}^*) - p_{3k}^* \right] \times \left[x_{jk} - x_{jk}^* \right]$$

$$+ \sum_k \left[\sum_j x_{jk}^* - d_k(p_3^*) \right] \times \left[p_{3k} - p_{3k}^* \right]$$

$$+ \sum_j \left[\sum_i x_{ij}^* - \sum_k x_{jk}^* \right] \times \left[\lambda_{1j} - \lambda_{1j}^* \right]$$

$$+ \sum_i \left[B_i - e_i \sum_j x_{ij}^* \right] \times \left[t_i - t_i^* \right]$$

$$\geq 0, (X_1, X_2, p_3, \lambda_1, t) \in R_+^{IJ+JK+I+J+K} \qquad (3-16)$$

证明：

先证必要性。将均衡条件式（3-5）、式（3-6）、式（3-9）和分权框架下碳税均衡条件式（3-11）相加，并作简单处理即可得到式（3-16）。

再证充分性。在式（3-16）第 1 个乘号前的中括号内加入 $-p_{ij}^* + p_{ij}^*$，在第 2 个乘号前的中括号内加入 $-p_{jk}^* + p_{jk}^*$。此时不等式的值不会发生改变，得到的不等式如下：

$$\sum_i \sum_j \left[\frac{\partial h_{ij}(x_{ij}^*)}{\partial x_{ij}} + t_i^* e_i + \frac{\partial g_i(X_1^*)}{\partial x_{ij}} + \frac{\partial h'_{ij}(x_{ij}^*)}{\partial x_{ij}} - \lambda_{1j}^* - p_{ij}^* + p_{ij}^* \right] \times \left[x_{ij} - x_{ij}^* \right]$$

$$+ \sum_j \sum_k \left[\frac{\partial h_{jk}(x_{jk}^*)}{\partial x_{jk}} + \frac{\partial g_j(X_2^*)}{\partial x_{jk}} + \lambda_{1j}^* + h'_{jk}(x_{jk}^*) - p_{3k}^* - p_{jk}^* + p_{jk}^* \right] \times \left[x_{jk} - x_{jk}^* \right]$$

$$+ \sum_k \left[\sum_j x_{jk}^* - d_k(p_3^*) \right] \times \left[p_{3k} - p_{3k}^* \right] + \sum_j \left[\sum_i x_{ij}^* - \sum_k x_{jk}^* \right] \times \left[\lambda_{1j} - \lambda_{1j}^* \right]$$

$$+ \sum_i \left[B_i - e_i \sum_j x_{ij}^* \right] \times \left[t_i - t_i^* \right]$$

$$\geq 0, (X_1, X_2, p_3, \lambda_1, t) \in R_+^{IJ+JK+I+J+K} \qquad (3-17)$$

式（3-17）可以转换成

$$\sum_i \sum_j \left[\frac{\partial h_{ij}(x_{ij}^*)}{\partial x_{ij}} + t_i^* e_i + \frac{\partial g_i(X_1^*)}{\partial x_{ij}} - p_{ij}^* \right] \times \left[x_{ij} - x_{ij}^* \right]$$

$$+ \sum_i \sum_j \left[\frac{\partial h'_{ij}(x_{ij}^*)}{\partial x_{ij}} - \lambda_{1j}^* + p_{ij}^* \right] \times \left[x_{ij} - x_{ij}^* \right]$$

$$+ \sum_j \sum_k \left[\frac{\partial h_{jk}(x_{jk}^*)}{\partial x_{jk}} + \frac{\partial g_j(X_2^*)}{\partial x_{jk}} + \lambda_{1j}^* - p_{jk}^* \right] \times [x_{jk} - x_{jk}^*]$$

$$+ \sum_j \sum_k \left[h_{jk}'(x_{jk}^*) - p_{3k}^* + p_{jk}^* \right] \times [x_{jk} - x_{jk}^*]$$

$$+ \sum_k \left[\sum_j x_{jk}^* - d_k(p_3^*) \right] \times [p_{3k} - p_{3k}^*]$$

$$+ \sum_j \left[\sum_i x_{ij}^* - \sum_k x_{jk}^* \right] \times [\lambda_{1j} - \lambda_{1j}^*]$$

$$+ \sum_i \left[B_i - e_i \sum_j x_{ij}^* \right] \times [t_i - t_i^*]$$

$$\geq 0, (X_1, X_2, p_3, \lambda_1, t) \in R_+^{IJ+JK+I+J+K} \qquad (3-18)$$

式（3-18）恰好是均衡条件式（3-5）、式（3-6）、式（3-9）和式（3-11）的和。证毕。

变分不等式（3-16）可转化为标准变分不等式（3-19）的形式，即：求解 $Z^* \in H$，使得

$$\langle G(Z^*), Z - Z^* \rangle \geq 0, \forall Z \in H \qquad (3-19)$$

其中 $Z \equiv (X_1, X_2, p_3, \lambda_1, t) \in H, H \equiv \{Z | Z \in R_+^{IJ+JK+I+J+K}\} \times G(Z) \equiv (G_{1ij}, G_{2jk}, G_{3k}, G_{4j}, G_{5i})_{\forall ijk}^T \circ G(Z)$ 各个分量分别为式（3-16）中各乘号前面部分函数，符号 $\langle \cdot, \cdot \rangle$ 表示 N 维欧式空间的内积。

定理 3-2 集权碳税框架——固定阈值下供应链网络在均衡条件下的决策问题与变分不等式（3-20）的问题是等价的，即：求解 $(X_1^*, X_2^*, p_3^*, \lambda_1^*, v^*) \in R_+^{IJ+JK+1+J+K}$，使其满足

$$\sum_i \sum_j \left[\frac{\partial h_{ij}(x_{ij}^*)}{\partial x_{ij}} + v^* e_i + \frac{\partial g_i(X_1^*)}{\partial x_{ij}} + \frac{\partial h_{ij}'(x_{ij}^*)}{\partial x_{ij}} - \lambda_{1j}^* \right] \times [x_{ij} - x_{ij}^*]$$

$$+ \sum_j \sum_k \left[\frac{\partial h_{jk}(x_{jk}^*)}{\partial x_{jk}} + \frac{\partial g_j(X_2^*)}{\partial x_{jk}} + \lambda_{1j}^* + h_{jk}'(x_{jk}^*) - p_{3k}^* \right] \times [x_{jk} - x_{jk}^*]$$

$$+ \sum_k \left[\sum_j x_{jk}^* - d_k(p_3^*) \right] \times [p_{3k} - p_{3k}^*]$$

$$+ \sum_j \left[\sum_i x_{ij}^* - \sum_k x_{jk}^* \right] \times [\lambda_{1j} - \lambda_{1j}^*]$$

$$+ \left[B - \sum_i \left(e_i \sum_j x_{ij}^* \right) \right] \times [v - v^*]$$

$$\geqslant 0, (X_1, X_2, p_3, \lambda_1, v) \in R_+^{IJ+JK+1+J+K} \qquad (3-20)$$

证明：略。

定理 3 – 3　集权碳税框架——弹性阈值下供应链网络在均衡条件下的决策问题与变分不等式（3 – 21）的问题是等价的，即：求解 $(X_1^*, X_2^*, p_3^*, \lambda_1^*, v^*) \in R_+^{IJ+JK+1+J+K}$，使其满足

$$\sum_i \sum_j \left[\frac{\partial h_{ij}(x_{ij}^*)}{\partial x_{ij}} + v^* e_i + \frac{\partial g_i(X_1^*)}{\partial x_{ij}} + \frac{\partial h_{ij}'(x_{ij}^*)}{\partial x_{ij}} - \lambda_{1j}^* \right] \times [x_{ij} - x_{ij}^*]$$

$$+ \sum_j \sum_k \left[\frac{\partial h_{jk}(x_{jk}^*)}{\partial x_{jk}} + \frac{\partial g_j(X_2^*)}{\partial x_{jk}} + \lambda_{1j}^* + h_{jk}'(x_{jk}^*) - p_{3k}^* \right] \times [x_{jk} - x_{jk}^*]$$

$$+ \sum_k \left[\sum_j x_{jk}^* - d_k(p_3^*) \right] \times [p_{3k} - p_{3k}^*]$$

$$+ \sum_j \left[\sum_i x_{ij}^* - \sum_k x_{jk}^* \right] \times [\lambda_{1j} - \lambda_{1j}^*]$$

$$+ \left[B(v^*) - \sum_i \left(e_i \sum_j x_{ij}^* \right) \right] \times [v - v^*]$$

$$\geqslant 0, (X_1, X_2, p_3, \lambda_1, v) \in R_+^{IJ+JK+1+J+K} \qquad (3-21)$$

证明：略。

上面三种碳税决策框架，无论是哪一种决策框架，供应链网络成员企业间均存在非合作竞争，第一层内的制造商和第二层内的销售商、每层内的成员企业间都存在竞争，各个成员企业的目标均追求利润最大化，达到各层市场的均衡状态；对于需求市场，顾客的购买行为一般难以用利润最大化来表述，而是从相互比较中做出抉择，并达到需求市场的均衡状态。在市场机制调节下，最终达到整个供应链网络的均衡状态，达到均衡时，制造商运往销售商的产品量和价格恰好等于销售商愿意接受的数量和价格，销售商运往需求市场的产品量和价格恰好等于需求市场顾客愿意接受的价格以及此价格下的需求。因此，在分权碳税框架下，供应链网络均衡表现为各层成员企业间的交易量和交易价格及碳税必须同时满足式（3 – 5）、

式（3-6）、式（3-9）和式（3-11），等价于他们的和成立，另外两种决策框架也存在同样的关系。

3.4　不同碳税决策框架下碳排放税收均衡策略对比分析

本章应用欧拉方法求解变分不等式（3-16）、式（3-20）和式（3-21），以式（3-16）为例，算法实现如下：

第一步，初始化：设置迭代次数为 M，置 $M=1$，设置序列 $\{\alpha_M\}$，使得 $\sum_M \alpha_M = \infty, \alpha_M > 0$，当 $M \to \infty, \alpha_M \to 0$，设置 $\varepsilon > 0$ 及初始值 $Z^0 \in H$。

第二步，计算：通过下列变分不等式问题求解 Z^M。

$$\langle Z^M + \alpha_M G(Z^{M-1}) - Z^{M-1}, Z - Z^M \rangle \geqslant 0, \forall Z \in H \quad (3-22)$$

第三步，收敛检验：若 $|Z^M - Z^{M-1}| \leqslant \varepsilon$，则停止循环，否则，设 $M = M+1$，返回第二步。

为研究不同决策框架下最优碳排放税、碳排放量及需求市场的需求量和价格等均衡结果的变化情况，在理论模型的基础上，对各项成本函数及相关参数合理赋值，并逐步变化环境阈值，对不同框架下的均衡结果进行对比分析，为环境政策措施的选择提供决策依据。

3.4.1　分权碳税决策框架

下面研究的供应链网络包括2个制造商、2个销售商和2个需求市场，相关成本函数如下。

制造商生产新产品的成本函数为

$$g_1(X_1) = 2\left(\sum_j x_{1j}\right)^2 + \sum_j x_{1j} \sum_j x_{2j} + \sum_j x_{1j}$$

$$g_2(X_1) = \left(\sum_j x_{2j}\right)^2 + \sum_j x_{1j} \sum_j x_{2j} + \sum_j x_{2j}$$

制造商与销售商的交易成本为

$$h_{ij}(x_{ij}) = 0.5(x_{ij})^2 + 2x_{ij}; i = 1,2, j = 1,2$$

销售商的处理成本为

$$g_j(X_2) = 0.5\left(\sum_k x_{jk}\right)^2, j = 1,2$$

销售商与需求市场的交易成本为

$$h_{jk}(x_{jk}) = x_{jk} + 8; j = 1,2, k = 1,2$$

需求市场的需求函数为

$$d_1(p_3) = -2p_{31} - 1.5p_{32} + 900$$
$$d_2(p_3) = -2p_{32} - 1.5p_{31} + 950$$

其余交易成本为零,生产单位产品的碳排量为 $e_i = 1.5$。

利用上文提出的求解策略求解均衡模型式(3-16),编写基于 MAT-LAB 的应用程序,参数 $\varepsilon = 10^{-4}$,参数 $\{\alpha_M\}$ 设为 $\left\{1, \frac{1}{2}, \frac{1}{2}, \frac{1}{3}, \frac{1}{3}, \frac{1}{3}, \cdots\right\}$。

分权碳税框架下各制造商碳排放量的均衡结果如表 3-2 所示,供应链网络内各成员企业利润的变化情况如表 3-3 所示,不同环境目标下碳排放税、需求价格及需求量的变化趋势分别如图 3-2~图 3-4 所示。

表 3-2   分权决策框架下各制造商碳排放量的变化情况

碳排放量	$B_1 = 80$ $B_2 = 100$	$B_1 = 80$ $B_2 = 80$	$B_1 = 80$ $B_2 = 70$	$B_1 = 80$ $B_2 = 60$	$B_1 = 80$ $B_2 = 50$	$B_1 = 80$ $B_2 = 30$	$B_1 = 50$ $B_2 = 30$	$B_1 = 30$ $B_2 = 30$
制造商 1	42.78	49.11	52.31	55.50	58.69	65.08	50.00	30.00
制造商 2	99.82	80.00	70.00	60.00	50.00	30.00	30.00	30.00
总排放量	142.60	129.11	122.31	115.50	108.69	95.08	80.00	60.00

表 3 - 3   分权决策框架下供应链网络内各成员企业利润的变化情况

利润	$B_1 = 80$ $B_2 = 100$	$B_1 = 80$ $B_2 = 80$	$B_1 = 80$ $B_2 = 70$	$B_1 = 80$ $B_2 = 60$	$B_1 = 80$ $B_2 = 50$	$B_1 = 80$ $B_2 = 30$	$B_1 = 50$ $B_2 = 30$	$B_1 = 30$ $B_2 = 30$
制造商1	1887.20	2477.40	2805.60	3154.20	3523.30	4322.60	2567.00	940.29
制造商2	5668.60	3662.20	2815.60	2080.00	1455.60	540.00	540.10	540.10
销售商1	1121.70	918.11	823.06	733.14	648.38	494.29	347.90	192.51
销售商2	1121.70	918.11	823.06	733.14	648.38	494.29	347.90	192.51
供应链网络总利润	9799.20	7975.80	7267.30	6700.50	6275.60	5851.20	3802.80	1865.40

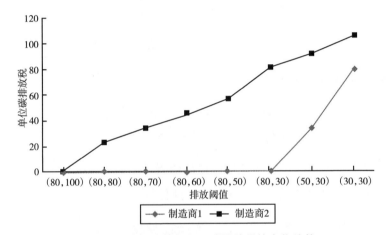

图 3 - 2   分权决策框架下碳排放税的变化趋势

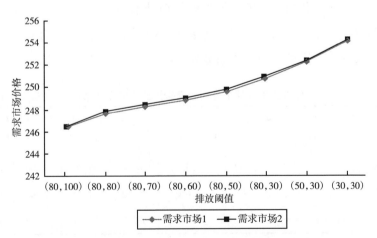

图 3 - 3   分权决策框架下需求市场需求价格的变化趋势

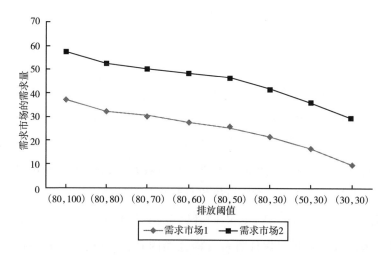

图 3 - 4 分权决策框架下需求市场需求量的变化趋势

根据分权决策框架下模型的均衡结果，进行如下比较分析：

（1）由表 3 - 2 可知，正如理论上预期，均衡时，各组排放阈值下，碳排放税均保证了每个制造商的碳排放量都没有超过阈值的边界限制。

（2）逐步变化排放阈值，其余数据不变，由图 3 - 2 可知，随着环境目标的提高，即阈值的降低，碳排放税的均衡值逐渐变大。

当排放阈值 $B_1 = 80$、$B_2 = 100$ 时，由表 3 - 2 可知，此时两个制造商的碳排放量分别为 42.78 和 99.82，由于环境部门允许制造商排放阈值足够大，由图 3 - 2 可知，此时两个制造商的单位碳排放税均衡值都为 0。由于此时制造商 2 比制造商 1 的排放量大，故保持制造商 1 的排放阈值不变，逐步降低制造商 2 的阈值，直至降为 30。由图 3 - 2 可知，在这个过程中，对制造商 1 征收的单位碳排放税一直未发生变化，而对制造商 2 征收的单位碳税逐渐升高。

制造商 2 的阈值保持 30 不变，提高对制造商 1 的环境要求，由图 3 - 2 可知，此时向制造商 1 征收的单位碳税迅速提高，而由于竞争的影响，向制造商 2 征收的单位碳税也随之上升。

（3）由图 3 – 3 和图 3 – 4 可知，随着环境目标的提高，由于要缴纳额外的碳排放税，两个需求市场的产品需求价格逐渐提高，需求市场的产品需求量逐渐下降。

（4）由表 3 – 3 可知，保持制造商 1 的阈值不变，逐渐降低制造商 2 的阈值，此时制造商 2 的利润逐渐降低。而由于竞争的影响，制造商 1 的利润逐渐增加；继续降低制造商 1 的阈值，保持制造商 2 的阈值不变，此时，制造商 1 的利润迅速降低。此外，也可观察到，随着对网络中成员企业阈值要求的逐步增加，供应链网络总利润逐步下降。

因此，分权决策框架下，不同管辖范围设定的各组排放阈值下，均衡时，碳排放税均可以保证各自管辖范围内企业的碳排放量不会超过阈值的限制，且环境目标越高，单位碳排放税越大。同时，碳排放税的征收，抬高了需求市场的产品价格，产品需求量下降，供应链网络总利润下降。

3.4.2　集权碳税——固定阈值框架

保持各项成本函数和相关参数不变，逐步变化全局阈值 B，集权决策框架固定阈值下各制造商碳排放量的均衡结果如表 3 – 4 所示，供应链网络内各成员企业利润的变化情况如表 3 – 5 所示，不同环境目标下的碳排放税、需求价格及需求量的变化趋势分别如图 3 – 5 ~ 图 3 – 7 所示。

表 3 – 4　集权决策框架固定阈值下各制造商碳排放量的变化情况

碳排放量	$B = 180$	$B = 160$	$B = 150$	$B = 140$	$B = 130$	$B = 110$	$B = 80$	$B = 60$
制造商 1	42.78	42.78	42.78	42.00	39.00	33.00	24.00	18.00
制造商 2	99.82	99.82	99.82	98.00	91.00	77.00	56.00	42.00
总排放量	142.60	142.60	142.60	140.00	130.00	110.00	80.00	60.00

表3－5　　集权决策框架下供应链网络内各成员企业利润的变化情况

利润	$B = 180$	$B = 160$	$B = 150$	$B = 140$	$B = 130$	$B = 110$	$B = 80$	$B = 60$
制造商1	1887.20	1887.20	1887.20	1820.00	1573.00	1133.00	608.00	348.00
制造商2	5668.60	5668.60	5668.60	5466.20	4721.90	3396.60	1816.90	1036.00
销售商1	1121.70	1121.70	1121.70	1080.90	930.91	664.24	347.58	192.02
销售商2	1121.70	1121.70	1121.70	1080.90	930.91	664.24	347.58	192.02
供应链网络总利润	9799.20	9799.20	9799.20	9448.00	8156.70	5858.00	3120.00	1768.00

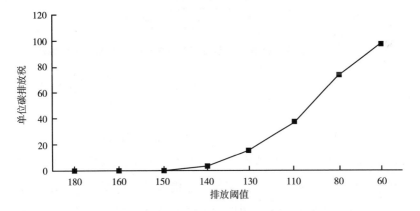

图3－5　集权决策框架固定阈值下碳排放税的变化趋势

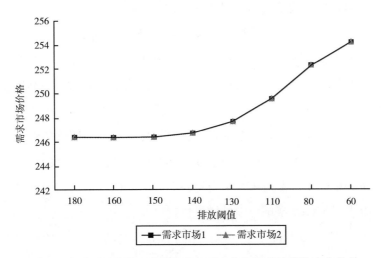

图3－6　集权决策框架固定阈值下需求市场需求价格的变化趋势

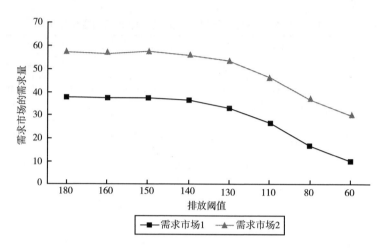

图 3 – 7　集权决策框架固定阈值下需求市场需求量的变化趋势

将集权碳税——固定阈值框架与分权决策框架下模型的均衡结果进行如下比较分析：

（1）分权决策框架下，由于对每个制造商分别指定排放阈值，因而随着环境目标的提高，2 个制造商的总排放量下降比较明显（见表 3 – 2）；而集权决策框架固定阈值下，对所有企业指定一个统一阈值，由于竞争的影响，制造商 1 的排放量较分权框架下的排放量要低，制造商 2 的排放量较分权框架下的排放量要高（见表 3 – 2 和表 3 – 4）。

（2）比较图 3 – 2 和图 3 – 5 可知，随着环境目标的提高，集权决策框架下碳排放税逐步提高，与分权决策框架下相比，正好介于分权决策框架下 2 个企业碳排放税之间。集权决策框架下，当环境部门允许制造商排放到环境中的碳排放阈值 $B = 180$ 时，此时两个制造商的碳排放总量为 142.60，由于环境部门允许制造商排放阈值足够大，因而单位碳排放税均衡值为 0；将阈值分别降为 $B = 160$ 和 $B = 150$，总排放量都没有超过阈值，因而单位碳排放税均衡值未发生变化；继续降低排放阈值，提高对制造商的环境要求，可以发现单位碳排放税快速提高。

（3）由图 3 – 6 和图 3 – 7 可知，由于碳排放税的影响，2 个需求市场的产品需求价格和需求量在前 3 个阈值内未变化，随后需求价格急速上升，需求量急速下降。而相比之下，分权框架下需求价格和需求量的变化更平缓。

（4）由表3-5可知，随着全局阈值的降低，由于环境部门指定的前3组阈值足够大，总排放量都没有超过阈值，因而各成员企业的利润并未发生变化；随着阈值的进一步降低，每个成员企业的利润均显著降低，导致网络总利润也逐步降低。

3.4.3　集权碳税决策框架——弹性阈值

保持各项成本函数和相关参数不变，逐步变化弹性阈值函数 $B(v)$，集权决策框架弹性阈值下各制造商碳排放量、碳排放税、需求价格及需求量的均衡结果如表3-6所示，各成员企业的利润如表3-7所示。

表3-6　集权决策框架弹性阈值下碳排放量、碳税、市场价格及需求的变化情况

均衡结果	$B(v) = v + 180$	$B(v) = v + 150$	$B(v) = v + 120$	$B(v) = v + 90$	$B(v) = v + 60$	$B(v) = v + 30$
制造商1碳排放量	42.78	42.78	39.69	35.60	31.50	27.40
制造商2碳排放量	99.82	99.82	92.62	83.06	73.50	63.94
总排放量	142.60	142.60	132.31	118.66	105.00	91.34
单位碳排放税	0	0	12.31	28.66	45.00	61.34
需求市场1的价格	246.42	246.42	247.40	248.70	250.00	251.30
需求市场2的价格	246.42	246.42	247.40	248.70	250.00	251.30
需求市场1的需求量	37.53	37.53	34.11	29.55	25.00	20.45
需求市场2的需求量	57.53	57.53	54.10	49.55	45.00	40.45

表3-7　集权决策框架弹性阈值下供应链网络内各成员企业利润的变化情况

利润	$B(v) = v + 180$	$B(v) = v + 150$	$B(v) = v + 120$	$B(v) = v + 90$	$B(v) = v + 60$	$B(v) = v + 30$
制造商1	1887.20	1887.20	1628.50	1314.60	1034.30	787.50
制造商2	5668.60	5668.60	4889.20	3943.40	3099.30	2356.60
销售商1	1121.70	1121.70	964.60	774.20	604.52	455.56
销售商2	1121.70	1121.70	964.60	774.20	604.52	455.56
供应链网络总利润	9799.20	9799.20	8446.90	6806.40	5342.50	4055.20

由表 3-6 和表 3-7 可知，在集权碳税决策框架弹性阈值下，当弹性阈值函数 $B(v) = v + 180$ 和 $B(v) = v + 150$ 时，单位碳排放税都为 0，因为排放阈值足够大，故总排放量未超过阈值。进一步变化弹性阈值函数，可以发现总碳排放量均等于阈值，单位碳排放税逐步增加，导致需求价格的提高和需求量的下降。另外，随着阈值的降低，每个成员企业的利润逐步下降，网络总利润也逐步降低。

3.5　本章结论

本章建立了分权决策框架、集权决策框架——固定阈值和集权决策框架——弹性阈值三种决策框架下的供应链网络均衡模型，并利用欧拉算法进行求解，根据三种决策框架下均衡结果的分析，可以得出以下结论：三种决策框架下，均衡时，碳排放税均保证了碳排放量没有超过阈值的限制，达到了预期的环境目标。同时，随着环境目标的提高，即排放阈值的降低，环境部门为了达到指定目标，需提高单位碳排放税，同时随着单位碳排放税的提高，也激励供应链网络中的成员降低碳排放量，使之达到环境部门的预期。研究结果也表明，碳排放税的征收，抬高了需求市场的价格，降低了需求量。因此，根据以上均衡模型的分析，一方面，为了达到预期的环境目标，环境部门可以适当调整单位碳排放税；另一方面，环境部门也可以分析不同决策框架不同阈值下，网络中成员相关经济指标的均衡结果，以对环境目标作必要的调整。

第4章

供应链网络均衡下碳税与碳交易政策比较

4.1 引言

　　当前，环境破坏与污染越来越严重，温室气体的排放严重超标，环境问题愈发严峻，给人类生存与发展带来巨大的危害，这一问题已引起各国政府高度重视。为控制碳排放量，很多国家开始实施低碳政策——碳税、碳限额、碳限额与交易、碳补偿等，其中碳税政策以及碳限额与交易政策（以下简称为碳交易）被广泛采用和实施。碳税政策以价格控制为特征，权威部门通过单位税或总量税的形式，对企业的碳排放征税。碳交易政策以数量控制为特征，权威部门为企业的碳排放量设置一个限额，在碳交易市场内，企业间可以进行交易，即若企业的配额过剩，其可将多余的配额在市场上交易出去，若企业的配额不足，则其可在市场内购买更多的碳配额。2005年，欧盟碳排放市场正式运行，目前已成为全球最大的碳交易市场。2012年，澳大利亚开始执行碳税政策，并于2015年过渡到碳排放交易体系。2011年开始，我国启动了北京、上海、广东等碳排放交易试点；2018年，我国已启动全国碳排放权交易市场，并开始实施《中华人民共和国环境保护税法》。

低碳政策下，相关减排指标必然分解落实到企业，改变上下游企业的生产运营决策行为，对供应链的绩效产生影响（程发新等，2019）。因而，目前已有较多学者研究低碳政策对供应链决策的影响问题。杨珺等（2012）建立系统动力学模型，研究强制排放和碳税政策对由一个供应商和一个销售商组成的供应链的库存和订货问题的影响。许士春等（2012）对比研究了不同减排政策，发现在污染总量控制方面，若企业选择技术改进，则可交易许可政策的效果最差，且可交易许可政策的实施成本最低。帕拉克等（Palak et al，2014）分析潜在低碳规制机制对供应链中供应商和运输模式选择的影响，仅限于库存管理决策。有学者建立了优化模型探讨三种低碳政策对供应链决策和运输模式选择决策的影响（Jin et al，2014）。霍恩等（Hoen et al，2012）研究减排规制下不同运输模式的库存、运输、减排成本，探讨规制对不确定需求情形下的运输模式选择的影响问题。还有学者分析了不确定需求下，碳限额和碳交易机制对零售商最优订购批量和运输模型选择的影响（Chen & Wang，2016）。王一雷等（2017）针对一个制造商和一个零售商的供应链，建立了契约模型研究联合减排机制并协调供应链利润。以上文献仅限于研究减排政策对库存、运输模式决策的影响问题以及减排机制设计问题。

也有学者研究低碳政策对供应链网络规划问题的影响。扎克瑞等（Zakeri et al，2015）提出解析供应链规划模型以衡量碳定价和碳排放交易机制下规划层供应链绩效，发现碳交易机制在排放生成、成本和服务水平方面，可带来较好的供应链绩效。法贺米等（Fahimnia et al，2015）提出碳税政策下整合经济和碳排放的双目标优化模型，提出修正交叉熵求解算法，研究碳税对财政和减排绩效的潜在影响。马蒂等（Marti et al，2015）提出考虑碳政策的整数规划模型，分析碳税、碳限额等不同政策对成本和最优网络结构的影响。莫哈米德等（Mohammed et al，2017）构建不确定环境下多周期、多产品供应链网络优化模型，分析碳限额、碳税、碳交易和碳补偿政策对供应链网络优化结构的影响。哈达斯卡特和瑞恩（Haddadsisakht & Ryan，2018）构建不确定环境下三阶段随机规划模型，设计闭环供应链网络，模型中考虑了碳税税率和需求的不确定性。还有学者考虑了需求不确定性，构建包括规制下最小化总碳排量和总运作成本的双目标随机规划模型优化闭环供应链网络（Zhen et al，2019）。以上文献建立了考虑碳减排的优化模型，探讨了减排政策对网络结构的影响。

可见，目前文献对碳政策下供应链库存、运输模式选择问题研究较多，也有不少学者对比研究碳政策对供应链网络结构的影响问题，然而，未有文献探讨不同低碳政策对多层、多成员供应链网络内企业决策行为的影响，未构建网络均衡模型对比分析不同政策的减排效果。因此，本书考虑了两种常用的碳减排政策：碳税政策和碳交易政策，构建包括多制造商、销售商和需求市场的供应链网络，分别分析两种政策下供应链网络各层成员的决策问题及均衡条件，给出碳税政策和碳交易政策的均衡条件，分别构建碳税政策和碳交易政策下的供应链网络均衡模型，提出欧拉求解算法，基于算例对比分析两种碳减排政策下供应链网络间产品交易量、交易价格、需求、需求价格、碳排放量及网络利润的变化，并给出碳税税率的最优值，以及碳交易政策下碳排放信用的最优分配。

4.2 不同政策框架下供应链网络竞争均衡分析

4.2.1 问题描述

本章研究的供应链网络包括 I 个制造商、J 个销售商和 K 个需求市场，如图 4-1 所示。在此网络内，制造商是最大的碳排放者，因为本章模型主要考虑制造商的碳排放，基于碳税和碳排放交易框架，分别建立不同政策下的企业决策模型，研究不同企业间的博弈，给出均衡条件，以及不同碳排放政策的均衡条件。模型涉及的下标、决策变量、参数及函数如表 4-1 所示。

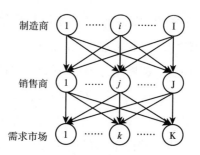

图 4 – 1　供应链网络结构

表 4 – 1　　　　　　　　模型涉及的下标、决策变量、参数及函数

	符号	说明
下标	i	制造商 i，$i \in \{1,2,\cdots,I\}$
	j	销售商 j，$j \in \{1,2,\cdots,J\}$
	k	需求市场 k，$k \in \{1,2,\cdots,K\}$
决策变量	x_{ij}	制造商 $i(i=1, 2, \cdots, I)$ 与销售商 $j(j=1, 2, \cdots, J)$ 间产品交易量，$X_1 \in R_+^{IJ}$ 为制造商与销售商间交易量列向量
	x_{jk}	销售商 $j(j=1, 2, \cdots, J)$ 与需求市场 $k(k=1, 2, \cdots, K)$ 间产品交易量，$X_2 \in R_+^{JK}$ 为销售商与需求市场间交易量列向量
	p_{ij}	制造商 $i(i=1, 2, \cdots, I)$ 与销售商 $j(j=1, 2, \cdots, J)$ 间的交易价格
	p_{jk}	销售商 $j(j=1, 2, \cdots, J)$ 对需求市场 $k(k=1, 2, \cdots, K)$ 的单位产品索价
	p_{3k}	需求市场 $k(k=1, 2, \cdots, K)$ 单位产品需求价格，$p_3 \in R_+^K$ 为所有需求价格构成的列向量
	t	政府征收制造商 $i(i=1, 2, \cdots, I)$ 碳税税率
	l_i	制造商 i 碳信用的数量，l 为所有制造商的所有碳信用组合构成向量 $l \in R_+^I$
	p	单位碳信用的价格
参量及相关函数	$h_{ij}(x_{ij})$	制造商 $i(i=1, 2, \cdots, I)$ 与销售商 $j(j=1, 2, \cdots, J)$ 进行交易发生的交易成本
	$g_i(X_1)$	制造商 $i(i=1, 2, \cdots, I)$ 的生产成本函数
	e_i	制造商 $i(i=1, 2, \cdots, I)$ 生产单位产品的碳排放量
	l_i^0	制造商 i 的初始碳信用分配组合构成向量 $l_i^0 \in R_+$，l^0 为所有制造商的所有初始碳信用分配构成向量 $l^0 \in R_+^I$
	$g_j(X_2)$	销售商 $j(j=1, 2, \cdots, J)$ 的处理成本

符号		说明
参量及相关函数	$h'_{ij}(x_{ij})$	销售商 $j(j=1, 2, \cdots, J)$ 与制造商 $i(i=1, 2, \cdots, I)$ 交易发生的交易成本
	$h_{jk}(x_{jk})$	销售商 $j(j=1, 2, \cdots, J)$ 与需求市场 $k(k=1, 2, \cdots, K)$ 交易发生的交易成本
	$h'_{jk}(x_{jk})$	需求市场 $k(k=1, 2, \cdots, K)$ 与销售商 $j(j=1, 2, \cdots, J)$ 交易发生的交易成本
	$d_k(p_3)$	需求市场 $k(k=1, 2, \cdots, K)$ 的需求函数

4.2.2 不同政策框架下各层决策者的竞争行为及均衡条件

1. 碳税下制造商的竞争行为及均衡条件

在碳税政策下，针对制造商产生的大量碳排放，权威机构将以税率 t 向其征税。制造商在支付生产及交易成本之外，还要支付额外的碳税，因此，可建立如下的制造商 i 利润最大化的最优化模型：

$$\max \boldsymbol{\pi}_i = \sum_j p_{ij}^* x_{ij} - g_i(X_1) - \sum_j h_{ij}(x_{ij}) - t \sum_j e_i x_{ij} \qquad (4-1)$$

$$\text{s. t. } x_{ij} \geqslant 0, j = 1, 2, \cdots, J \qquad (4-2)$$

其中，p_{ij}^* 为 p_{ij} 的均衡值，为内生变量。

假设供应链网络中 I 个制造商间为非合作竞争关系，构成纳什－古诺（Nash－Cournot）均衡，即给定其他制造商的决策，每个制造商的目的就是使其利润最大化，进而确定运往销售商的最优产品量。因此，由模型（4－1），碳税政策下，均衡时，I 个制造商的均衡条件可通过变分不等式（4－3）的问题表述，即：求解 $X_1^* \in R_+^{IJ}$，使其满足

$$\sum_i \sum_j \left[\frac{\partial h_{ij}(x_{ij}^*)}{\partial x_{ij}} + t^* e_i + \frac{\partial g_i(X_1^*)}{\partial x_{ij}} - p_{ij}^* \right] \times \left[x_{ij} - x_{ij}^* \right] \geqslant 0, \forall (X_1) \in R_+^{IJ}$$

$$(4-3)$$

式（4－3）描述的是：若 $x_{ij}^* = 0$，则对制造商 i 而言，其式（4－3）

中的前三项成本之和大于产品价格；若 x_{ij}^* 为正，则产品价格等于制造商 i 的前三项成本的和。

2. 碳排放交易下制造商的竞争行为及均衡条件

l_i 为制造商 i 的碳信用数量，l 为所有制造商的所有碳信用组合构成向量 $l \in R_+^I$。l_i^0 为企业 i 的初始分配组合构成向量 $l_i^0 \in R_+$，l^0 为所有制造商的所有初始分配构成向量 $l^0 \in R_+^I$。在碳排放交易政策下，可建立制造商 i 利润最大化的最优化模型：

$$\max \boldsymbol{\pi}_i = \sum_j p_{ij}^* x_{ij} - g_i(X_1) - \sum_j h_{ij}(x_{ij}) - p(l_i - l_i^0) \quad (4-4)$$

$$\text{s. t.} \sum_j e_i x_{ij} \leqslant l_i, x_{ij} \geqslant 0; j = 1,2,\cdots,J \quad (4-5)$$

其中式（4-5）为排放约束。同理，根据模型（4-4），分析考虑碳排放交易政策条件下所有制造商同时最优的条件可转化为变分不等式（4-6）的问题，即：求解 $(X_1^*, l^*, \gamma_1^*) \in R_+^{IJ+2I}$，使其满足

$$\sum_i \sum_j \left[\frac{\partial h_{ij}(x_{ij}^*)}{\partial x_{ij}} + \frac{\partial g_i(X_1^*)}{\partial x_{ij}} + e_i \gamma_{1i}^* - p_{ij}^* \right] \times \left[x_{ij} - x_{ij}^* \right]$$

$$+ \sum_i \left[p^* - \gamma_{1i}^* \right] \times \left[l_i - l_i^* \right]$$

$$+ \sum_i \left[l_i^* - \sum_j e_i x_{ij}^* \right] \times \left[\gamma_{1i} - \gamma_{1i}^* \right]$$

$$\geqslant 0, \forall (X_1, l, \gamma_1) \in R_+^{IJ+2I} \quad (4-6)$$

其中，γ_{1i} 为约束（4-5）相对应的拉格朗日乘子，所有的乘子组成 I 维列向量 γ_1，即 $\gamma_1 = (\gamma_{11}, \gamma_{12}, \cdots, \gamma_{1i}, \cdots, \gamma_{1I})^T$。对于式（4-6）中的第三项，若第三项中的排放约束为零，则影子价格 γ_{1i}^* 即边际减排成本为正；若其大于零，则影子价格 γ_{1i}^* 为零。对于第二项，当单位碳信用的价格大于影子价格时，制造商 i 的碳信用最终的分配为零；当单位碳信用的价格等于影子价格时，制造商 i 的碳信用最终的分配为正。对于第一项，当制造商 i 的边际生产成本和交易成本，加上影子价格与单位产品排放量的积大于销售商 j 愿意支付的价格，此时制造商 i 与销售商 j 间交易产品是不会受益

的；当两者相等时，x_{ij}^{*} 为正。

3. 销售商的竞争行为及均衡条件

销售商 j 利润最大化的最优化模型为

$$\max \pi_j = \sum_k p_{jk}^{*} x_{jk} - \sum_i p_{ij}^{*} x_{ij} - \sum_i h'_{ij}(x_{ij}) - \sum_k h_{jk}(x_{jk}) - g_j(X_2)$$

$$(4-7)$$

$$\text{s. t. } \sum_k x_{jk} \leqslant \sum_i x_{ij}, x_{ij}, x_{jk} \geqslant 0; i = 1, 2, \cdots, I, k = 1, 2, \cdots, K$$

$$(4-8)$$

其中，p_{jk}^{*} 为 p_{jk} 的均衡值，为内生变量。

假设网络内 J 个销售商间也为非合作竞争关系，形成纳什–古诺均衡，因此，根据模型（4-7），均衡状态下，J 个销售商的均衡条件可通过变分不等式（4-9）的问题表述，即：求解 $(X_1^{*}, X_2^{*}, \gamma_2^{*}) \in R_+^{IJ+JK+J}$，使其满足

$$\sum_j \sum_i \left[p_{ij}^{*} + \frac{\partial h'_{ij}(x_{ij}^{*})}{\partial x_{ij}} - \gamma_{2j}^{*} \right] \times \left[x_{ij} - x_{ij}^{*} \right]$$

$$+ \sum_j \sum_k \left[\frac{\partial h_{jk}(x_{jk}^{*})}{\partial x_{jk}} + \frac{\partial g_j(X_2^{*})}{\partial x_{jk}} - p_{jk}^{*} + \gamma_{2j}^{*} \right] \times \left[x_{jk} - x_{jk}^{*} \right]$$

$$+ \sum_j \left[\sum_i x_{ij}^{*} - \sum_k x_{jk}^{*} \right] \times \left[\gamma_{2j} - \gamma_{2j}^{*} \right]$$

$$\geqslant 0, \forall (X_1, X_2, \gamma_2) \in R_+^{IJ+JK+J} \qquad (4-9)$$

其中，γ_{2j} 为约束（4-8）相对应的拉格朗日乘子，所有的乘子组成 J 维列向量 γ_2，即 $\gamma_2 = (\gamma_{21}, \gamma_{22}, \cdots, \gamma_{2j}, \cdots, \gamma_{2J})^T$。式（4-9）中第三项的 γ_{2j}^{*} 是销售商 j 的市场出清价格。第一项表示若交易量 x_{ij}^{*} 为正，则产品交易价格与边际交易成本等于 γ_{2j}^{*}；若交易量 x_{ij}^{*} 为零，则产品交易价格与边际交易成本大于 γ_{2j}^{*}。第二项表示若销售商与需求市场间的交易量 x_{jk}^{*} 为正，则其边际交易成本和处理成本与市场出清价格之和等于市场 k 愿意支付的价格 p_{jk}^{*}。

4. 需求市场的竞争行为及均衡条件

对于需求市场 k 而言，其空间价格均衡条件可表示为

$$p_{jk}^* + h_{jk}'(x_{jk}^*) \begin{cases} = p_{3k}^*,若\ x_{jk}^* > 0 \\ \geqslant p_{3k}^*,若\ x_{jk}^* = 0 \end{cases} \quad (4-10)$$

$$d_k(p_3^*) \begin{cases} = \sum_j x_{jk}^*,若\ p_{3k}^* > 0 \\ \leqslant \sum_j x_{jk}^*,若\ p_{3k}^* = 0 \end{cases} \quad (4-11)$$

达到均衡时，K 个需求市场均需满足式（4-10）和式（4-11），因此，可表述为变分不等式（4-12）的问题，即：求解 $(X_2^*, p_3^*) \in R_+^{JK+K}$，使其满足

$$\sum_k \sum_j \left[p_{jk}^* + h_{jk}'(x_{jk}^*) - p_{3k}^* \right] \times \left[x_{jk} - x_{jk}^* \right]$$
$$+ \sum_k \left[\sum_j x_{jk}^* - d_k(p_3^*) \right] \times \left[p_{3k} - p_{3k}^* \right]$$
$$\geqslant 0, \forall (X_2, p_3) \in R_+^{JK+K} \quad (4-12)$$

5. 碳税的均衡条件

供应链网络中，制造商是主要的碳排放成员，在碳排放税收政策下，权威部门为所有企业制定统一阈值 B，令 t 表示权威部门规定的单位碳排放税税率，则碳排放税收政策的均衡条件可表述为

$$B - \sum_i \left(e_i \sum_j x_{ij}^* \right) \begin{cases} = 0,若\ t^* > 0 \\ \geqslant 0,若\ t^* = 0 \end{cases} \quad (4-13)$$

均衡条件（4-13）等价于变分不等式（4-14）的问题，即：求解 $t^* \geqslant 0$，使其满足

$$\left[B - \sum_i \left(e_i \sum_j x_{ij}^* \right) \right] \times \left[t - t^* \right] \geqslant 0, \forall t \geqslant 0 \quad (4-14)$$

式（4-14）可解释为：如果权威部门的税率等于零，则表明达到均衡状态下的企业总碳排放量小于 B；如果税率大于零，说明达到均衡状态下的总碳排放量等于 B。

6. 碳排放交易的均衡条件

均衡状态下，如果碳信用价格是正的，那么碳信用市场必然出清；如果碳信用供应过剩，那么碳信用价格必然是零。因此，碳信用市场出清的经济系统条件描述为式（4-15）。

$$\sum_i (l_i^0 - l_i^*) \begin{cases} = 0, \text{若 } p^* > 0 \\ \geq 0, \text{若 } p^* = 0 \end{cases} \quad (4-15)$$

均衡条件（4-15）等价于变分不等式（4-16）的问题，即：求解 $p^* \in R_+$，使其满足

$$\left[\sum_i (l_i^0 - l_i^*)\right] \times [p - p^*] \geq 0, \forall p \geq 0 \quad (4-16)$$

4.3 不同政策框架下供应链网络均衡模型的建立

在不同碳排放政策框架下，供应链网络达到均衡状态时，网络内的制造商运往销售商的产品数量应该与销售商的购买量一致，且产品数量、价格和碳减排相关的政策必须满足所在决策框架下各均衡条件，现给出如下定义：

定义4-1 在不同碳排放政策框架下，供应链网络的均衡条件：供应链网络每层企业之间产品的卖出量和买入量是一致的，且产品数量、价格和碳减排政策相关量满足供应链网络每层企业的均衡条件及碳减排政策的均衡条件。

定理4-1 碳税政策下供应链网络在均衡条件下的决策问题与变分不等式（4-17）的问题是等价的，即：求解 $(X_1^*, X_2^*, p_3^*, \lambda_1^*, t^*) \in R_+^{IJ+JK+1+J+K}$，使其满足

$$\sum_i \sum_j \left[\frac{\partial h_{ij}(x_{ij}^*)}{\partial x_{ij}} + t^* e_i + \frac{\partial g_i(X_1^*)}{\partial x_{ij}} + \frac{\partial h_{ij}'(x_{ij}^*)}{\partial x_{ij}} - \gamma_{2j}^*\right] \times [x_{ij} - x_{ij}^*]$$

$$+ \sum_j \sum_k \left[\frac{\partial h_{jk}(x_{jk}^*)}{\partial x_{jk}} + \frac{\partial g_j(X_2^*)}{\partial x_{jk}} + \gamma_{2j}^* + h_{jk}'(x_{jk}^*) - p_{3k}^*\right] \times [x_{jk} - x_{jk}^*]$$

$$+ \sum_k \left[\sum_j x_{jk}^* - d_k(p_3^*) \right] \times \left[p_{3k} - p_{3k}^* \right]$$

$$+ \sum_j \left[\sum_i x_{ij}^* - \sum_k x_{jk}^* \right] \times \left[\gamma_{2j} - \gamma_{2j}^* \right]$$

$$+ \left[B - \sum_i \left(e_i \sum_j x_{ij}^* \right) \right] \times \left[t - t^* \right]$$

$$\geqslant 0, (X_1, X_2, p_3, \gamma_2, t) \in R_+^{IJ+JK+1+J+K} \qquad (4-17)$$

证明：

先证必要性。将均衡条件式（4-3）、式（4-9）、式（4-12）和碳税均衡条件式（4-14）相加，即可得到式（4-17）。

再证充分性。在式（4-17）第一个乘号前的式子内加入 $-p_{ij}^* + p_{ij}^*$，在第二个乘号前的式子内加入 $-p_{jk}^* + p_{jk}^*$，得到的不等式如下：

$$\sum_i \sum_j \left[\frac{\partial h_{ij}(x_{ij}^*)}{\partial x_{ij}} + t^* e_i + \frac{\partial g_i(X_1^*)}{\partial x_{ij}} + \frac{\partial h'_{ij}(x_{ij}^*)}{\partial x_{ij}} - \gamma_{2j}^* - p_{ij}^* + p_{ij}^* \right] \times \left[x_{ij} - x_{ij}^* \right]$$

$$+ \sum_j \sum_k \left[\frac{\partial h_{jk}(x_{jk}^*)}{\partial x_{jk}} + \frac{\partial g_j(X_2^*)}{\partial x_{jk}} + \gamma_{2j}^* + h'_{jk}(x_{jk}^*) - p_{3k}^* - p_{jk}^* + p_{jk}^* \right] \times \left[x_{jk} - x_{jk}^* \right]$$

$$+ \sum_k \left[\sum_j x_{jk}^* - d_k(p_3^*) \right] \times \left[p_{3k} - p_{3k}^* \right]$$

$$+ \sum_j \left[\sum_i x_{ij}^* - \sum_k x_{jk}^* \right] \times \left[\gamma_{2j} - \gamma_{2j}^* \right]$$

$$+ \left[B - \sum_i \left(e_i \sum_j x_{ij}^* \right) \right] \times \left[t - t^* \right]$$

$$\geqslant 0, (X_1, X_2, p_3, \gamma_2, t) \in R_+^{IJ+JK+1+J+K} \qquad (4-18)$$

式（4-18）可以转换成下式：

$$\sum_i \sum_j \left[\frac{\partial h_{ij}(x_{ij}^*)}{\partial x_{ij}} + t^* e_i - p_{ij}^* + \frac{\partial g_i(X_1^*)}{\partial x_{ij}} \right] \times \left[x_{ij} - x_{ij}^* \right]$$

$$+ \sum_j \sum_i \left[p_{ij}^* + \frac{\partial h'_{ij}(x_{ij}^*)}{\partial x_{ij}} - \gamma_{2j}^* \right] \times \left[x_{ij} - x_{ij}^* \right]$$

$$+ \sum_j \sum_k \left[\frac{\partial h_{jk}(x_{jk}^*)}{\partial x_{jk}} + \frac{\partial g_j(X_2^*)}{\partial x_{jk}} - p_{jk}^* + \gamma_{2j}^* \right] \times \left[x_{jk} - x_{jk}^* \right]$$

$$+ \sum_k \sum_j \left[p_{jk}^* + h_{jk}'(x_{jk}^*) - p_{3k}^* \right] \times \left[x_{jk} - x_{jk}^* \right]$$

$$+ \sum_k \left[\sum_j x_{jk}^* - d_k(p_3^*) \right] \times \left[p_{3k} - p_{3k}^* \right]$$

$$+ \sum_j \left[\sum_i x_{ij}^* - \sum_k x_{jk}^* \right] \times \left[\gamma_{2j} - \gamma_{2j}^* \right]$$

$$+ \left[B - \sum_i \left(e_i \sum_j x_{ij}^* \right) \right] \times \left[t - t^* \right]$$

$$\geqslant 0, (X_1, X_2, p_3, \gamma_2, t) \in R_+^{IJ+JK+1+J+K} \qquad (4-19)$$

式（4-19）恰好是均衡条件式（4-3）、式（4-9）、式（4-12）和式（4-14）的和。证毕。

对于变分不等式（4-19），可将其转化为标准变分不等式（4-20），即：求解 $Z^* \in H$，使得

$$\langle G(Z^*), Z - Z^* \rangle \geqslant 0, \forall Z \in H \qquad (4-20)$$

其中 $Z \equiv (X_1, X_2, p_3, \gamma_2, t) \in H, H \equiv \{ Z | Z \in R_+^{IJ+JK+1+J+K} \}$。$G(Z) \equiv (G_{1ij}, G_{2jk}, G_{3k}, G_{4j}, G_5)_{\forall ijk}^T$。$G(Z)$ 各个分量分别为式（4-17）中各乘号前部的式子，符号 $\langle \cdot, \cdot \rangle$ 表示 N 维欧式空间的内积。

定理 4-2　碳排放交易下供应链网络在均衡下的问题，与变分不等式（4-21）的问题是等价的，即：求解 $(X_1^*, X_2^*, p_3^*, \gamma_1^*, \gamma_2^*, l^*, p^*) \in R_+^{IJ+JK+2I+J+K+1}$，使其满足

$$\sum_i \sum_j \left[\frac{\partial h_{ij}(x_{ij}^*)}{\partial x_{ij}} + \frac{\partial g_i(X_1^*)}{\partial x_{ij}} + \frac{\partial h_{ij}'(x_{ij}^*)}{\partial x_{ij}} + e_i \gamma_{1i}^* - \gamma_{2j}^* \right] \times \left[x_{ij} - x_{ij}^* \right]$$

$$+ \sum_j \sum_k \left[\frac{\partial h_{jk}(x_{jk}^*)}{\partial x_{jk}} + \frac{\partial g_j(X_2^*)}{\partial x_{jk}} + \gamma_{2j}^* + h_{jk}'(x_{jk}^*) - p_{3k}^* \right] \times \left[x_{jk} - x_{jk}^* \right]$$

$$+ \sum_k \left[\sum_j x_{jk}^* - d_k(p_3^*) \right] \times \left[p_{3k} - p_{3k}^* \right]$$

$$+ \sum_i \left[l_i^* - \sum_j e_i x_{ij}^* \right] \times \left[\gamma_{1i} - \gamma_{1i}^* \right]$$

$$+ \sum_j \left[\sum_i x_{ij}^* - \sum_k x_{jk}^* \right] \times \left[\gamma_{2j} - \gamma_{2j}^* \right]$$

$$+ \sum_i \left[p^* - \gamma_{1i}^* \right] \times \left[l_i - l_i^* \right]$$

$$+ \left[\sum_i \left(l_i^0 - l_i^* \right) \right] \times \left[p - p^* \right]$$

$$\geq 0, (X_1, X_2, p_3, \gamma_1, \gamma_2, l, p) \in R_+^{IJ+JK+2I+J+K+1} \qquad (4-21)$$

证明过程与定理 4 - 1 类似，故证明略。

在每种碳排放政策下，供应链网络内制造商间及销售商间均为非合作竞争关系，它们均追求利润最大化，达到均衡状态；需求市场内的消费者通过比较做出选择，并达到均衡。进而在市场机制作用下，达到整个网络的均衡。均衡状态下，上一层运往下一层的产品量和价格，恰好等于下一层可接受的数量和价格，因此，碳税政策下，均衡表现为交易量、价格和税率须同时满足均衡条件式（4 - 3）、式（4 - 9）、式（4 - 12）和式（4 - 14），等价于各条件之和；碳排放交易政策下，均衡表现为交易量、价格和碳信用分配量及其价格须同时满足均衡条件式（4 - 6）、式（4 - 9）、式（4 - 12）和式（4 - 16），等价于各条件之和。

4.4　不同碳排放政策均衡结果对比分析

本章应用欧拉方法求解变分不等式（4 - 17）和式（4 - 21），以式（4 - 17）为例，算法实现如下：

第一步，初始化：设置迭代次数为 M，置 $M = 1$，设置序列 $\{\alpha_M\}$，使得 $\sum_M \alpha_M = \infty, \alpha_M > 0$，当 $M \to \infty, \alpha_M \to 0$，设置 $\varepsilon > 0$ 及初始值 $Z^0 \in H$。

第二步，计算：通过下列变分不等式问题求解 Z^M。

$$\langle Z^M + \alpha_M G(Z^{M-1}) - Z^{M-1}, Z - Z^M \rangle \geq 0, \forall Z \in H \qquad (4-22)$$

第三步，收敛检验：若 $|Z^M - Z^{M-1}| \leq \varepsilon$，则停止循环，否则，设 $M = M + 1$，返回第二步。

本部分在理论模型的基础上，对各项成本函数及相关参数合理赋值，并逐步变化相关模型参数，比较不同碳排放政策下供应链网络间产品交易量、需求、价格、碳排放量、利润等均衡结果的变化情况。具体而言，首先，在碳税政策下，研究不同碳排放阈值下网络均衡结果的变化及最优的碳税税率确定问题；其次，在碳交易政策下，分析单位产品碳排放量对网络均衡结果的影响，给出最优碳信用的分配方案；最后，对两种政策进行对比，为权威部门制定政策提供依据。

4.4.1　碳税框架

考虑如下结构的供应链网络：由 2 个制造商 M1 和 M2、2 个销售商 D1 和 D2、2 个需求市场 E1 和 E2 构成的网络。该网络中各成员的相关成本函数如下。

制造商生产新产品的成本函数为

$$g_1(X_1) = 2\left(\sum_j x_{1j}\right)^2 + \sum_j x_{1j} \sum_j x_{2j} + \sum_j x_{1j}$$

$$g_2(X_1) = \left(\sum_j x_{2j}\right)^2 + \sum_j x_{1j} \sum_j x_{2j} + \sum_j x_{2j}$$

制造商与销售商交易发生的成本为

$$h_{ij}(x_{ij}) = 0.5\,(x_{ij})^2 + 2x_{ij}; i = 1,2, j = 1,2$$

销售商的处理成本为

$$g_j(X_2) = 0.5\left(\sum_k x_{jk}\right)^2, j = 1,2$$

销售商与需求市场交易发生的成本为

$$h_{jk}(x_{jk}) = x_{jk} + 8; j = 1,2, k = 1,2$$

需求市场的需求函数为

$$d_1(p_3) = -2p_{31} - 1.5p_{32} + 900$$

$$d_2(p_3) = -2p_{32} - 1.5p_{31} + 950$$

其余交易成本为零，此外，令单位产品碳排量 $e_i = 1.5$。

利用欧拉方法求解模型（4 - 17），编写基于 MATLAB 的应用程序，参数 $\varepsilon = 10^{-4}$，参数 $\{\alpha_M\}$ 设为 $\left\{1, \frac{1}{2}, \frac{1}{2}, \frac{1}{3}, \frac{1}{3}, \frac{1}{3}, \cdots\right\}$。保持各项成本函数和相关参数不变，在 160～50 范围内逐步变化全局阈值 B。不同阈值下均衡结果的变化如图 4 - 2～图 4 - 12 所示，具体分析如下：

（1）由图 4 - 2～图 4 - 5 可知，当碳排放阈值 $B \geq 145$ 时，产品交易量及交易价格均未发生变化；随着环境要求的提高，即碳排放阈值的进一步降低，供应链网络中各成员企业间的产品交易量逐渐降低，网络间交易价格逐渐提高。

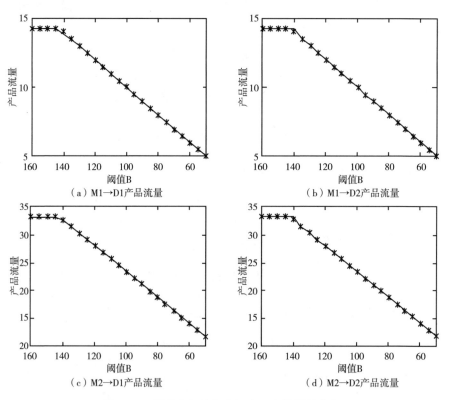

（a）M1→D1产品流量　　　　　　　　（b）M1→D2产品流量

（c）M2→D1产品流量　　　　　　　　（d）M2→D2产品流量

图 4 - 2　制造商与销售商间产品交易量的变化

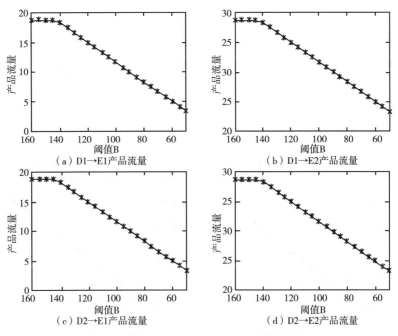

图 4-3　销售商与需求市场间产品交易量的变化

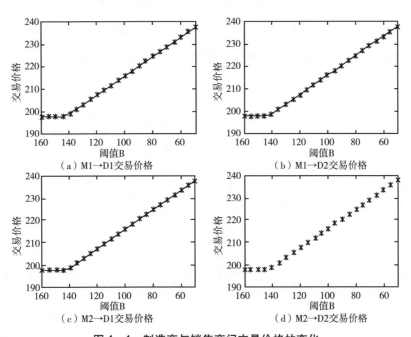

图 4-4　制造商与销售商间交易价格的变化

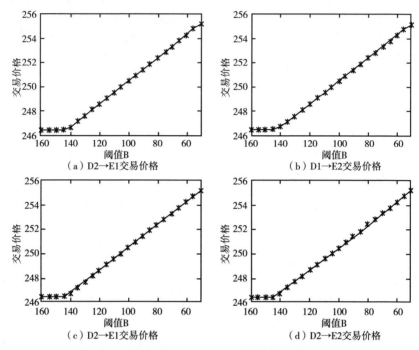

图4-5　销售商与需求市场间交易价格的变化

（2）由图4-6和图4-7可知，当阈值B≥145时，需求价格和需求量均保持不变；随着阈值的进一步降低，需求价格逐渐提高，2个市场的需求量均逐渐降低。

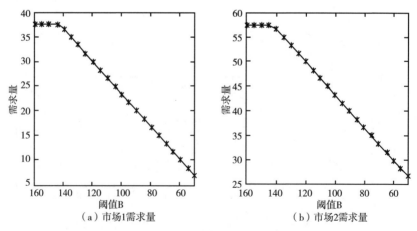

图4-6　需求市场需求量的变化

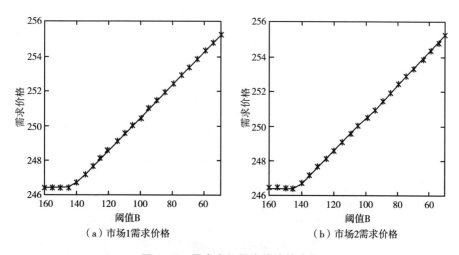

（a）市场1需求价格　　　　　　（b）市场2需求价格

图4-7 需求市场需求价格的变化

（3）由图4-8和图4-9可知，当碳排放阈值B≥145时，由于阈值
足够大，此时碳税为0，因而对企业未产生影响，企业的碳排放未发生变
化；随着阈值的进一步降低，碳排放税税率逐渐提高，每个企业选择逐渐
降低碳排放。此外，在不同阈值下，2个企业的总碳排放量均未超过阈值
的限制，可见，企业的碳排放税达到了预期的效果。

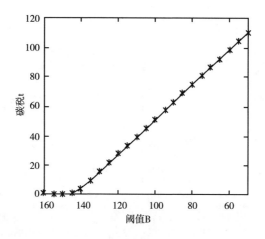

图4-8 碳税均衡结果的变化

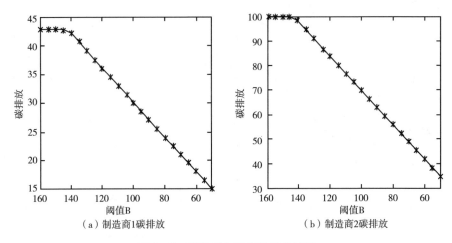

（a）制造商1碳排放　　　　　　　（b）制造商2碳排放

图 4 - 9　碳排放量均衡结果的变化

（4）由图 4 - 10 ~ 图 4 - 12 可知，当阈值 B≥145 时，制造商 1 的利润保持在 1887.20，制造商 2 的利润保持在 5668.60，2 个销售商的利润均保持在 1121.70，供应链网络总利润为 9799.20；随着阈值的进一步降低，每个企业的利润逐渐下降。当阈值降到 50，制造商 1 的利润已降为 245.00，制造商 2 的利润降为 727.22，2 个销售商的利润均变成 130.91，供应链网络总利润降为 1234.04。

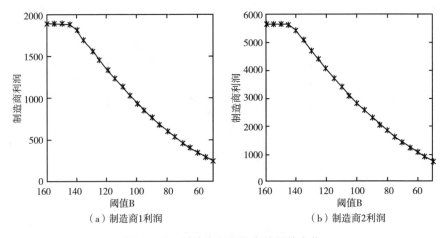

（a）制造商1利润　　　　　　　（b）制造商2利润

图 4 - 10　制造商利润均衡结果的变化

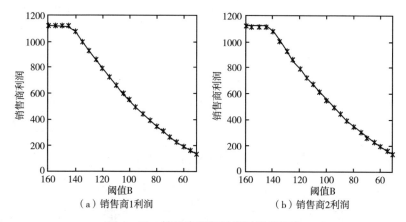

（a）销售商1利润　　　　　　（b）销售商2利润

图 4 – 11　销售商利润均衡结果的变化

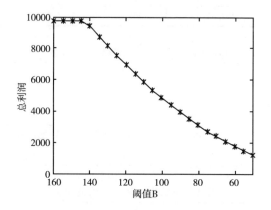

图 4 – 12　供应链网络总利润均衡结果的变化

4.4.2　碳排放交易框架

令制造商 M1 和 M2 的初始分配 l_1^0 和 l_2^0 均为 60，为分析制造商 $i(i = 1,$
$2, \cdots, I)$ 生产单位产品的碳排量 e_i 对均衡结果的影响，本小节考虑如下三
种情况：高单位产品碳排放量（$e_i = 2.5$，记为 case1）、中单位产品碳排放
量（$e_i = 2$，记为 case2）和低单位产品碳排放量（$e_i = 1.5$，记为 case3），
其他成本函数及参数与 4.4.1 小节相同，求解均衡模型式（4 – 21），程序
参数设置与 4.4.1 小节相同。均衡结果如表 4 – 2 ~ 表 4 – 7 所示。

表 4 - 2　　　　不同情形下的网络间产品交易量均衡结果的变化

均衡结果	x_{ij}				x_{jk}			
	x_{11}	x_{12}	x_{21}	x_{22}	x_{11}	x_{12}	x_{21}	x_{22}
Case1	7.20	7.20	16.80	16.80	7.00	17.00	7.00	17.00
Case2	9.00	9.00	21.00	21.00	10.00	20.00	10.00	20.00
Case3	12.00	12.00	28.00	28.00	15.00	25.00	15.00	25.00

表 4 - 3　　　　不同情形下的网络间产品交易价格均衡结果的变化

均衡结果	p_{ij}				p_{jk}			
	p_{11}	p_{12}	p_{21}	p_{22}	p_{11}	p_{12}	p_{21}	p_{22}
Case1	228.14	228.14	228.14	228.14	253.14	253.14	253.14	253.14
Case2	220.43	220.43	220.43	220.43	251.43	251.43	251.43	251.43
Case3	207.57	207.57	207.57	207.57	248.57	248.57	248.57	248.57

表 4 - 4　　　　不同情形下需求及需求价格均衡结果的变化

均衡结果	d_i		p_{3k}	
	d_1	d_2	p_{31}	p_{32}
Case1	14.00	34.00	253.14	253.14
Case2	20.00	40.00	251.43	251.43
Case3	30.00	50.00	248.57	248.57

表 4 - 5　　　　不同情形下碳排放量均衡结果的变化

均衡结果	碳排放量		总碳排放量
	M_1	M_2	
Case1	36.00	84.00	120
Case2	36.00	84.00	120
Case3	36.00	84.00	120

表 4 - 6　　　　不同情形下碳信用数量及其价格均衡结果的变化

均衡结果	l_i		p
	l_1	l_2	
Case1	36.00	84.00	50.69
Case2	36.00	84.00	47.21
Case3	36.00	84.00	27.04

表 4 – 7　　　　　　　　同情形下网络成员企业利润的变化

均衡结果	π_i		π_j		网络总利润
	π_1	π_2	π_1	π_2	
Case1	3536.90	4520.03	279.97	279.97	8616.87
Case2	3597.60	5121.90	442.01	442.01	9603.52
Case3	2966.70	5654.90	792.02	792.02	10205.64

（1）由表 4 – 2 ～ 表 4 – 4 可知，随着单位产品碳排放量的降低，制造商与销售商、销售商与需求市场间产品交易量均逐步提高，网络间产品交易价格逐步下降，需求市场的需求逐步提高，需求价格逐步下降。

（2）由表 4 – 5 和表 4 – 6 可知，虽然随着单位产品碳排放量的降低，网络间的产品交易量逐步提高，然而，两个企业的碳排放量并未发生变化，因此，所需的碳信用的数量也未发生变化，然而碳信用的价格逐步降低。

（3）由表 4 – 7 可知，随着单位产品碳排放量的降低，制造商和销售商的利润均发生了变化，网络总利润逐步提高。

4.4.3　两种政策的比较

将碳税政策记为 P1，设定 $B = 150$；将碳排放交易政策记为 P2，令制造商 M1 和 M2 的初始分配 l_1^0 和 l_2^0 分别为 50 和 90，生产单位产品的碳排量 e_i 为 1.6，其他成本函数和参数与 4.4.1 小节相同。

分别求解均衡模型（4 – 17）和模型（4 – 21），程序参数设置与 4.4.1 小节相同。在碳税政策下，得到最优碳税 $t^* = 2.22$；碳排放交易政策下，得到 M1 和 M2 的碳信用的数量分配分别为 42.00 和 98.00，交易价格为 12.74。两种政策的减排效果和供应链网络成员企业的利润及网络总利润的对比如表 4 – 8 所示，可见，碳交易政策下两个制造商的碳排放量均低于碳税政策下的排放量；碳交易政策下，M1 和 M2 的利润高于碳税政策下的利润，而 D1 和 D2 的利润低于碳税政策下的利润，网络总利润高于碳税政策下的总利润。

表 4 – 8 两种政策下的排放量及利润对比

均衡结果	M1排放量	M2排放量	总排放量	π_i		π_j		网络总利润
				π_1	π_2	π_1	π_2	
P1	45.00	105.00	150	1836.00	5514.60	1090.70	1090.70	9532.00
P2	42.00	98.00	140	2239.60	5958.00	948.86	948.86	10095.32

4.5　本章结论

本章考虑了两种碳减排政策——碳税政策及碳排放交易政策，针对由制造商、销售商和需求市场构成的供应链网络，分别分析了两种碳减排政策下供应链网络各成员企业的均衡条件及行为，以及两种碳减排政策的均衡条件，并在此基础上，分别构建两种碳减排政策下的供应链网络均衡模型，给出了欧拉方法求解均衡模型。通过算例，首先，在碳税政策框架下，探究不同碳排放阈值下网络均衡结果的变化，给出不同阈值下最优碳税税率；其次，在碳排放交易政策框架下，分析单位产品碳排放量对网络均衡结果的影响，给出不同情形下碳信用的分配方案；最后，对两种碳减排政策进行对比分析。

研究发现：

（1）碳税政策下，当阈值较高时，网络成员企业的生产、交易及碳排放的均衡结果保持不变；随着阈值的降低，网络成员将选择减少网络间产品交易量，交易价格将上升，市场的需求将下降，需求价格提高，同时，碳税税率将提高，由此带来碳排放量的减少，且总碳排放量不会超过阈值的限制，碳排放税可以得到预期效果。然而，这将带来网络总利润的降低。可见，一方面，对于企业而言，碳税政策下，面对较低的碳排放阈值，企业将选择通过减少产量来达到减少碳排放的目标，由此带来产品价格的上涨，需求也随之下降，导致供应链网络总利润下降；另一方面，对于政府而言，选择合适的碳排放阈值至关重要，依此模型可决定最优的碳税税率，既能使得供应链网络内成员获得最优的利润，也可达到适当的减排目标。

（2）碳排放交易政策下，降低单位产品碳排放量，供应链网络成员企业间的产品交易量会提高，交易价格将下降，市场的需求将上升，需求价格将下降；然而，成员的碳排放量并未发生变化，所需的碳信用也将保持不变，碳信用的价格将下降；网络的总利润将提高。可见，一方面，对于企业而言，可通过采用低碳技术降低单位产品碳排放量，此时可选择提高产品产量，既可达到一定的排放目标，也可提升供应链网络总利润；另一方面，对于政府部门而言，可依据此模型合理分配碳信用，同时，可制定各种激励措施鼓励企业积极采用低碳技术。

（3）对比碳税政策及碳排放交易政策发现：碳交易政策下的碳排放量低于碳税政策下的排放量，碳交易政策下制造商的利润高于碳税政策下的利润，碳交易政策下销售商的利润低于碳税政策下的利润，碳交易政策下的供应链网络总利润高于碳税政策下的总利润。可见，碳税政策和碳排放交易政策均可实现减排，然而，碳税政策为供应链中的企业带来了巨大的财务压力，对企业的利润影响较大；碳交易政策下，供应链网络内企业可进行碳信用交易，具有更大的灵活性。此外，碳交易政策下，若要激励供应链上下游企业联合减排，需要制定必要的协调机制，以促使成员企业的利润均能得到合理提升。

第 5 章

政府监督下供应链成员低碳技术选择演化博弈关系研究

5.1 引言

随着中国经济发展，国家工业化发展程度越来越高，企业向空气中排放的二氧化碳也随之加大，进而造成了空气污染，尤其近两年全球气温上升、冰川融化、海平面上升等问题出现，使人们开始重视气候问题，寻找污染源，思考如何降低污染。全球各国都出台了一系列政策去缓解这些问题，并且消费者的低碳意识也在不断增强，消费者更倾向于购买低碳产品，也愿意为之支付更高的价格，进而形成了一个因消费者偏好而产生的巨大潜在的低碳产品市场。在这种情况下，更多企业开始考虑是否引入低碳生产技术。假设在一个供应链中，仅有个别企业减排，其最终产品为低碳产品，使整个供应链的收益增加，而大部分企业未采用低碳技术的企业就会"搭便车"获得比一般产品高的收益并且不需要付出成本。这时政府就面临是监管还是不监管的选择，并且若进行监管，应制定何种补贴与惩罚措施使政府制定的政策成为企业低碳生产的推动力。

近年来，低碳已经成为热门话题，关于低碳技术的研究成果也不少。

一方面，学者们主要关注上下游企业之间如何制定不同的低碳策略。王芹鹏等（2013）依照斯塔克伯格（Stackelberg）博弈模型，构建了上下游企业采用不同行为策略的支付矩阵；付秋芳等（2016）建立供应商与制造商碳减排投入的演化博弈模型，表明供应商与制造商的碳减排投入策略与双方碳减排投入收益比密切相关，并分析了碳减排问题中供应商或制造商"搭便车"问题；埃尔赫德利和梅里克（Elhedhli & Merrick，2012）考虑了二氧化碳排放量下的供应链设计问题；巴赞等（Bazan et al，2017）基于不同协调机制，构建供应商和零售商碳排放和能量效应的供应链模型。另一方面，也有学者把重点放在政府对企业采取低碳技术生产的监管上。李媛和赵道致（2013）构建了政府征收碳税监管企业减排的演化博弈模型，得出不同情况下的演化稳定策略；曹柬等（2013）在绿色化运营情况下，基于演化博弈理论探讨市场机制作用下制造企业运营模式的演化过程及政府参与下制造企业运营模式演化分析；王京安等（2012）在考虑政府和企业间目标差异的情况下，运用静态博弈和演化博弈，考察在低碳经济建设过程中，政府和企业之间的互动机制。还有学者研究认为，在政府支持下，可以提高企业的经济效益和环境绩效（Zhu & Raymond，2004）。

在方法运用中，很多学者运用博弈方法。本章将运用演化博弈建立模型，故在此先针对演化博弈回顾其在供应链或者低碳供应链中的广泛应用。学者们基于演化博弈论，构建了中国制造商绿色供应链管理扩散系统动力学模型（Tian et al，2004），运用演化博弈模型研究政府与核心企业在绿色供应链中的博弈，探求一个长时期内政府和核心企业的双赢战略（Zhu et al，2014）。巴拉瑞等（Barari et al，2012）用演化博弈方法构建了绿色供应链契约分析的决策框架；韩敬稳等（2009）应用演化博弈中双种群演化模型进行分析，得到双寡头对上游供应商行为的演化稳定均衡。

本章考虑消费者对低碳产品的偏好，针对供应链中上游企业的供应商与下游企业的制造商构成的二级供应链，研究上下游企业是否采取低碳技术生产，政府是否监管企业低碳生产的问题；分析对于在生产过程中出现的某一企业"搭便车"现象，政府与另一企业该如何制定策略去达到各自

57

收益最大化；运用演化博弈模型得出政府、上游企业和下游企业三个相关利益方的投资或监管稳定策略，分析不同群体的稳定性条件，探讨博弈利益相关方群体的行为及不同参数对稳定状态的影响；最后通过数值仿真描述相关责任主体演化博弈过程及结果，为政府监督策略和企业生产策略的制定提供参考。

5.2 演化博弈模型的构建

考虑到消费者的低碳偏好，上下游企业有两种选择：一是采取低碳技术制造低碳产品；二是选择维持原有非低碳生产，无环保投入，生产过程中污染土壤、大气和水。政府也有两种选择：一是选择监督，监督上下游企业是否采用低碳技术，采取一定的奖惩措施，对采用低碳技术的企业给予一定的补贴；二是选择不监督，不监督上下游企业的碳排放情况。

政府与上下游企业之间的行为博弈是建立在不完全信息情况下的。所以一开始不会有最优策略，而是在博弈中寻找最优策略。为了便于分析，该模型做出如下假设：

（1）消费者是理性的，愿意用更高的价格去购买低碳产品。

（2）博弈中有三个博弈方：政府、上游企业和下游企业。博弈方是有限理性并且信息不完全的。

（3）当上下游企业都未采取低碳技术时，最终产品为普通产品；当有一家企业采取低碳技术时，最终产品为低碳产品，该企业可获得因采用低碳技术的收益，而另一家企业也会因此获取一定的比其原有收益高的收益；当上下游企业均采用低碳技术时，最终产品为更低碳的产品，两企业均获得更高的低碳收益。

（4）参数假设及解释。G 代表政府，U 代表上游企业，D 代表下游企业。上下游企业均不采用低碳技术的收益分别为 R'_U，R'_D；当上游企业采用低碳技术，而下游企业未采取时，上游企业收益为 R_U，下游企业收益为

Π_D，$R_U > R'_U$，$\Pi_D > R'_D$；当下游企业采用低碳技术，而上游企业未采取时，上游企业收益为 Π_U，下游企业收益为 R_D，$R_U > \Pi_U > R'_U$，$R_D > \Pi_D > R'_D$；当上下游企业均采用低碳技术时，上游企业收益为 R_{UD}，下游企业收益为 R_{DU}，$R_{UD} > R_U > \Pi_U > R'_U$，$R_{DU} > R_D > \Pi_D > R'_D$。

上游企业采用低碳技术的成本为 C_U；下游企业采用低碳技术的成本为 C_D；政府的监管成本为 F。当上游企业未采用低碳技术时，政府的治理环境成本为 E_U；当下游企业未采用低碳技术时，政府的治理环境成本为 E_D；当上下游企业均未采用低碳技术时，政府的治理环境成本为 E_{UD}；当上游企业采用低碳技术时，政府对它的补贴为 B_D；当下游企业采用低碳技术时，政府对它的补贴为 B_U。假设以上参数均大于零。

（5）假设政府采取监督的概率为 X，则政府采取不监督的概率为 $1 - X$；上游企业采取低碳技术去生产的概率为 Y，则采取非低碳技术去生产的概率为 $1 - Y$；下游企业采取低碳技术去生产的概率为 Z，则采取非低碳技术去生产的概率为 $1 - Z$。

根据以上假设建立演化博弈支付矩阵如表 5 - 1 所示。

表 5 - 1　　　　　　　　　　　　支付矩阵

政府	上游企业和下游企业			
	低碳		非低碳	
	低碳	非低碳	低碳	非低碳
监管	$-F - B_U - B_D$	$-F - E_D + T_D - B_U$	$-F - E_U + T_U - B_D$	$-F - E_{UD} + T_U + T_D$
	$R_{UD} - C_U + B_U$	$R_U - C_U + B_U$	$\Pi_U - T_U$	$R'_U - T_U$
	$R_{DU} - C_D + B_D$	$\Pi_D - T_D$	$R_D - C_D + B_D$	$R'_D - T_D$
不监管	0	$-E_D$	$-E_U$	$-E_{UD}$
	$R_{UD} - C_U$	$R_U - C_U$	Π_U	R'_U
	$R_{DU} - C_D$	Π_D	$R_D - C_D$	R'_D

根据演化博弈理论和表 5 - 1 可知，政府采取监管与不监管的期望收益及群体平均收益分别为

$$U_{GY} = y[z(-F - B_U - B_D) + (1 - z)(-F - E_D + T_D - B_U)]$$

$$+ (1-y)[z(-F-E_U+T_U-B_D)+(1-z)(-F-E_{UD}+T_U+T_D)]$$

$$(5-1)$$

$$U_{GN} = y[z \cdot 0 + (1-z)(-E_D)]$$

$$+ (1-y)[z(-E_U)+(1-z)(-E_{UD})] \qquad (5-2)$$

$$U_G = xU_{GY}+(1-x)U_{GN} \qquad (5-3)$$

由式 (5-1) ~式 (5-3) 可得复制动态方程

$$\dot{x} = x(U_{GY}-U_G)$$

$$= x(1-x)[y(-B_U-T_U)-z(B_D+T_D)-(F-T_U-T_D)]$$

$$(5-4)$$

上游企业采取低碳技术与非低碳技术的期望收益及群体平均收益分别为

$$U_{UY} = x[z(R_{UD}-C_U+B_U)+(1-z)(R_U-C_U+B_U)]$$

$$+ (1-x)[z(R_{UD}-C_U)+(1-z)(R_U-C_U)] \qquad (5-5)$$

$$U_{UN} = x[z(\Pi_u-T_U)+(1-z)(R'_U-T_U)]$$

$$+ (1-x)[z\Pi_u+(1-z)R'_U] \qquad (5-6)$$

$$U_U = yU_{UY}+(1-y)U_{UN} \qquad (5-7)$$

由式 (5-4) ~式 (5-7) 可得复制动态方程

$$\dot{y} = y(U_{UY}-U_U)$$

$$= y(1-y)[R_U-C_U-R'_U+x(B_U+T_U)+z(R_{UD}-R_U-\Pi_U+R'_U)]$$

$$(5-8)$$

下游企业采取低碳技术与非低碳技术的期望收益及群体平均收益分别为

$$U_{DY} = x[y(R_{DU}-C_D+B_D)+(1-y)(R_D-C_D+B_D)]$$

$$+ (1-x)[y(R_{DU}-C_D)+(1-y)(R_D-C_D)] \qquad (5-9)$$

$$U_{DN} = x[y(\Pi_D-T_D)+(1-y)(R'_D-T_D)]$$

$$+ (1 - x)\left[y\Pi_D + (1 - y)R'_D \right] \qquad (5 - 10)$$

$$U_D = zU_{DY} + (1 - z)U_{DN} \qquad (5 - 11)$$

由式 (5-9) ~式 (5-11) 可得复制动态方程

$$\dot{z} = z(U_{DY} - U_D)$$
$$= z(1 - z)\left[R_D - C_D - R'_D + y(R_{DU} - \Pi_D + R'_D - R_D) + x(B_D + T_D) \right]$$
$$\qquad (5 - 12)$$

5.3　演化博弈模型的均衡分析

由复制动态方程式 (5-4)、式 (5-8)、式 (5-12) 描述政府及上下游企业混合策略系统的演化，可以得出系统演化的复制动态平衡点：

$E_1 = (0 \quad 0 \quad 0)$, $E_2 = (0 \quad 0 \quad 1)$, $E_3 = (0 \quad 1 \quad 0)$,

$E_4 = (1 \quad 0 \quad 0)$, $E_5 = (1 \quad 1 \quad 0)$, $E_6 = (1 \quad 0 \quad 1)$,

$E_7 = (0 \quad 1 \quad 1)$, $E_8 = (1 \quad 1 \quad 1)$,

$E_9 = \left(1 \quad \dfrac{B_D - C_D + R_D - R'_D + R_D}{\Pi_D + R_D - R'_D - R_{DU}} \quad \dfrac{B_U - C_U + R_U - R'_U + T_U}{\Pi_U + R_U - R_{UD} - R'_U}\right)$,

$E_{10} = \left(\dfrac{C_D + \Pi_D - R_{DU}}{B_D + T_D} \quad 1 \quad \dfrac{-(B_U + F - T_D)}{B_D + T_D}\right)$,

$E_{11} = \left(\dfrac{C_U + \Pi_U - R_{UD}}{B_U + T_U} \quad \dfrac{-(B_D + F - T_U)}{B_U + T_U} \quad 1\right)$,

$E_{12} = \left(\dfrac{C_D - R_D + R'_D}{B_D + T_D} \quad 0 \quad \dfrac{T_D - F + T_U}{B_D + T_D}\right)$,

$E_{13} = \left(\dfrac{C_U - R_U + R'_U}{B_U + T_U} \quad \dfrac{T_D - F + T_U}{B_U + T_U} \quad 0\right)$,

$E_{14} = \left(0 \quad \dfrac{-(C_D - R_D + R'_D)}{\Pi_D + R_D - R'_D - R_{DU}} \quad \dfrac{-(C_U - R_U + R'_U)}{\Pi_U + R_U - R'_U - R_{UD}}\right)$,

61

$$E_{15} = \left(\frac{\begin{matrix} B_D \times e \times f - B_U \times c \\ \times d - F \times e \times c + T_U \\ \times g \times c + T_D \times h \times e \end{matrix}}{a \times b} \quad \frac{\begin{matrix} B_D \times f + B_U \times d \\ -F \times c + T_U(c \\ +d) + T_D \times h \end{matrix}}{a+b} \quad \frac{\begin{matrix} -B_D \times f - B_U \times d \\ -F \times e + T_U \times g \\ +T_D \times (e+f) \end{matrix}}{a+b} \right)$$

（注：$a = B_U + T_U$，$b = \Pi_D + \Pi_U + R_D - R'_D - R_{DU} + R_U - R_{UD} - R'_U$，$c = \Pi_U + R_U - R_{UD} - R'_U$，$d = -C_D + R_D - R'_D$，$e = \Pi_D + R_D - R'_D - R_{DU}$，$f = C_U - R_U + R'_U$，$g = C_D + \Pi_D - R_{DU}$，$h = C_U + \Pi_U - R_{UD}$）

平衡点的稳定性是由雅克比矩阵（Jacobian Matrix）的局部稳定性得到的。由复制动态方程组成的系统雅克比矩阵为

$$J = \begin{bmatrix} (1-2x)[y(-B_U - T_U) - z(B_D + T_D) - (F - T_D - T_U)] & x(1-x)(-B_U - T_U) & x(1-x)(-B_D - T_D) \\ y(1-y)(B_U + T_U) & (1-2y)[R_U - C_U - R'_U + x(B_U + T_U) + z(R_{UD} - R_U - \Pi_U + R'_U)] & y(1-y)(R_{UD} - R_U - \Pi_U + R'_U) \\ z(1-z)(B_D + T_D) & z(1-z)(R_{DU} - \Pi_D + R'_D - R_D) & (1-2z)[R_D - C_D - R'_D + y(R_{DU} - \Pi_D + R'_D - R_D) + x(B_D + T_D)] \end{bmatrix}$$

定理 5 – 1　（1）当 $T_U + T_D < F$，$R_U < C_U + R'_U$，$R_D < C_D + R'_D$ 时，E_1 是渐近稳定的，此时 E_1 为 ESS。

（2）当 $T_U + T_D > F$，$R_U > C_U + R'_U$，$R_D > C_D + R'_D$ 时，E_1 是不稳定的，此时 E_1 为源。

　（3）当 $T_U + T_D - F$，$R_U - C_U - R'_U$，$R_D - C_D - R'_D$ 中有一负两正或一正

两负时，E_1 是不稳定的，此时 E_1 为鞍点。

证明：复制动态系统在稳定点 $E_1 = (0 \quad 0 \quad 0)$ 处的雅克比矩阵为

$$J = \begin{bmatrix} T_D + T_U - F & & \\ & R_U - C_U - R'_U & \\ & & R_D - C_D - R'_D \end{bmatrix}$$

雅克比矩阵的特征值为：$\lambda_1 = T_U + T_D - F$，$\lambda_2 = R_U - C_U - R'_U$，$\lambda_3 = R_D - C_D - R'_D$。

（1）当 $T_U + T_D < F$，$R_U < C_U + R'_U$，$R_D < C_D + R'_D$ 时，有 $\lambda_1 < 0$，$\lambda_2 < 0$，$\lambda_3 < 0$。由李雅普诺夫第一法可知，E_1 是渐近稳定的，此时 E_1 为 ESS。

（2）当 $T_U + T_D > F$，$R_U > C_U + R'_U$，$R_D > C_D + R'_D$ 时，有 $\lambda_1 > 0$，$\lambda_2 > 0$，$\lambda_3 > 0$，由李雅普诺夫第一法可知，E_1 是不稳定的，此时 E_1 为源。

（3）当 $T_U + T_D - F$，$R_U - C_U - R'_U$，$R_D - C_D - R'_D$ 中有一负两正或一正两负时，此时 λ_1，λ_2，λ_3 中至少存在一个为正一个为负，由李雅普诺夫第一法可知，E_1 是不稳定的，此时 E_1 为鞍点。

定理 5 - 2 （1）当 $T_U < B_D + F$，$R_{UD} < \Pi_U + C_U$，$C_D + R'_D < R_D$ 时，E_2 是渐近稳定的，此时 E_2 为 ESS。

（2）当 $T_U > B_D + F$，$R_{UD} > \Pi_U + C_U$，$C_D + R'_D > R_D$ 时，E_2 是不稳定的，此时 E_2 为源。

（3）当 $T_U - B_D - F$，$R_{UD} - \Pi_U - C_U$，$C_D + R'_D - R_D$ 中有一负两正或一正两负时，E_2 是不稳定的，此时 E_2 为鞍点。

证明：复制动态系统在稳定点 $E_2 = (0 \quad 0 \quad 1)$ 处的雅克比矩阵为

$$J = \begin{bmatrix} T_U - B_D - F & & \\ & R_{UD} - C_U - \Pi_U & \\ & & C_D + R'_D - R_D \end{bmatrix}$$

雅克比矩阵的特征值为：$\lambda_1 = T_U - B_D - F$，$\lambda_2 = R_{UD} - C_U - \Pi_U$，$\lambda_3 = C_D + R'_D - R_D$。

（1）当 $T_U < B_D + F$，$R_{UD} < \Pi_U + C_U$，$C_D + R'_D < R_D$ 时，有 $\lambda_1 < 0$，$\lambda_2 < 0$，$\lambda_3 < 0$。由李雅普诺夫第一法可知，E_2 是渐近稳定的，此时 E_2 为 ESS。

（2）当 $T_U > B_D + F$，$R_{UD} > \Pi_U + C_U$，$C_D + R'_D > R_D$ 时，有 $\lambda_1 > 0$，$\lambda_2 > 0$，$\lambda_3 > 0$，由李雅普诺夫第一法可知，E_2 是不稳定的，此时 E_2 为源。

（3）当 $T_U - B_D - F$，$R_{UD} - \Pi_U - C_U$，$C_D + R'_D - R_D$ 中有一负两正或一正两负时，此时 λ_1，λ_2，λ_3 中至少存在一个为正一个为负，由李雅普诺夫第一法可知，E_2 是不稳定的，此时 E_2 为鞍点。

定理 5 - 3 （1）当 $T_D < B_U + F$，$R_{DU} < \Pi_D + C_D$，$C_U + R'_U < R_U$ 时，E_3 是渐近稳定的，此时 E_3 为 ESS。

（2）当 $T_D > B_U + F$，$R_{DU} > \Pi_D + C_D$，$C_U + R'_U > R_U$ 时，E_3 是不稳定的，此时 E_3 为源。

（3）当 $T_D - B_U - F$，$R_{DU} - \Pi_D - C_D$，$C_U + R'_U - R_U$ 中有一负两正或一正两负时，E_3 是不稳定的，此时 E_3 为鞍点。

证明：复制动态系统在稳定点 $E_3 = (0\ \ 1\ \ 0)$ 处的雅克比矩阵为

$$
J = \begin{bmatrix} T_D - B_U - F & & \\ & C_U + R'_U - R_U & \\ & & R_{DU} - \Pi_D - C_D \end{bmatrix}
$$

雅克比矩阵的特征值为：$\lambda_1 = T_D - B_U - F$，$\lambda_2 = C_U + R'_U - R_U$，$\lambda_3 = R_{DU} - C_D - \Pi_D$。

（1）当 $T_D < B_U + F$，$R_{DU} < \Pi_D + C_D$，$C_U + R'_U < R_U$ 时，有 $\lambda_1 < 0$，$\lambda_2 < 0$，$\lambda_3 < 0$，由李雅普诺夫第一法可知，E_3 是渐近稳定的，此时 E_3 为 ESS。

（2）当 $T_D > B_U + F$，$R_{DU} > \Pi_D + C_D$，$C_U + R'_U > R_U$ 时，有 $\lambda_1 > 0$，$\lambda_2 > 0$，$\lambda_3 > 0$，由李雅普诺夫第一法可知，E_3 是不稳定的，此时 E_3 为源。

（3）当 $T_D - B_U - F$，$R_{DU} - \Pi_D - C_D$，$C_U + R'_U - R_U$ 中有一负两正或一正两负时，此时 λ_1，λ_2，λ_3 中至少存在一个为正一个为负，由李雅普诺夫第一法可知，E_3 是不稳定的，此时 E_3 为鞍点。

定理 5 - 4 （1）当 $F < T_U + T_D$，$R_U + B_U + T_U < C_U + R'_U$，$R_D + T_D +$

$B_D < C_D + R'_D$ 时，E_4 是渐近稳定的，此时 E_4 为 ESS。

（2）当 $F > T_U + T_D$，$R_U + B_U + T_U > C_U + R'_U$，$R_D + T_D + B_D > C_D + R'_D$ 时，E_4 是不稳定的，此时 E_4 为源。

（3）当 $F - T_U + T_D$，$R_U + B_U + T_U - C_U - R'_U$，$R_D + T_D + B_D - C_D - R'_D$ 中有一负两正或一正两负时，E_4 是不稳定的，此时 E_4 为鞍点。

证明：复制动态系统在稳定点 $E_4 = (1 \quad 0 \quad 0)$ 处的雅克比矩阵为：

$$J = \begin{bmatrix} F - T_U - T_D & & \\ & R_U + B_U + T_U - C_U - R'_U & \\ & & R_D + B_D + T_D - C_D - R'_D \end{bmatrix}$$

雅克比矩阵的特征值为：$\lambda_1 = F - T_U - T_D$，$\lambda_2 = R_U + B_U + T_U - C_U - R'_U$，$\lambda_3 = R_D + B_D + T_D - C_D - R'_D$。

（1）当 $F < T_U + T_D$，$R_U + B_U + T_U < C_U + R'_U$，$R_D + T_D + B_D < C_D + R'_D$ 时，有 $\lambda_1 < 0$，$\lambda_2 < 0$，$\lambda_3 < 0$，由李雅普诺夫第一法可知，E_4 是渐近稳定的，此时 E_4 为 ESS。

（2）当 $F > T_U + T_D$，$R_U + B_U + T_U > C_U + R'_U$，$R_D + T_D + B_D > C_D + R'_D$ 时，有 $\lambda_1 > 0$，$\lambda_2 > 0$，$\lambda_3 > 0$，由李雅普诺夫第一法可知，E_4 是不稳定的，此时 E_4 为源。

（3）当 $F - T_U + T_D$，$R_U + B_U + T_U - C_U - R'_U$，$R_D + T_D + B_D - C_D - R'_D$ 中有一负两正或一正两负时，此时 λ_1，λ_2，λ_3 中至少存在一个为正一个为负，由李雅普诺夫第一法可知，E_4 是不稳定的，此时 E_4 为鞍点。

定理 5 - 5　（1）当 $B_U + F < T_D$，$C_U + R'_U < R_U + B_U + T_U$，$R_{DU} + T_D + B_D < C_D + \Pi_D$ 时，E_5 是渐近稳定的，此时 E_5 为 ESS。

（2）当 $B_U + F > T_D$，$C_U + R'_U > R_U + B_U + T_U$，$R_{DU} + T_D + B_D > C_D + \Pi_D$ 时，E_5 是不稳定的，此时 E_5 为源。

（3）当 $B_U + F - T_D$，$C_U + R'_U - R_U - B_U - T_U$，$R_{DU} + T_D + B_D - C_D - \Pi_D$ 中有一负两正或一正两负时，E_5 是不稳定的，此时 E_5 为鞍点。

证明：复制动态系统在稳定点 $E_5 = (1 \quad 1 \quad 0)$ 处的雅克比矩阵为

$$J = \begin{bmatrix} B_U + F - T_D & & \\ & C_U + R'_U - R_U - B_U - T_U & \\ & & R_{DU} + B_D + T_D - C_D - \Pi_D \end{bmatrix}$$

雅克比矩阵的特征值为：$\lambda_1 = B_U + F - T_D$，$\lambda_2 = C_U + R'_U - R_U - B_U - T_U$，$\lambda_3 = R_{DU} + B_D + T_D - C_D - \Pi_D$。

（1）当 $B_U + F < T_D$，$C_U + R'_U < R_U + B_U + T_U$，$R_{DU} + T_D + B_D < C_D + \Pi_D$ 时，有 $\lambda_1 < 0$，$\lambda_2 < 0$，$\lambda_3 < 0$，由李雅普诺夫第一法可知，E_5 是渐近稳定的，此时 E_5 为 ESS。

（2）当 $B_U + F > T_D$，$C_U + R'_U > R_U + B_U + T_U$，$R_{DU} + T_D + B_D > C_D + \Pi_D$ 时，有 $\lambda_1 > 0$，$\lambda_2 > 0$，$\lambda_3 > 0$，由李雅普诺夫第一法可知，E_5 是不稳定的，此时 E_5 为源。

（3）当 $F - T_U + T_D$，$R_U + B_U + T_U - C_U - R'_U$，$R_D + T_D + B_D - C_D - R'_D$ 中有一负两正或一正两负时，此时 λ_1，λ_2，λ_3 中至少存在一个为正一个为负，由李雅普诺夫第一法可知，E_5 是不稳定的，此时 E_5 为鞍点。

定理 5-6　（1）当 $B_D + F < T_U$，$R_{UD} + T_U + B_U < C_U + \Pi_U$，$C_D + R'_D < R_D + B_D + T_D$ 时，E_6 是渐近稳定的，此时 E_6 为 ESS。

（2）当 $B_D + F > T_U$，$R_{UD} + T_U + B_U > C_U + \Pi_U$，$C_D + R'_D > R_D + B_D + T_D$ 时，E_6 是不稳定的，此时 E_6 为源。

（3）当 $B_D + F - T_U$，$R_{UD} + T_U + B_U - C_U - \Pi_U$，$C_D + R'_D - R_D - B_D - T_D$ 中有一负两正或一正两负时，E_6 是不稳定的，此时 E_6 为鞍点。

证明：复制动态系统在稳定点 $E_6 = (1 \quad 0 \quad 1)$ 处的雅克比矩阵为

$$J = \begin{bmatrix} B_D + F - T_U & & \\ & B_U + T_U + R_{UD} - C_U - \Pi_U & \\ & & C_D + R'_D - R_D - B_D - T_D \end{bmatrix}$$

雅克比矩阵的特征值为：$\lambda_1 = B_D + F - T_U$，$\lambda_2 = R_{UD} + B_U + T_U - C_U - \Pi_U$，$\lambda_3 = C_D + R'_D - R_D - B_D - T_D$。

（1）当 $B_D + F < T_U$，$R_{UD} + T_U + B_U < C_U + \Pi_U$，$C_D + R'_D < R_D + B_D + T_D$ 时，有 $\lambda_1 < 0$，$\lambda_2 < 0$，$\lambda_3 < 0$，由李雅普诺夫第一法可知，E_6 是渐近稳定的，此时 E_6 为 ESS。

（2）当 $B_D + F > T_U$，$R_{UD} + T_U + B_U > C_U + \Pi_U$，$C_D + R'_D > R_D + B_D + T_D$ 时，有 $\lambda_1 > 0$，$\lambda_2 > 0$，$\lambda_3 > 0$，由李雅普诺夫第一法可知，E_6 是不稳定的，此时 E_6 为源。

（3）当 $B_D + F - T_U$，$R_{UD} + T_U + B_U - C_U - \Pi_U$，$C_D + R'_D - R_D - B_D - T_D$ 中有一负两正或一正两负时，此时 λ_1，λ_2，λ_3 中至少存在一个为正一个为负，由李雅普诺夫第一法可知，E_6 是不稳定的，此时 E_6 为鞍点。

定理 5 - 7　（1）当 $C_U + \Pi_U < R_{UD}$，$C_D + \Pi_D < R_{DU}$时，E_7 是渐进稳定的，此时 E_7 为 ESS。

（2）当 $C_U + \Pi_U - R_{UD}$，$C_D + \Pi_D - R_{DU}$中有一正一负或两正时，E_7 是不稳定的，此时 E_7 为鞍点。

证明：复制动态系统在稳定点 $E_7 = (0\ \ 1\ \ 1)$ 处的雅克比矩阵为

$$J = \begin{bmatrix} -B_U - B_D - F & & \\ & C_U + \Pi_U - R_{UD} & \\ & & C_D + \Pi_D - R_{DU} \end{bmatrix}$$

雅克比矩阵的特征值为：$\lambda_1 = -B_U - B_D - F$，$\lambda_2 = C_U + \Pi_U - R_{UD}$，$\lambda_3 = C_D + \Pi_D - R_{DU}$。

（1）当 $C_U + \Pi_U < R_{UD}$，$C_D + \Pi_D < R_{DU}$时，有 $\lambda_2 < 0$，$\lambda_3 < 0$。根据假设 $F > 0$，$B_D > 0$，$B_U > 0$，则有 $\lambda_1 < 0$，由李雅普诺夫第一法可知，E_7 是渐进稳定的，此时 E_7 为 ESS。

（2）当 $C_U + \Pi_U - R_{UD}$，$C_D + \Pi_D - R_{DU}$中有一正一负或两正时，此时 λ_1，λ_2，λ_3 中至少存在一个为正一个为负，由李雅普诺夫第一法可知，E_7 是不稳定的，此时 E_7 为鞍点。

定理 5 - 8　（1）当 $C_U + \Pi_U > B_U + T_U + R_{UD}$，$C_D + \Pi_D > R_{DU} + B_D + T_D$ 时，E_8 是不稳定的，此时 E_8 为源。

（2）当 $C_U + \Pi_U - B_U - T_U - R_{UD}$，$C_D + \Pi_D - R_{DU} - B_D - T_D$ 中有一正一负或两负时，E_8 是不稳定的，此时 E_8 为鞍点。

证明：复制动态系统在稳定点 $E_8 = (1 \quad 1 \quad 1)$ 处的雅克比矩阵为

$$J = \begin{bmatrix} B_U + B_D + F & & \\ & C_U + \Pi_U - R_{UD} - B_U - T_U & \\ & & C_D + \Pi_D - R_{DU} - B_D - T_D \end{bmatrix}$$

雅克比矩阵的特征值为：$\lambda_1 = B_U + B_D + F$，$\lambda_2 = C_U + \Pi_U - R_{UD} - B_U - T_U$，$\lambda_3 = C_D + \Pi_D - R_{DU} - B_D - T_D$。

（1）当 $C_U + \Pi_U > B_U + T_U + R_{UD}$，$C_D + \Pi_D > R_{DU} + B_D + T_D$ 时，有 $\lambda_2 > 0$，$\lambda_3 > 0$。根据假设 $F > 0$，$B_D > 0$，$B_U > 0$，则有 $\lambda_1 > 0$，由李雅普诺夫第一法可知，E_8 是不稳定的，此时 E_8 为源。

（2）当 $C_U + \Pi_U - B_U - T_U - R_{UD}$，$C_D + \Pi_D - R_{DU} - B_D - T_D$ 中有一正一负或两负时，此时 λ_1，λ_2，λ_3 中至少存在一个为正一个为负，由李雅普诺夫第一法可知，E_8 是不稳定的，此时 E_8 为鞍点。

5.4 演化博弈过程分析

根据 5.3 节对稳定性进行的演化分析可知，在以下 7 种情况存在 ESS。根据这 7 种情况，对其进行数据仿真分析，得到其演化路径。表 5 - 2 为参数赋值表。

表 5 -2　　　　　　　参数赋值

参数	数据组						
	1	2	3	4	5	6	7
R_{UD}	120	100	120	150	100	200	150
R_U	100	80	100	100	80	190	100
Π_U	70	70	80	80	60	180	80

续表

参数	数据组						
	1	2	3	4	5	6	7
R'_U	50	60	50	60	50	150	60
R_{DU}	100	130	90	100	100	180	130
R_D	90	120	80	80	95	150	120
Π_D	60	60	50	70	90	120	70
R'_D	50	50	40	50	80	100	50
C_U	60	60	40	200	60	200	60
C_D	50	50	50	150	120	100	50
F	120	100	50	100	30	40	50
T_U	60	100	60	60	100	100	60
T_D	50	80	50	50	80	80	50
B_U	60	70	40	60	30	60	60
B_D	50	50	40	50	20	50	50
初始值	(0.2, 0.2, 0.2)	(0.2, 0.2, 0.2)	(0.2, 0.2, 0.2)	(0.2, 0.2, 0.2)	(0.2, 0.2, 0.2)	(0.2, 0.2, 0.2)	(0.2, 0.2, 0.2)
ESS	E_1	E_2	E_3	E_4	E_5	E_6	E_7

5.4.1　情形 1

表 5 - 2 中第 1 组数据满足条件 $T_U + T_D < F$，$R_U < C_U + R'_U$，$R_D < C_D + R'_D$，符合定理 5 - 1 中（1）的条件，此时，演化路径如图 5 - 1 所示。由图 5 - 1 可知，E_1 是渐近稳定的，即 $E_1 = (0\ \ 0\ \ 0)$ 为 ESS，完全符合定理 5 - 1 得到的结论。此时，当上下游企业均采用非低碳技术时，政府对上下游企业的惩罚小于对企业监管成本；当上游（或下游）企业采用低碳技术而下游（或上游）企业不采用低碳技术，上游（或下游）企业的收益减去低碳成本小于不采用低碳技术时的收益。此时政府选择不监管，上下游企业均选择不采用低碳技术。

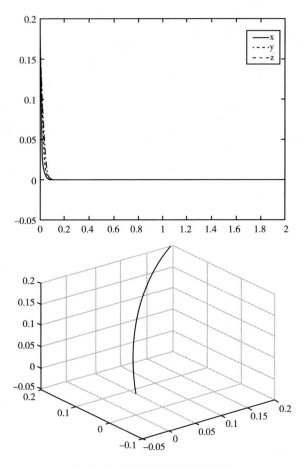

图 5 – 1　情形 1 下的演化路径

5.4.2　情形 2

表 5 – 2 中第 2 组数据满足条件 $T_U < B_D + F$，$R_{UD} < \Pi_U + C_U$，$C_D + R_D' < R_D$，符合定理 5 – 2 中（1）的条件，此时，演化路径如图 5 – 2 所示。由图 5 – 2 可知，E_2 是渐近稳定的，$E_2 = (0\ \ 0\ \ 1)$ 即为 ESS，完全符合定理 5 – 2 得到的结论。此时，对上游企业采用非低碳技术时的惩罚不足以支付对下游企业采用低碳技术时的补贴加上政府的监管成本；上下游企业

均采用低碳技术时，上游企业的收益减去低碳成本小于"搭便车"时的收益；在仅有下游企业采用低碳技术时，下游企业的收益减去低碳成本大于上下游企业均不采用低碳技术时下游企业的收益。此时，政府选择不监管，上游企业选择不采用低碳技术，下游企业选择采用低碳技术。

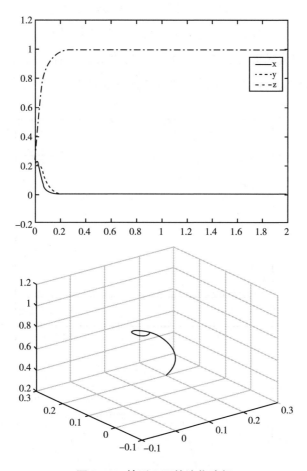

图5-2 情形2下的演化路径

5.4.3 情形3

表5-2中第3组数据满足条件 $T_D < B_U + F$，$R_{DU} < \Pi_D + C_D$，$C_U + R'_U <$

R_U，符合定理5-3中（1）的条件，此时，演化路径如图5-3所示。由图5-3可知，E_3是渐近稳定的，$E_3 = (0\ \ 1\ \ 0)$即为ESS，完全符合定理5-3得到的结论。此时，对下游企业不采用低碳技术时的惩罚不足以支付对上游企业采用低碳技术时的补贴加上政府的监管成本；在仅有上游企业采用低碳技术时，上游企业的收益减去低碳成本大于上下游企业均不采用低碳技术时上游企业的收益；上下游企业均采用低碳技术时，下游企业的收益减去低碳成本小于"搭便车"时的收益。此时，政府选择不监管，上游企业选择低碳技术，下游企业不选择低碳技术。

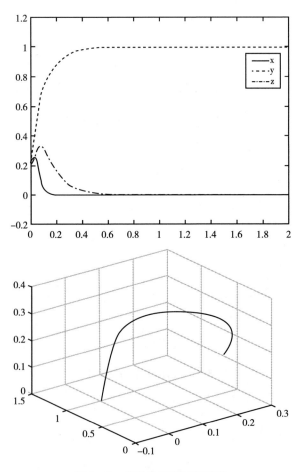

图5-3　情形3下的演化路径

5.4.4　情形 4

表 5 - 2 中第 4 组数据满足条件 $F < T_U + T_D$，$R_U + B_U + T_U < C_U + R'_U$，$R_D + T_D + B_D < C_D + R'_D$，符合定理 5 - 4 中（1）的条件，此时，演化路径如图 5 - 4 所示。由图 5 - 4 可知，E_4 是渐近稳定的，$E_4 = (1 \quad 0 \quad 0)$ 即为 ESS，完全符合定理 5 - 4 得到的结论。此时，当上下游企业均采用非低碳技术时，政府对上下游企业的惩罚大于政府的监管成本；当上下游企业中仅一方采用低碳技术时，上游（或下游）企业低碳技术的收益加上政府补贴减去低碳成本小于上下游企业均不采用低碳技术时上游（或下游）企业的收益减去政府的惩罚，即仅一方采用低碳技术时的利润要小于均不采用低碳技术的利润。此时，政府选择监管，上下游企业均不采用低碳技术。

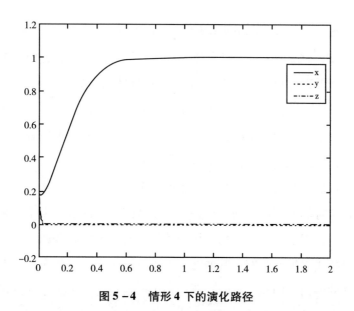

图 5 - 4　情形 4 下的演化路径

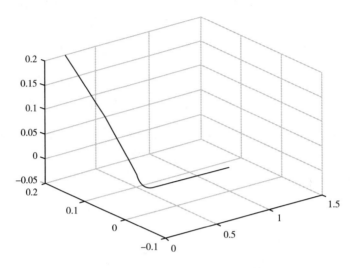

图 5 - 4   情形 4 下的演化路径（续）

5.4.5   情形 5

表 5 - 2 中第 5 组数据满足条件 $B_U + F < T_D$，$C_U + R'_U < R_U + B_U + T_U$，$R_{DU} + T_D + B_D < C_D + \Pi_D$，符合定理 5 - 5 中（1）的条件，此时，演化路径如图 5 - 5 所示。由图 5 - 5 可知，E_5 是渐近稳定的，$E_5 = (1 \quad 1 \quad 0)$ 即为 ESS，完全符合定理 5 - 5 得到的结论。此时，当上游企业采用低碳技术而下游企业未采用低碳技术时，政府对上游企业的补贴加上监管成本小于政府对下游企业的惩罚；当仅上游企业采用低碳技术时，上游企业的收益减去低碳成本加上政府对其的补贴大于上下游均不采用低碳技术时上游的收益减去政府对其的惩罚，即上游企业采用低碳技术的利润大于不采用低碳技术的利润；当上下游企业均采用低碳技术时，下游企业的收益减去采用低碳技术的成本加上政府对其的补贴小于下游企业"搭便车"的收益减去政府对其的惩罚，即在上下游企业均采用低碳技术时下游企业的利润要低于仅上游企业采用低碳技术下游企业"搭便车"的利润。此时，政府选择监管，上游企业选择低碳技术，下游企业不选择低碳技术。

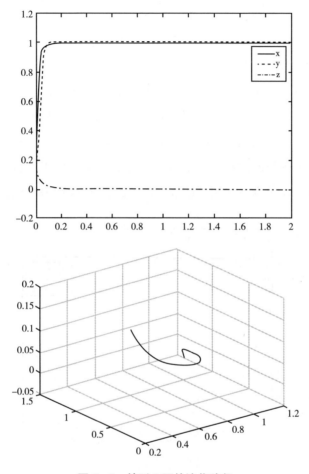

图 5 - 5　情形 5 下的演化路径

5.4.6　情形 6

表 5 - 2 中第 6 组数据满足条件 $B_D + F < T_U$，$R_{UD} + T_U + B_U < C_U + \Pi_U$，$C_D + R'_D < R_D + B_D + T_D$，符合定理 5 - 6 中（1）的条件，此时，演化路径如图 5 - 6 所示。由图 5 - 6 可知，E_6 是渐近稳定的，$E_6 = (1 \quad 0 \quad 1)$ 即为 ESS，完全符合定理 5 - 6 得到的结论。此时，当下游企业采用低碳技术而上游企业未采用低碳技术时，政府对下游企业的补贴加上监管成本小于政

府对上游企业的惩罚；当上下游企业均采用低碳技术时，上游企业的收益减去采用低碳技术的成本加上政府对其的补贴小于上游企业"搭便车"的收益减去政府对其的惩罚，即在上下游企业均采用低碳技术时上游企业的利润要低于仅下游企业采用低碳技术上游企业"搭便车"的利润；当仅下游企业采用低碳技术时，下游企业的收益减去低碳成本加上政府对其的补贴大于上下游均不采用低碳技术时下游的收益减去政府对其的惩罚，即下游企业采用低碳技术的利润大于不采用低碳技术的利润。此时，政府选择监管，上游企业选择不采用低碳技术，下游企业选择采用低碳技术。

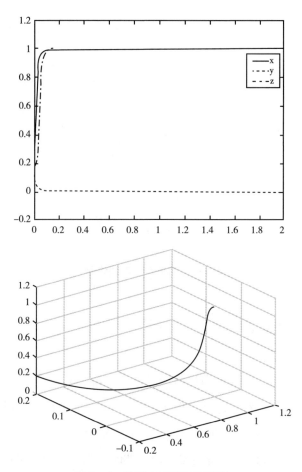

图5-6　情形6下的演化路径

5.4.7　情形7

表 5-2 中第 7 组数据满足条件 $C_U + \Pi_U < R_{UD}$，$C_D + \Pi_D < R_{DU}$，符合定理 5-7 中（1）的条件，此时，演化路径如图 5-7 所示。由图 5-7 可知，E_7 是渐近稳定的，$E_7 = (0 \quad 1 \quad 1)$ 即为 ESS，完全符合定理 5-7 得到的结论。此时，当上下游企业均采用低碳技术时，上游（或下游）企业的收益减去低碳成本要大于其在"搭便车"时的成本。此时上下游企业均采用低碳技术。

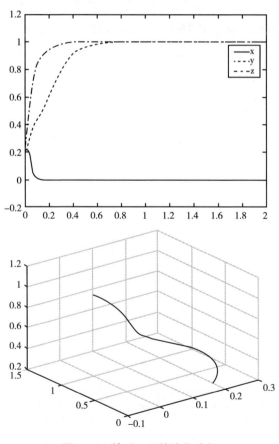

图 5-7　情形 7 下的演化路径

5.5　本章结论

本章通过对政府监管上下游企业的演化博弈分析，可得到以下结论：

（1）如果政府对上下游企业的惩罚较低但要付出较高的监管成本和补贴时，政府会最终选择不对企业进行监管。所以政府应设计适当的监管机制，例如适当加大惩罚力度，使政府的支出小于监管时的成本，这样，有理性的政府就会选择监管企业是否进行低碳生产。

（2）如果企业进行低碳生产的收益加上政府补贴的和小于"搭便车"或非低碳生产的收益减去政府惩罚的和，此时企业就会不采用低碳生产。对此，政府应该适当的提高补贴程度，加大惩罚力度，激励企业选择低碳生产。并且企业要积极研发新的较低成本的低碳技术，使企业生产成本降低，逐步采用低碳技术进行生产。

第6章

政府惩罚机制下制造商低碳技术选择的演化博弈分析

6.1 引言

随着经济的快速增长，我国能源环境问题十分突出，经济发展呈现典型的高碳特征，挑战巨大。根据世界能源所数据显示，2009年我国已超过美国，成为世界上第一大碳排放国家；2012年，我国能源消耗总量为36.2亿吨标煤，相比2011年增速为3.9%，随着能源消耗的迅速增长，碳排放总量也呈现快速增长趋势，增幅为5.9%。在碳排放持续增长导致全球气候变暖的大背景下，我国的气候系统和生态环境也面临着前所未有的威胁和挑战，这一问题已经引起我国政府高度重视，党的十八大报告提出，着力推进绿色发展、循环发展和低碳发展的三大发展理念，将生态文明提升到更高的战略层面，发展低碳经济已成为我国经济发展的必然趋势。低碳时代，要求企业顺应潮流，选择可持续发展的经营战略，培育以低碳排放为特征的新经济增长点。

碳排放企业作为一个利益体，若缺乏有效监督，企业实际排放量就可能超过购入的排放权。斯特兰隆（Stranlund，1999）研究了存在预算约束

的管制者如何在异质企业间分配资源以监督和处罚违规企业。伦德格伦
（Lundgren，2003）应用实物期权方法，探讨了不同监管制度、监管强
度对企业治污投资决策的影响以及最优投资时机。科尼什（Konishi，
2005）基于政府对企业削减成本具有完全信息，考察了固定违规惩罚方
案下政府间与污染源间排污权交易的相对成本有效性，提出严格的违规
惩罚可提高政府间交易成本有效性，却导致污染源间交易成本有效性明
显降低。查维斯等（Chávez et al，2009）考察了不完全信息下存在巨大
实施成本的排污权交易系统中政府的污染控制对策，提出竞争性的排污权
交易市场并不能确保治污成本的效果。麦克沃伊和斯特兰隆（McEvoy &
Stranlund，2009）对国际环境协议中自我实施机制进行了探讨，并认定巨
大的监测成本限制了国际合作保护环境的尝试。金帅等（2011）通过建
立管制者与排污企业间两阶段博弈模型，从监管力度、许可证分配、违
规处罚结构三方面，对有效实现总量控制目标的最优监管对策进行均衡
分析，并得出：整合许可证价格的动态监管策略能够确保环境质量目标
达成。杨亚琴等（2012）通过建立强制减排机制下企业生产优化模型，
说明企业存在动机进行超额排放，分析了政府加强减排监督管理的必要
性，并建立了政府与企业间碳减排博弈模型，根据均衡特性提出政策建
议。付丽萍和刘爱东（2012）建立了政府与高碳企业间的委托代理模
型，分析了政府征税激励高碳企业实施碳减排的激励契约。有学者研究
了可交易排放权对企业生产和库存策略的影响，并将其引入阿罗－卡尔
尼（Arrow-Karlin）动态生产库存模型，分析排放权交易对企业生产库存
决策的影响（Li & Gu，2012）。应用模型模拟航空业排放量并分析欧盟
排放权交易系统和加强型欧盟排放权交易系统的效率，得到前者排放量
大于后者且效率更低（Chin & Zhang，2015）。李媛和赵道致（2013）建
立了政府征收碳税监管企业减排的演化博弈模型，得到了不同情况下的演
化稳定策略。杨玉香和周根贵（2013）建立环保部门与排污企业间的竞争
博弈模型，设计了激励监督策略。徐建中和徐莹莹（2014）构建了基于政
府补贴政策的企业低碳技术采纳决策模型。赵道致和王楚格（2014）研究

了在总量限制和碳交易的机制下供应链企业如何进行减排决策的问题。以上研究主要关注碳税和碳交易对企业决策的影响问题，关注低碳技术选择问题的研究较少，而且仅研究了政府补贴政策对企业低碳技术选择的影响。

企业对低碳化生产技术的选择策略，这与政府的惩罚机制和终端消费者的低碳意识密切相关，是在这些关键因素作用下企业间博弈的结果。因此，本章研究消费者的低碳意识和政府惩罚机制作用下企业低碳技术选择的演化博弈模型，探讨群体的行为及不同参数对稳定状态的影响，并通过数值仿真描述演化博弈过程及结果，为政府监督策略的制定和消费者低碳观念的引导提供参考。

6.2 演化博弈模型的构建

6.2.1 问题描述及符号说明

考虑市场上存在两家企业，某个特定的企业记为 $i(i=1，2)$，在低碳环境下，每个企业均有两种选择：第一，选择非低碳化生产策略（N 策略），维持现有生产水平；第二，选择追求低碳化发展（C 策略），即选择低碳化生产策略，采用低碳设计、低碳运营并加快技术升级，以实现节能减排目标。因此，对于市场中企业 1 和企业 2，会存在如下四种情形：NN、NC、CN、CC。

假设企业 $i(i=1，2)$ 生产 q_i 单位的产品，企业 i 具有不变单位生产成本 c_i^0，假设企业 i 生产单位产品的碳排放量为 μ_i^0，政府对企业的每单位碳排放惩罚为 g。企业 i 的需求函数为 $q_i = a - bp_i + cp_j - d\mu_i^0 + e\mu_j^0$，其中 a 表示市场的内在需求，b 表示顾客需求对产品价格的反应，c 表示顾客需求对竞争产品价格的反应，一般情况下前者要大于后者，即 b > c[①]，d 和 e 为顾客需求对碳排放量的反应，同样假设 $d > e$，且 a，$b > 0$；c，d，$e \geqslant 0$。

现有一项低碳技术，企业采用此低碳技术可减少碳排放量，然而，企业基础条件不同导致采纳此项技术所需的投入可能会不同，由此达到的减排效果也会有所差异。因而，设企业 i 为此项低碳技术的总投入为 H_i，采用此项技术后可使企业生产单位产品的碳排放量降至原来的 $\gamma_i(\%)$，且 $0 < \gamma_i < 1$。

6.2.2　NN 情形

考虑市场上存在两家企业，均未使用低碳技术，此时，企业 i 的利润可表述为

$$\pi_i^{NN} = (a - bp_i + cp_j - d\mu_i^0 + e\mu_j^0)(p_i - c_i^0 - g\mu_i^0) \tag{6-1}$$

由此，得到均衡价格

$$p_i^{NN*} = \frac{Ru_j^0 + Su_i^0 + T_i}{U}; i,j = 1,2, i \neq j \tag{6-2}$$

其中，$R = cbg - cd + 2be$，$S = ce - 2bd + 2b^2g$，$T_i = cbc_j^0 + ca + 2b^2c_i^0 + 2ba$，$U = 4b^2 - c^2$。

在均衡价格下企业 i 的利润为

$$\pi_i^{NN*} = \frac{b[-Ru_j^0 + (-S + 4b^2g - gc^2)u_i^0 - T_i - c_i^0c^2]^2}{U^2} \tag{6-3}$$

6.2.3　NC/CN 情形

两个企业中仅有一个企业采用低碳技术，以 NC 情形为例，假设企业

---

① 鲁其辉，朱道立. 质量与价格竞争供应链的均衡与协调策略研究 [J]. 管理科学学报，2009，12（3）：56 - 64.

i 仍保持原有技术水平不变，而另一企业 j 采用低碳技术。此时，企业 i 的利润仍为

$$\pi_i^{NC} = (a - bp_i + cp_j - d\mu_i^0 + e\gamma_j\mu_j^0)(p_i - c_i^0 - g\mu_i^0) \quad (6-4)$$

企业 j 的利润为

$$\pi_j^{NC} = (a - bp_j + cp_i - d\gamma_j\mu_j^0 + e\mu_i^0)(p_j - c_j^0 - g\gamma_j\mu_j^0) - H_j$$
$$(6-5)$$

此时，均衡价格为

$$p_i^{NC*} = \frac{R\gamma_j u_j^0 + Su_i^0 + T_i}{U}; i,j = 1,2, i \neq j \quad (6-6)$$

在均衡价格下企业 i 的利润为

$$\pi_i^{NC*} = \frac{b[-R\gamma_j u_j^0 + (-S + 4b^2 g - gc^2)u_i^0 - T_i - c_i^0 c^2]^2}{U^2}$$
$$(6-7)$$

在均衡价格下企业 j 的利润为

$$\pi_j^{NC*} = \frac{b[-Ru_i^0 + (-S + 4b^2 g - gc^2)\gamma_j u_j^0 - T_j - c_j^0 c^2]^2}{U^2} - H_j$$
$$(6-8)$$

6.2.4 CC 情形

两个企业均采用低碳技术。此时，企业 i 的利润为

$$\pi_i^{CC} = (a - bp_i + cp_j - d\gamma_i\mu_i^0 + e\gamma_j\mu_j^0)(p_i - c_i^0 - g\gamma_i\mu_i^0) - H_i$$
$$(6-9)$$

此时，均衡价格为

$$p_i^{CC*} = \frac{R\gamma_j u_j^0 + S\gamma_i u_i^0 + T_i}{U}; i,j = 1,2, i \neq j \qquad (6-10)$$

在均衡价格下企业 i 的利润为

$$\pi_i^{CC*} = \frac{b\left[-R\gamma_j u_j^0 + (-S + 4b^2g - gc^2)\gamma_i u_i^0 - T_i - c_i^0 c^2\right]^2}{U^2} - H_i$$

$$(6-11)$$

6.2.5 模型构建

假设企业间的竞争是在有限理性空间进行的，企业间每一阶段重复进行的博弈便构成演化博弈模型。两个企业在两种策略选择下的博弈支付矩阵如图 6 - 1 所示。

图 6 - 1 支付矩阵

假设企业 1 选择非低碳技术的概率为 $x(t)$ （简写为 x），则选择低碳技术的概率为 $1-x$；企业 2 选择非低碳技术的概率为 $y(t)$ （简写为 y），则选择低碳技术的概率为 $1-y$。根据演化博弈论相关理论，可得企业 1 选择非低碳技术与选择低碳技术的期望收益及群体平均收益分别为：

$$U_{1N} = y\pi_1^{NN*} + (1-y)\pi_1^{NC*} \qquad (6-12)$$

$$U_{1C} = y\pi_1^{CN*} + (1-y)\pi_1^{CC*} \qquad (6-13)$$

$$U_1 = xU_{1N} + (1-x)U_{1C} \qquad (6-14)$$

由式 （6-12） ~式 （6-14），可得企业 1 的复制动态方程为

$$\dot{x} = x(U_{1N} - U_1)$$

$$= x(1-x)\left[y(\pi_1^{NN*} - \pi_1^{CN*}) + (1-y)(\pi_1^{NC*} - \pi_1^{CC*})\right]$$

$$(6-15)$$

企业2选择非低碳技术与选择低碳技术的期望收益及群体平均收益分别为：

$$U_{2N} = x\pi_2^{NN*} + (1-x)\pi_2^{CN*} \qquad (6-16)$$

$$U_{2C} = x\pi_2^{NC*} + (1-x)\pi_2^{CC*} \qquad (6-17)$$

$$U_2 = yU_{2N} + (1-y)U_{2C} \qquad (6-18)$$

由式（6-16）~式（6-18），可得企业2的复制动态方程为：

$$\dot{y} = y(U_{2N} - U_2)$$

$$= y(1-y)\left[x(\pi_2^{NN*} - \pi_2^{NC*}) + (1-x)(\pi_2^{CN*} - \pi_2^{CC*})\right]$$

$$(6-19)$$

6.3 演化博弈模型的均衡分析

由复制动态方程式（6-15）和式（6-19）构成一个二维动力系统，该系统描述了企业群体的演化动态。令 $\dot{x} = 0$ 和 $\dot{y} = 0$，可得如下稳定状态：$E_1 = \begin{bmatrix} 0 & 0 \end{bmatrix}$，$E_2 = \begin{bmatrix} 1 & 0 \end{bmatrix}$，$E_3 = \begin{bmatrix} 0 & 1 \end{bmatrix}$，$E_4 = \begin{bmatrix} 1 & 1 \end{bmatrix}$，此外，当 $g - f < m < b + g$ 且 $r < c < b + f + r$，此系统还存在一个稳定状态

$$E_5 = \left[\frac{(\pi_2^{CC*} - \pi_2^{CN*})}{(\pi_2^{NN*} - \pi_2^{NC*} - \pi_2^{CN*} + \pi_2^{CC*})} \quad \frac{(\pi_1^{CC*} - \pi_1^{NC*})}{(\pi_1^{NN*} - \pi_1^{CN*} - \pi_1^{NC*} + \pi_1^{CC*})} \right]$$

由于演化稳定策略和渐近稳定状态是纯策略纳什均衡，因此，上述复制动态系统只要讨论前4个点的稳定性，E_5 是非渐近稳定状态。

对于由微分方程描述的动态系统，其均衡点的稳定性可由该系统的雅克比矩阵来分析，此矩阵如下：

$$J = \begin{bmatrix} (1-2x)[\pi_1^{NC*} - \pi_1^{CC*} + & x(1-x)(\pi_1^{NN*} - \pi_1^{CN*} - \\ y(\pi_1^{NN*} - \pi_1^{CN*} - \pi_1^{NC*} + \pi_1^{CC*})] & \pi_1^{NC*} + \pi_1^{CC*}) \\ y(1-y)(\pi_2^{NN*} - & (1-2y)[\pi_2^{CN*} - \pi_2^{CC*} + \\ \pi_2^{NC*} - \pi_2^{CN*} + \pi_2^{CC*}) & x(\pi_2^{NN*} - \pi_2^{NC*} - \pi_2^{CN*} + \pi_2^{CC*})] \end{bmatrix}$$

$$(6-20)$$

定理 6-1 (1) 当 $\pi_1^{NC*} < \pi_1^{CC*}$，$\pi_2^{CN*} < \pi_2^{CC*}$ 时，E_1 是渐近稳定的，此时 E_1 为 ESS。

(2) 当 $\pi_1^{NC*} > \pi_1^{CC*}$，$\pi_2^{CN*} > \pi_2^{CC*}$ 时，E_1 是不稳定的，此时 E_1 为源。

(3) 当 $\pi_1^{NC*} - \pi_1^{CC*}$，$\pi_2^{CN*} - \pi_2^{CC*}$ 中有一正一负时，E_1 是不稳定的，此时 E_1 为鞍点。

证明：复制动态系统在稳定点 $E_1 = [0 \quad 0]$ 处的雅克比矩阵为

$$J = \begin{bmatrix} \pi_1^{NC*} - \pi_1^{CC*} & 0 \\ 0 & \pi_2^{CN*} - \pi_2^{CC*} \end{bmatrix} \qquad (6-21)$$

雅克比矩阵的特征值为：$\lambda_1 = \pi_1^{NC*} - \pi_1^{CC*}$，$\lambda_2 = \pi_2^{CN*} - \pi_2^{CC*}$。

(1) 当 $\pi_1^{NC*} < \pi_1^{CC*}$，$\pi_2^{CN*} < \pi_2^{CC*}$ 时，则有 $\lambda_1 < 0$，$\lambda_2 < 0$。因此，由李雅普诺夫第一法可知，E_1 是渐近稳定的，此时 E_1 为 ESS。

(2) 当 $\pi_1^{NC*} > \pi_1^{CC*}$，$\pi_2^{CN*} > \pi_2^{CC*}$ 时，则有 $\lambda_1 > 0$，$\lambda_2 > 0$，由李雅普诺夫第一法可知，E_1 是不稳定的，此时 E_1 为源。

(3) 当 $\pi_1^{NC*} - \pi_1^{CC*}$，$\pi_2^{CN*} - \pi_2^{CC*}$ 中有一正一负时，则 λ_1、λ_2 中有一正一负，由李雅普诺夫第一法可知，E_1 是不稳定的，此时 E_1 为鞍点。

定理 6-2 (1) 当 $\pi_1^{CC*} < \pi_1^{NC*}$，$\pi_2^{NN*} < \pi_2^{NC*}$ 时，E_2 是渐近稳定的，此时 E_2 为 ESS。

(2) 当 $\pi_1^{CC*} > \pi_1^{NC*}$，$\pi_2^{NN*} > \pi_2^{NC*}$ 时，E_2 是不稳定的，此时 E_2 为源。

(3) 当 $\pi_1^{CC*} - \pi_1^{NC*}$，$\pi_2^{NN*} - \pi_2^{NC*}$ 中有一正一负时，E_2 是不稳定的，此时 E_2 为鞍点。

证明：复制动态系统在稳定点 $E_2 = \begin{bmatrix} 1 & 0 \end{bmatrix}$ 处的雅克比矩阵为

$$J = \begin{bmatrix} \pi_1^{CC*} - \pi_1^{NC*} & 0 \\ 0 & \pi_2^{NN*} - \pi_2^{NC*} \end{bmatrix} \qquad (6-22)$$

雅克比矩阵的特征值为：$\lambda_1 = \pi_1^{CC*} - \pi_1^{NC*}$，$\lambda_2 = \pi_2^{NN*} - \pi_2^{NC*}$。

（1）当 $\pi_1^{CC*} < \pi_1^{NC*}$，$\pi_2^{NN*} < \pi_2^{NC*}$ 时，则有 $\lambda_1 < 0$，$\lambda_2 < 0$。因此，由李雅普诺夫第一法可知，E_2 是渐近稳定的，此时 E_2 为 ESS。

（2）当 $\pi_1^{CC*} > \pi_1^{NC*}$，$\pi_2^{NN*} > \pi_2^{NC*}$ 时，则有 $\lambda_1 > 0$，$\lambda_2 > 0$，由李雅普诺夫第一法可知，E_2 是不稳定的，此时 E_2 为源。

（3）当 $\pi_1^{CC*} - \pi_1^{NC*}$，$\pi_2^{NN*} - \pi_2^{NC*}$ 中有一正一负时，则 λ_1、λ_2 中有一正一负，由李雅普诺夫第一法可知，E_2 是不稳定的，此时 E_2 为鞍点。

定理 6-3　（1）当 $\pi_1^{NN*} < \pi_1^{CN*}$，$\pi_2^{CC*} < \pi_2^{CN*}$ 时，E_3 是渐近稳定的，此时 E_3 为 ESS。

（2）当 $\pi_1^{NN*} > \pi_1^{CN*}$，$\pi_2^{CC*} > \pi_2^{CN*}$ 时，E_3 是不稳定的，此时 E_3 为源。

（3）当 $\pi_1^{NN*} - \pi_1^{CN*}$，$\pi_2^{CC*} - \pi_2^{CN*}$ 中有一正一负时，E_3 是不稳定的，此时 E_3 为鞍点。

证明：复制动态系统在稳定点 $E_3 = \begin{bmatrix} 0 & 1 \end{bmatrix}$ 处的雅克比矩阵为

$$J = \begin{bmatrix} \pi_1^{NN*} - \pi_1^{CN*} & 0 \\ 0 & \pi_2^{CC*} - \pi_2^{CN*} \end{bmatrix} \qquad (6-23)$$

雅克比矩阵的特征值为：$\lambda_1 = \pi_1^{NN*} - \pi_1^{CN*}$，$\lambda_2 = \pi_2^{CC*} - \pi_2^{CN*}$。

（1）当 $\pi_1^{NN*} < \pi_1^{CN*}$，$\pi_2^{CC*} < \pi_2^{CN*}$ 时，则有 $\lambda_1 < 0$，$\lambda_2 < 0$。因此，由李雅普诺夫第一法可知，E_3 是渐近稳定的，此时 E_3 为 ESS。

（2）当 $\pi_1^{NN*} > \pi_1^{CN*}$，$\pi_2^{CC*} > \pi_2^{CN*}$ 时，则有 $\lambda_1 > 0$，$\lambda_2 > 0$，由李雅普诺夫第一法可知，E_3 是不稳定的，此时 E_3 为源。

（3）当 $\pi_1^{NN*} - \pi_1^{CN*}$，$\pi_2^{CC*} - \pi_2^{CN*}$ 中有一正一负时，则 λ_1、λ_2 中有一正一负，由李雅普诺夫第一法可知，E_3 是不稳定的，此时 E_3 为鞍点。

定理 6 - 4 （1）当 $\pi_1^{CN*} < \pi_1^{NN*}$，$\pi_2^{NC*} < \pi_2^{NN*}$ 时，E_4 是渐近稳定的，此时 E_4 为 ESS。

（2）当 $\pi_1^{CN*} > \pi_1^{NN*}$，$\pi_2^{NC*} > \pi_2^{NN*}$ 时，E_4 是不稳定的，此时 E_4 为源。

（3）当 $\pi_1^{CN*} - \pi_1^{NN*}$，$\pi_2^{NC*} - \pi_2^{NN*}$ 中有一正一负时，E_4 是不稳定的，此时 E_4 为鞍点。

证明：复制动态系统在稳定点 $E_4 = \begin{bmatrix} 1 & 1 \end{bmatrix}$ 处的雅克比矩阵为

$$J = \begin{bmatrix} \pi_1^{CN*} - \pi_1^{NN*} & 0 \\ 0 & \pi_2^{NC*} - \pi_2^{NN*} \end{bmatrix} \qquad (6-24)$$

雅克比矩阵的特征值为：$\lambda_1 = \pi_1^{NN*} - \pi_1^{CN*}$，$\lambda_2 = \pi_2^{CC*} - \pi_2^{CN*}$。

（1）当 $\pi_1^{CN*} < \pi_1^{NN*}$，$\pi_2^{NC*} < \pi_2^{NN*}$ 时，则有 $\lambda_1 < 0$，$\lambda_2 < 0$。因此，由李雅普诺夫第一法可知，E_4 是渐近稳定的，此时 E_4 为 ESS。

（2）当 $\pi_1^{CN*} > \pi_1^{NN*}$，$\pi_2^{NC*} > \pi_2^{NN*}$ 时，则有 $\lambda_1 > 0$，$\lambda_2 > 0$，由李雅普诺夫第一法可知，E_4 是不稳定的，此时 E_4 为源。

（3）当 $\pi_1^{CN*} - \pi_1^{NN*}$，$\pi_2^{NC*} - \pi_2^{NN*}$ 中有一正一负时，则 λ_1、λ_2 中有一正一负，由李雅普诺夫第一法可知，E_4 是不稳定的，此时 E_4 为鞍点。

6.4 企业低碳技术选择影响分析

6.4.1 消费者低碳意识对企业低碳技术选择的影响

为分析消费者低碳意识对企业低碳技术选择的影响，令模型 $c_1^0 = 3$，$c_2^0 = 5$，$\mu_1^0 = 3$，$\mu_2^0 = 2$，$a = 550$，$b = 20$，$c = 10$，$e = 8$，$H_1 = 500$，$H_2 = 300$，$\gamma_1 = 0.5$，$\gamma_2 = 0.6$，$g = 18$。根据以上数据及 6.2 节的各情形下企业的均衡利润进行计算，可以发现：

（1）当 $0 < d < 14.74$ 时，$\pi_1^{NC*} < \pi_1^{CC*}$ 且 $\pi_2^{CN*} < \pi_2^{CC*}$，由定理 6 - 1 可知，此时 E_1 是渐近稳定的，E_1 为 ESS。d 分别取值 4、8、12，(x, y) 初始值为 $(0.1, 0.2)$，演化路径如图 6 - 2 所示。图 6 - 2 验证了定理 6 - 1 的结论，系统逐渐收敛于 $E_1 = [0 \quad 0]$。随着消费者低碳意识的增强，系统的演化速度逐渐加快，选择低碳技术的企业的比例越来越大，直至群体中所有企业都选择了低碳技术。

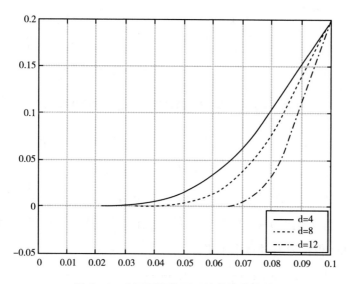

图 6 - 2 d 不同取值下系统的演化路径

（2）当 $14.74 < d < 161.89$ 时，$\pi_1^{CC*} < \pi_1^{NC*}$ 且 $\pi_2^{NN*} < \pi_2^{NC*}$，由定理 6 - 2 可知，此时 E_2 是渐近稳定的，E_2 为 ESS。d 取值 20，(x, y) 初始值分别为 $(0.1, 0.1)$、$(0.2, 0.2)$、$(0.3, 0.3)$，演化路径如图 6 - 3 所示。图 6 - 3 验证了定理 6 - 2 的结论，系统逐渐收敛于 $E_2 = [1 \quad 0]$。此时群体中选择低碳技术的企业初始比例越大，则演化速度越快。由于消费者对所在区域内企业的低碳行为非常重视，而对竞争对手的碳排放量并不特别关注，导致群体 1 内的企业采用低碳技术的高投入并未由此带来更多的收益，因而群体 1 内的企业仍然保持原有技术不变，而群体 2 内的企业选择了低碳技术。

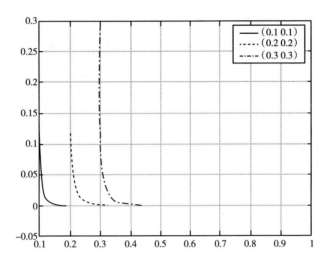

图 6 - 3 $d = 20$ 时不同初值下系统的演化路径

（3）当 $d > 161.89$ 时，$\pi_1^{CN*} < \pi_1^{NN*}$ 且 $\pi_2^{NC*} < \pi_2^{NN*}$，由定理 6 - 4 可知，此时 E_4 是渐近稳定的，E_4 为 ESS。d 取值 170，(x, y) 初始值分别为 $(0.1, 0.1)$、$(0.2, 0.2)$、$(0.3, 0.3)$，演化路径如图 6 - 4 所示。图 6 - 4 验证了定理 6 - 4 的结论，系统逐渐收敛于 $E_4 = \begin{bmatrix} 1 & 1 \end{bmatrix}$，此时两个群体均选择保持原有的技术水平。

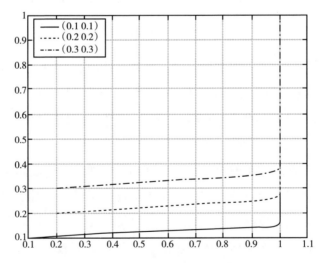

图 6 - 4 $d = 170$ 时不同初值下系统的演化路径

6.4.2 政府惩罚力度对企业低碳技术选择的影响

为分析惩罚力度对企业低碳技术选择的影响，令模型 $c_1^0 = 3$，$c_2^0 = 5$，$\mu_1^0 = 3$，$\mu_2^0 = 2$，$a = 550$，$b = 20$，$c = 10$，$d = 10$，$e = 8$，$H_1 = 500$，$H_2 = 300$，$\gamma_1 = 0.5$，$\gamma_2 = 0.6$。根据以上数据及 6.2 节的各情形下企业的均衡利润进行计算，可以发现：

（1）当 $0.8 < g < 18$ 时，$\pi_1^{NC*} < \pi_1^{CC*}$，$\pi_2^{CN*} < \pi_2^{CC*}$，由定理 6-1 可知，此时 E_1 为 ESS。为了分析系统的演化路径，设 g 分别取值 5、8、10，(x, y) 初始值为 $(0.1, 0.2)$，演化路径如图 6-5 所示。图 6-5 验证了定理 6-1 的结论，系统逐渐收敛于 $E_1 = \begin{bmatrix} 0 & 0 \end{bmatrix}$，而且惩罚力度越大，系统收敛越快，最终两个群体均选择低碳技术。

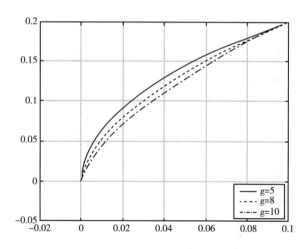

图 6-5 g 不同取值下系统的演化路径

（2）当 $18 < g < 46.4$ 时，$\pi_1^{CC*} < \pi_1^{NC*}$，$\pi_2^{NN*} < \pi_2^{NC*}$ 时，由定理 6-2 可知，此时 E_2 为 ESS。为了分析系统的演化路径，设 g 取值 25，(x, y) 初始值分别为 $(0.1, 0.1)$、$(0.2, 0.2)$、$(0.3, 0.3)$，演化路径如图 6-6 所示。图 6-6 验证了定理 6-2 的结论，系统逐渐收敛于 $E_2 = \begin{bmatrix} 1 & 0 \end{bmatrix}$，群体 1 选择低碳技术并未带来高收益，因而其选择非低碳技术，

而群体 2 选择低碳技术。

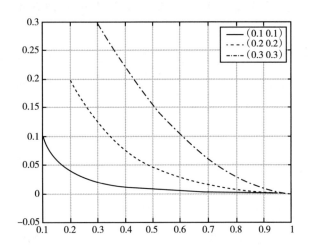

图 6 - 6　$g = 25$ 时不同初值下系统的演化路径

（3）当 $0.6 < g < 0.8$，$\pi_1^{NN*} < \pi_1^{CN*}$，$\pi_2^{CC*} < \pi_2^{CN*}$ 时，由定理 6 - 3 可知，此时 E_3 为 ESS。为了分析系统的演化路径，设 g 取值 0.7，(x, y) 初始值分别为 （0.1，0.1）、（0.2，0.2）、（0.3，0.3），演化路径如图 6 - 7 所示。图 6 - 7 验证了定理 6 - 3 的结论，系统逐渐收敛于 E_3 = ［0　1］，群体 1 选择低碳技术，群体 2 选择非低碳技术。

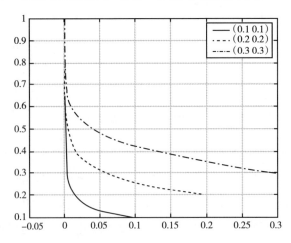

图 6 - 7　$g = 0.7$ 时不同初值下系统的演化路径

（4）当 $0 < g < 0.6$ 或 $g > 46.4$ 时，$\pi_1^{CN*} < \pi_1^{NN*}$，$\pi_2^{NC*} < \pi_2^{NN*}$ 时，由定理 6-4 可知，此时 E_4 为 ESS。为了分析系统的演化路径，设 g 取值 50，(x, y) 初始值分别为 $(0.1, 0.1)$、$(0.2, 0.2)$、$(0.3, 0.3)$，演化路径如图 6-8 所示。图 6-8 验证了定理 6-4 的结论，系统逐渐收敛于 $E_4 = [1 \ \ 1]$，此时两个企业群体均选择非低碳技术。

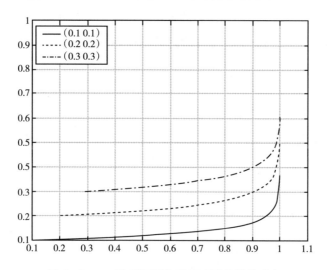

图 6-8 $g = 50$ 时不同初值下系统的演化路径

6.5 本章结论

本章根据企业是否选择低碳技术策略，将企业间的结构分成四种情形，而且特别在模型中引入了消费者的低碳意识和政府惩罚机制，给出不同情形下企业的均衡结果，然后构建了演化博弈模型，最后进行仿真实验及分析。本章得到如下结论：

（1）消费者对企业碳排放的关注程度在一定范围内时，低碳意识越强，越有利于加快有限理性的企业选择低碳技术。然而，当消费者提高对本区域企业碳排放的关注，而弱化甚至忽视竞争对手的碳排放，此时会导致部分企业放弃选择低碳技术，甚至导致所有企业都放弃低碳技术。

（2）若政府的惩罚力度不足，企业仍会保持原有技术不变；若逐步提高惩罚力度，会有部分企业选择低碳技术；当惩罚力度提高到一定范围内时，所有企业都会积极选择低碳技术；然而，研究也表明，若进一步增大惩罚，又会有部分企业放弃低碳技术；当惩罚足够大，又会导致所有企业都保持原有技术不变，都选择非低碳技术。因此，为使政府的惩罚机制达到应用的效果，必须将其制定在合理的范围内。

第 7 章

低碳供应链网络优化设计问题

7.1 引言

随着全球工业化进程的不断加快，资源紧缺、环境污染等社会问题日益严重，可持续发展理念越来越被各国所重视。在这样的背景下，很多企业开始建立闭环供应链网络，通过构建回收加再制造的生产模式，将市场上的废旧产品变为可持续发展的战略资源。闭环供应链网络设计作为一项重要的战略决策，直接影响产品的生产、销售、回收以及运输等各个环节，合理的闭环供应链网络设计不仅可以降低企业的运营成本，还可以减少企业运营过程中的碳排放量，同时，还能够使企业更好地履行其社会责任，这对企业探索可持续发展模式有着非常重大的意义。

近年来，针对可持续供应链网络优化问题，国内外学者不再只关注经济因素的影响，而是从经济效益和环境效益双维度视角研究该问题，例如通过构建多目标模糊－随机优化模型，探讨经济效益与环境效益的均衡问题（Yu & Slavang，2020）。高举红等（2015）构建了双目标优化模型，分析了碳补贴政策对消费者需求偏好以及网络优化过程的影响；孙浩等（2015）考虑了环保约束对网络设计的综合影响；艾门等（Imen et al，

2016）探讨了消费者的环保意识对供应链网络构建成本的影响；唐金环等（2017）研究了在低碳、低成本的决策目标下，库存策略等运营决策对设计结果的影响。可见，双目标供应链网络优化的研究成果已经非常丰富，但鲜有学者研究经济、环境及社会效益三维度下的网络优化问题，且在少数涉及社会效益维度的研究中，也主要是用顾客满意度、服务水平、工人福利等指标来衡量社会效益目标，相较于创造更多的就业岗位，这些指标没有更好地体现企业的社会责任。有学者将提供就业岗位作为决策目标之一，研究发现社会效益目标的取值完全受另外两个决策目标支配，并未对决策过程产生影响（Gao & Cao，2020）。

相较于传统的正向供应链网络，闭环供应链网络又涵盖了旧产品的回收再制造过程，其设计同样是两级决策。在设施选址决策层面，已有研究证明相较于新建回收设施，通过设施改造构建多功能共享设施可有效降低总成本和总碳排；而在运营决策层面，撒韦日等（Sazvar et al，2021）证明了有效的网络柔性设计可以显著提高网络弹性，还有研究也验证了当市场需求小幅度增长时，为满足刚性的需求约束，新建一个生产厂是非常不明智的行为（Yu，2020）。然而在现有文献中，鲜有学者综合考虑设施改造和柔性供应策略对闭环供应链网络设计的影响。此外，在设计闭环供应链网络时，还面临很多不确定性因素的干扰，现有的解决方法主要有鲁棒优化、模糊规划、随机规划等。例如，构建鲁棒优化模型，用多面体不确定集描述不确定因素（董海等，2020）；针对很多参数缺少精确统计数据的问题，构建多目标模糊规划模型（李进等，2018）；针对设备故障率等因素的随机性，建立两阶段的随机规划模型（Li & Kaike，2018）；构建区间机会约束下的易逝品供应链网络优化模型（陈勇和杨雅斌，2020）；等等。在以上研究中，均是采用单一方式对不确定性因素进行描述，然而不同参数具有不同的特性，只有基于相关参数的特性选择相应的处理方式，才能构建更为稳健的闭环供应链网络。

综上所述，在闭环供应链网络优化的研究领域，仍有在以下三个方面值得去深入研究：一是构建可行的社会效益目标函数，探讨企业的社会责任对网络优化的影响；二是将设施改造和柔性供应策略的理念融入模型的构建过程；三是基于不同不确定参数的区别，选用相应的处理方法。基于此，本章首先将经济成本最小、碳排放量最低、创造就业岗位最多作为决策目标，并且将设施改造、外包等柔性供应策略作为决策变量引入模型，建立多目标的多情景 – 模糊优化模型。然后运用模糊规划和随机规划两种方法处理模型中的不确定参数，即考虑不同情境下回收品质量水平的随机性，并针对仓储成本、回收成本等参数缺少精确统计值的问题，用三角模糊数的原理将其转化为清晰形式。关于模型求解，本章根据不同的分析角度，分别用线性加权法和 NSGA – Ⅱ算法进行求解。最后，通过算例验证模型的有效性，并给出相应的决策建议。

7.2　问题描述与假设

考虑原有的供应链网络由生产商、分销商和消费者群构成，现需要在原有网络的基础上，新建生产厂，扩大生产规模，同时构建旧产品的逆向回收系统，形成闭环的供应链网络。新建生产商的候选位置已知，而如何构建回收系统却面临着两个方案：一是对现有分销商进行改造，使其具备分销能力外，还能够对旧产品进行回收处理；二是建设新的回收中心。如图 7 – 1 所示，在正向物流中，生产商负责生产产品，然后经由分销商卖给消费者；在逆向物流中，回收中心和部分被改造过的分销商负责回收旧产品，并对旧产品进行分解处理，然后将可用的零部件运送至生产商进行再制造。在构建模型时，还需要考虑设施改造、柔性供应策略（外包、雇用临时工或加班等）对网络设计的影响，同时考虑回收品质量水平的不确定性，以及网络设计过程中各类成本参数的模糊性。

为了方便构建模型，需做出以下假设：

（1）商品的运输过程不存在越级运输的情况，均按照供应链中所规划的路径进行。

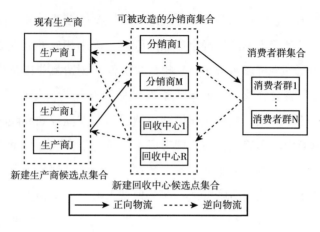

图 7-1　闭环供应链网络

（2）生产的再制品和新产品性能和售价都相同。

（3）经回收处理后得到的零配件，符合生产标准。

（4）产品与生产原料的生产比例为 1:1。

（5）各候选制造商的生产力有限，分销商和回收中心的容量有限，以及回收处置中心处理废旧产品的能力有限。

7.3　参数说明

7.3.1　节点集合

各节点符号的含义如下：

I：已有生产商集合 $\{1,\cdots,i,\cdots,\hat{i}\}$。

J：新建生厂商候选位置集合 $\{1,\cdots,j,\cdots,\hat{j}\}$。

M：分销商集合 $\{1,\cdots,m,\cdots,\hat{m}\}$。

N：消费者群集合 $\{1,\cdots,n,\cdots,\hat{n}\}$。

R：新建回收中心候选位置集合 $\{1,\cdots,r,\cdots,\hat{r}\}$。

7.3.2　相关参数

相关参数的符号含义如下：

多情景 $s \in S$，不同情景对应的发生概率为 P_s。

ξ^s：情景 s 下回收的旧产品可用于再制造的比率，反映不同情境下，回收的废旧产品质量水平的不同。

$\widehat{cf_j}$：生产商 j 的固定建设成本。

$\widehat{cf_m}$：分销商 m 的改造成本。

$\widehat{cf_r}$：回收中心的固定建设成本。

$\widehat{po}$：原材料的单位采购成本。

$\widehat{pd}$：单位产品的生产成本。

$\widehat{ph}$：单位产品的存储成本。

$\widehat{pu}$：单位回收品的回收处理成本。

$\widehat{pf}$：柔性供应策略的单位成本。

$\widehat{pt_{im}}$：生产商 i 至分销商 m 的单位运输成本。

$\widehat{pt_{jm}}$：生产商 j 至分销商 m 的单位运输成本。

$\widehat{pt_{mn}}$：分销商 m 至消费者群 n 的单位运输成本。

$\widehat{pt_{nr}}$：消费者群 n 至回收中心 r 的单位运输成本。

$\widehat{pt_{ri}}$：回收中心 r 至生产商 i 的单位运输成本。

$\widehat{pt_{rj}}$：回收中心 r 至生产商 j 的单位运输成本。

T_{im}：生产商 i 至分销商 m 的运输距离。

T_{jm}：生产商 j 至分销商 m 的运输距离。

T_{mn}：分销商 m 至消费者群 n 的运输距离。

T_{nr}：消费者群 n 至回收中心 r 的运输距离。

T_{ri}：回收中心 r 至生产商 i 的运输距离。

T_{rj}：回收中心 r 至生产商 j 的运输距离。

cof_i：建设生产商 i 所需的二氧化碳排放量。

cof_m：改造分销商 m 所需的二氧化碳排放量。

cof_r：建设回收中心 r 的二氧化碳排放量。

cou：回收分解单位回收品的二氧化碳排放量。

cod：生产单位产品的二氧化碳排放量。

co：运输单位产品的二氧化碳排放量。

ε_j：生产商 j 建设所需雇用的工人数。

ε_m：分销商 m 改造所需雇用的工人数。

ε_r：回收中心 r 建设所需雇用的工人数。

εd：生产单位产品所需雇用的工人数。

εh_m：改造后的分销商 m 处理单位回收品所需的工人数。

εu_r：回收中心 r 处理单位回收品所需的工人数。

D_n^s：情景 s 下市场 n 的需求。

CQ_i：生产商 i 的生产能力限制。

CQ_j：生产商 j 的生产能力限制。

CQ_m：经改造后分销商 m 的回收能力限制。

CQ_r：回收中心 r 的回收能力限制。

CQf：柔性生产能力限制。

NJ：新建生产商的数量限制。

NM：可改造分销商的数量限制。

NR：新建回收中心的数量限制。

M：足够大的一个整数。

Tax：碳排放税率。

Cp：人工成本。

7.3.3　决策变量

　各决策变量表示符号的含义如下：

R_i^s：情景 s 下生产商 i 的原材料采购量。

R_j^s：情景 s 下生产商 j 的原材料采购量。

q_{im}^s：情景 s 下生产商 i 运至分销商 m 的产品数量。

q_{jm}^s：情景 s 下新建生产商 j 运至分销商 m 的产品数量。

q_{mn}^s：情景 s 下分销商 m 运至消费者群 n 的产品数量。

q_{nm}^s：情景 s 下消费者群 n 运至分销商 m 的回收品数量。

q_{nr}^s：情景 s 下消费者群 n 运至回收中心 r 的回收品数量。

q_{mi}^s：情景 s 下分销中心 m 运至生产商 i 的零件数量。

q_{mj}^s：情景 s 下分销中心 m 运至生产商 j 的零件数量。

q_{ri}^s：情景 s 下回收处置中心 r 运至生厂商 i 的零件数量。

q_{rj}^s：情景 s 下回收处置中心 r 运至生厂商 j 的零件数量。

qf_n^s：情景 s 下柔性供应至消费者群 n 的产品数量。

X_j：0-1 变量，取 1 时，生产商在 j 点建厂，否则取 0。

Y_m：0-1 变量，取 1 时，改造分销商 m，否则取 0。

Z_r：0-1 变量，取 1 时，在 r 点建设回收中心，否则取 0。

7.4　模型构建

7.4.1　经济可持续性目标函数

经济效益目标为总成本最小，如式（7-1）所示：

$$\min \psi_1 = CF + CR + CD + CH + CU + CE + CT \tag{7-1}$$

$$CF = \sum_{j \in J} \widehat{cf_j} X_j + \sum_{m \in M} \widehat{cf_m} Y_m + \sum_{r \in R} \widehat{cf_r} Z_r \tag{7-2}$$

$$CR = \sum_{s \in S} \sum_{i \in I} P_s R_i^s \widehat{po} + \sum_{s \in S} \sum_{j \in J} P_s R_j^s \widehat{po} \tag{7-3}$$

$$CD = \sum_{s \in S} \sum_{i \in I} \sum_{m \in M} P_s q_{im}^s \widehat{pd} + \sum_{s \in S} \sum_{j \in J} \sum_{m \in M} P_s q_{jm}^s \widehat{pd} \qquad (7-4)$$

$$CH = \sum_{s \in S} \sum_{n \in N} \sum_{m \in M} P_s q_{mn}^s \widehat{ph} \qquad (7-5)$$

$$CU = \sum_{s \in S} \sum_{n \in N} \sum_{r \in R} P_s q_{nr}^s \widehat{pu} + \sum_{s \in S} \sum_{n \in N} \sum_{m \in M} P_s q_{nm}^s \widehat{pu} \qquad (7-6)$$

$$CE = \sum_{s \in S} \sum_{n \in N} P_s q f_n^s \widehat{pf} \qquad (7-7)$$

$$CT = \sum_{s \in S} P_s \Big(\sum_{i \in I} \sum_{m \in M} q_{im}^s \widehat{pt_{im}} T_{im} + \sum_{j \in J} \sum_{m \in M} q_{jm}^s \widehat{pt_{jm}} T_{jm} + \sum_{m \in M} \sum_{n \in N} q_{mn}^s \widehat{pt_{mn}} T_{mn}$$
$$+ \sum_{n \in N} \sum_{m \in M} q_{nm}^s \widehat{pt_{mn}} T_{mn} + \sum_{n \in N} \sum_{r \in R} q_{nr}^s \widehat{pt_{nr}} T_{nr} + \sum_{i \in I} \sum_{r \in R} q_{ri}^s \widehat{pt_{ri}} T_{ri}$$
$$+ \sum_{j \in J} \sum_{r \in R} q_{rj}^s \widehat{pt_{rj}} T_{rj} + \sum_{m \in M} \sum_{i \in I} q_{mi}^s \widehat{pt_{im}} T_{im} + \sum_{m \in M} \sum_{j \in J} q_{mj}^s \widehat{pt_{jm}} T_{jm} \Big)$$

$$(7-8)$$

总成本又分为七部分，其中，式（7-2）表示固定成本（CF）；式（7-3）表示原材料采购成本（CR）；式（7-4）表示生产成本（CD）；式（7-5）表示存储分销成本（CH）；式（7-6）表示回收成本（CU）；式（7-7）表示柔性策略生产成本（CE）；式（7-8）表示运输成本（CT）。

7.4.2 环境可持续性目标函数

环境可持续性的目标为最小化总碳排放量，如式（7-9）所示：

$$\min \psi_2 = EF + ED + EU + ET \qquad (7-9)$$

采用生命周期法对供应链网络设计过程中二氧化碳排放量进行计算，各环节碳排放量的计算公式如下：

$$EF = \sum_{j \in J} cof_j X_j + \sum_{m \in M} cof_m Y_m + \sum_{r \in R} cof_r Z_r \qquad (7-10)$$

$$ED = \sum_{s \in S} \sum_{i \in I} \sum_{m \in M} P_s q_{im}^s cod + \sum_{s \in S} \sum_{j \in J} \sum_{m \in M} P_s q_{jm}^s cod \qquad (7-11)$$

$$EU = \sum_{s \in S} \sum_{n \in N} \sum_{r \in R} P_s q_{nr}^s cou + \sum_{s \in S} \sum_{n \in N} \sum_{m \in M} P_s q_{nm}^s cou \qquad (7-12)$$

$$ET = \sum_{s \in S} P_s \Big(\sum_{i \in I} \sum_{m \in M} q_{im}^s T_{im} cot + \sum_{j \in J} \sum_{m \in M} q_{jm}^s T_{jm} cot + \sum_{m \in M} \sum_{n \in N} q_{mn}^s T_{mn} cot$$

$$+ \sum_{n \in N} \sum_{m \in M} q_{nm}^s T_{mn} \mathrm{cot} + \sum_{n \in N} \sum_{r \in R} q_{nr}^s T_{nr} \mathrm{cot} + \sum_{i \in I} \sum_{r \in R} q_{ri}^s T_{ri} \mathrm{cot}$$

$$+ \sum_{m \in M} \sum_{j \in J} q_{mj}^s T_{jm} \mathrm{cot} + \sum_{m \in M} \sum_{i \in I} q_{mi}^s T_{im} \mathrm{cot} + \sum_{j \in J} \sum_{r \in R} q_{rj}^s T_{rj} \mathrm{cot} \Big)$$

$$(7-13)$$

其中，式（7-10）表示设施建设过程中的碳排放量（EF）；式（7-11）表示生产过程中的碳排放量（ED）；式（7-12）表示回收过程中的碳排放量（EU）；式（7-13）表示运输过程中的碳排放量（ET）。

7.4.3　社会可持续性目标函数

社会可持续性的目标是创造更多的就业机会，如式（7-14）所示。重新设计闭环供应链网络会提供更多的就业岗位，这些工作岗位主要来源于设施建设过程以及废旧产品的回收过程。具体计算公式如下：

$$\max \psi_3 = AF + AD \qquad (7-14)$$

$$AF = \sum_{j \in J} \varepsilon_j X_j + \sum_{m \in M} \varepsilon_m Y_m + \sum_{r \in R} \varepsilon_r Z_r \qquad (7-15)$$

$$AD = \sum_{s \in S} \sum_{j \in J} \sum_{m \in M} P_s q_{jm}^s \varepsilon_j^d + \sum_{s \in S} \sum_{n \in N} \sum_{m \in M} P_s q_{nm}^s \varepsilon_m^h + \sum_{s \in S} \sum_{n \in N} \sum_{r \in R} P_s q_{nr}^s \varepsilon_r^u$$

$$(7-16)$$

其中，式（7-15）表示设施建设过程中所雇用的工人数（AF）；式（7-16）表示闭环网络构建所要雇用的工人数（AD）。

7.4.4　模型约束条件

以上三个模型的约束条件如下：

$$\sum_{r \in R} q_{ri}^s + R_i^s + \sum_{m \in M} q_{mi}^s \geqslant \sum_{m \in M} q_{im}^s ; \forall i \in I, s \in S \qquad (7-17)$$

$$\sum_{m \in M} q_{im}^s \leqslant CQ_i ; \forall i \in I, s \in S \qquad (7-18)$$

$$\sum_{r \in R} q_{rj}^s + R_j^s + \sum_{m \in M} q_{mj}^s \geqslant \sum_{m \in M} q_{jm}^s ; \forall j \in J, s \in S \qquad (7-19)$$

$$\sum_{r \in R} q_{rj}^s + R_j^s + \sum_{m \in M} q_{mj}^s \leqslant X_j M ; \forall j \in J, s \in S \qquad (7-20)$$

$$\sum_{m \in M} q_{jm}^s \leqslant X_j CQ_j ; \forall j \in J, s \in S \qquad (7-21)$$

$$\sum_{i \in I} q_{im}^s + \sum_{j \in J} q_{jm}^s \geqslant \sum_{n \in N} q_{mn}^s ; \forall m \in M, s \in S \qquad (7-22)$$

$$\sum_{m \in M} q_{mn}^s + qf_n^s \geqslant D_n^s ; \forall n \in N, s \in S \qquad (7-23)$$

$$\sum_{m \in M} q_{mn}^s + qf_n^s \geqslant \sum_{m \in M} q_{nm}^s + \sum_{r \in R} q_{nr}^s ; \forall n \in N, s \in S \qquad (7-24)$$

$$\sum_{n \in N} q_{nm}^s \leqslant Y_m CQ_m ; \forall m \in M, s \in S \qquad (7-25)$$

$$\sum_{n \in N} q_{nr}^s \leqslant Z_r CQ_r ; \forall r \in R, s \in S \qquad (7-26)$$

$$\xi^s \sum_{n \in N} q_{nm}^s \geqslant \sum_{i \in I} q_{mi}^s + \sum_{j \in J} q_{mj}^s ; \forall m \in M, s \in S \qquad (7-27)$$

$$\xi^s \sum_{n \in N} q_{nr}^s \geqslant \sum_{i \in I} q_{ri}^s + \sum_{j \in J} q_{rj}^s ; \forall r \in R, s \in S \qquad (7-28)$$

$$\sum_{n \in N} qf_n^s \leqslant CQf ; \forall s \in S \qquad (7-29)$$

$$\sum_{j \in J} X_j \leqslant NJ \qquad (7-30)$$

$$\sum_{m \in M} Y_m \leqslant NM \qquad (7-31)$$

$$\sum_{r \in R} Z_r \leqslant NR \qquad (7-32)$$

$$X_j, Y_m, Z_r \in \{0,1\} ; \forall j \in J, m \in M, r \in R \qquad (7-33)$$

$$R_i^s, R_j^s, q_{im}^s, q_{jm}^s, q_{mn}^s, q_{nm}^s, q_{nr}^s, q_{mi}^s, q_{mj}^s, q_{ri}^s, q_{rj}^s \geqslant 0 ;$$

$$\forall i \in I, j \in J, m \in M, n \in N, r \in R, s \in S \qquad (7-34)$$

其中，式（7-17）表示现有生产商的流量平衡约束；式（7-18）描述现有生产商的生产能力限制约束；式（7-19）表示新建生产商的流量平衡约束；式（7-20）表明若未在 j 点建厂，则该设施点不能接收任何物资；式（7-21）表示新建生产商的生产能力约束；式（7-22）表示分销商的流量平衡约束；式（7-23）表示市场需求必须被满足；式（7-24）

表示消费市场的回收量不能超过销售量；式（7–25）、式（7–26）分别表示对被改造的分销商和新建回收中心的回收处置能力的限制约束；式（7–27）、式（7–28）表示回收的废旧产品可用于再制造的比例约束；式（7–29）表示柔性供应策略的限制约束；式（7–30）、式（7–31）、式（7–32）分别表示建设生产商、回收中心、改造分销商的数量约束；式（7–33）、式（7–34）表示决策变量约束。

7.5　模型拓展

模型中包括固定建设成本、生产成本、回收成本等，成本参数均具有模糊性，为将其转化为清晰形式，首先引入三角模糊数的概念对这些模糊参数进行定量化处理。设 $a = (a^l, a^m, a^h)$ 为任意模糊三角数（如图7–2所示），其中 a^l，a^m，a^h 分别为悲观下界估计、最可能的取值估计以及乐观上界估计，满足 $a^l \leqslant a^m \leqslant a^h$，式（7–35）为其隶属度函数 $\mu_a(x)$。

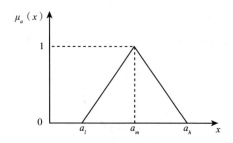

图7–2　任意三角模糊数 $a = (a^l, a^m, a^h)$

$$\mu_a(x) = \begin{cases} \dfrac{x - a^l}{a^m - a^l}, x \in [a^l, a^m] \\ 1, x = m \\ \dfrac{a^h - x}{a^h - a^m}, x \in (a^m, a^h] \\ 0, x \in (-\infty, a^l) \cup (a^h, +\infty) \end{cases} \qquad (7\text{–}35)$$

为了将模型转换为等价的清晰形式，基于期望区间 I 与期望值 E 的思想，将模型中的模糊参数转化为具体的清晰值。式（7-36）与式（7-37）说明了如何将三角模糊数 a 转化为相应的 I 与 E。

$$I(a) = [I_1, I_2]$$

$$= \left[\int_{a^l}^{a^m} \frac{x - a^l}{a^m - a^l} dx, \int_{a^m}^{a^h} \frac{a^h - x}{a^h - a^m} dx \right]$$

$$= \left[\frac{a^l + a^m}{2}, \frac{a^m + a^h}{2} \right] \tag{7-36}$$

$$E(a) = \frac{I_1 + I_2}{2}$$

$$= \frac{a^l + 2a^m + a^h}{4} \tag{7-37}$$

原模型中模糊参数主要是固定建设成本、单位原材料采购成本、单位生产成本、单位存储成本、单位回收处理成本、柔性供应策略成本以及单位运输成本，根据式（7-36）和（7-37），对式（7-2）~式（7-8）中的模糊参数进行处理，结果如式（7-38）~式（7-44）所示，进而将原模型转化为了清晰模型。

$$CF = \sum_{j \in J} \left(\frac{cf_j^l + 2cf_j^m + cf_j^h}{4} \right) X_j + \sum_{m \in M} \left(\frac{cf_m^l + 2cf_m^m + cf_m^h}{4} \right) Y_m$$

$$+ \sum_{r \in R} \left(\frac{cf_r^l + 2cf_r^m + cf_r^h}{4} \right) Z_r \tag{7-38}$$

$$CR = \sum_{s \in S} \sum_{j \in J} P_s R_j^s \left(\frac{po^l + 2po^m + po^h}{4} \right)$$

$$+ \sum_{s \in S} \sum_{i \in I} P_s R_i^s \left(\frac{po^l + 2po^m + po^h}{4} \right) \tag{7-39}$$

$$CD = \sum_{s \in S} \sum_{i \in I} \sum_{m \in M} P_s q_{im}^s \left(\frac{pd^l + 2pd^m + pd^h}{4} \right)$$

$$+ \sum_{s \in S} \sum_{j \in J} \sum_{m \in M} P_s q_{jm}^s \left(\frac{pd^l + 2pd^m + pd^h}{4} \right) \tag{7-40}$$

$$CH = \sum_{s \in S} \sum_{n \in N} \sum_{m \in M} P_s q_{mn}^s \left(\frac{ph^l + 2ph^m + ph^h}{4} \right) \qquad (7-41)$$

$$CU = \sum_{s \in S} \sum_{n \in N} \sum_{r \in R} P_s q_{nr}^s \left(\frac{pu^l + 2pu^m + pu^h}{4} \right)$$
$$+ \sum_{s \in S} \sum_{n \in N} \sum_{m \in M} P_s q_{nm}^s \left(\frac{pu^l + 2pu^m + pu^h}{4} \right) \qquad (7-42)$$

$$CE = \sum_{s \in S} \sum_{n \in N} P_s q f_n^s \left(\frac{pf^l + 2pf^m + pf^h}{4} \right) \qquad (7-43)$$

$$CT = \sum_{s \in S} P_s \Bigg[\sum_{i \in I} \sum_{m \in M} q_{im}^s \left(\frac{pt_{im}^l + 2pt_{im}^m + pt_{im}^h}{4} \right) T_{im}$$

$$+ \sum_{n \in N} \sum_{m \in M} q_{nm}^s \left(\frac{pt_{mn}^l + 2pt_{mn}^m + pt_{mn}^h}{4} \right) T_{mn} + \sum_{m \in M} \sum_{n \in N} q_{mn}^s \left(\frac{pt_{mn}^l + 2pt_{mn}^m + pt_{mn}^h}{4} \right) T_{mn}$$

$$+ \sum_{j \in J} \sum_{m \in M} q_{jm}^s \left(\frac{pt_{jm}^l + 2pt_{jm}^m + pt_{jm}^h}{4} \right) T_{jm} + \sum_{n \in N} \sum_{r \in R} q_{nr}^s \left(\frac{pt_{nr}^l + 2pt_{nr}^m + pt_{nr}^h}{4} \right) T_{nr}$$

$$+ \sum_{i \in I} \sum_{r \in R} q_{ri}^s \left(\frac{pt_{ri}^l + 2pt_{ri}^m + pt_{ri}^h}{4} \right) T_{ri} + \sum_{j \in J} \sum_{r \in R} q_{rj}^s \left(\frac{pt_{rj}^l + 2pt_{rj}^m + pt_{rj}^h}{4} \right) T_{rj}$$

$$+ \sum_{m \in M} \sum_{i \in I} q_{mi}^s \left(\frac{pt_{im}^l + 2pt_{im}^m + pt_{im}^h}{4} \right) T_{im} + \sum_{m \in M} \sum_{j \in J} q_{mj}^s \left(\frac{pt_{jm}^l + 2pt_{jm}^m + pt_{jm}^h}{4} \right) T_{jm} \Bigg]$$

$$(7-44)$$

7.6　模型求解

为了能够从社会总成本的角度来研究供应链网络优化问题，首先，需要用线性加权法将模型转化为单目标规划形式，并且为了统一量纲，又引入了碳税率（Tax）和平均人工成本（Cp）两个参数，然后对三个目标分别赋予权重 w_1、w_2、w_3，则社会总成本 SC 可以表示为式（7-45）：

$$\min SC = w_1 \psi_1 + w_2 (Tax\psi_2) - w_3 (Cp\psi_3) \qquad (7-45)$$

上述问题的约束条件不变。容易看出，该单目标规划模型自变量的一阶导数均为常数，所以模型是线性的，因此，可以直接调用 MATLAB2019a 中的 intlinprog 函数求解该规划问题。

此外，在多目标供应链网络优化问题中，不同的目标间相互制约，一个目标的优化可能就会降低其他目标的期望值，所以当决策者基于不同偏好去做决策时，往往不好直接比较所得结果的优劣。因此，为了更好地权衡目标间的关系，就需要找到问题的帕累托解，帕累托解集可以更好地呈现出目标间的冲突，便于后面进行多目标的权衡性分析。NSGA - Ⅱ算法是一种基于遗传算法求帕累托解集的进化算法，常用于求解多目标优化问题。相较于传统的 NSGA 算法，NSGA - Ⅱ提出了快速非支配排序法，降低了算法的复杂程度；并提出了拥挤度比较算子，有效保持了群体的多样性，同时给出了精英策略，在求帕累托前沿的过程中扩大了采样空间。NSGA - Ⅱ算法的主流程步骤如下。

7.6.1　编码及初始化种群

首先，本章研究的是供应链网络优化问题，为了将备选方案的具体信息映射到基因编码中，需要采用两段式实数编码的方式构建染色体，两段码串分别表示设施选址以及设施点间的物料配置。染色体结构 X 如式（7 - 46）所示：

$$X = (x_1 \cdots x_i \cdots x_n \mid \cdots x_j \cdots x_m) \qquad (7-46)$$

式中的 x_i 表示第 i 个设施选址变量，x_j 表示第 j 个物料运输变量，且取值均为整数。如对包含 2 个供应商、1 个分销商以及 1 个零售市场的三级供应链网络进行优化，需要对供应商进行选择并配置设施点间的物料。假设 $X = (0 \quad 1 \mid 0 \quad 100 \quad 50)$，就表示选择第 2 个供应商为分销商供货 100 件，且从分销商运送至零售市场 50 件。基于以上方法进行编码并初始化种群，种群规模为 200。

7.6.2 非支配排序法

对本章建立的多目标优化问题，首先确定成本最小和碳排最小的目标分量 $f_1(x) = \psi_1$、$f_2(x) = \psi_2$，并且为了方便计算，需要将三个目标统一为求解最小值，所以社会效益最大的目标分量需要取相反数，即 $f_3(x) = -\psi_3$。若 $\forall i \in \{1,2,3\}$，都满足 $f_i(x_a) \leqslant f_i(x_b)$，则可以称个体 a 支配个体 b。如果在整个种群中，不存在能够支配 a 的其他个体，则称个体 a 为非支配个体。从初始种群开始，逐级筛选非支配个体，并根据级别给定不同的标签，直至所有个体都得到一个等级标签，等级越小的个体越优。

7.6.3 拥挤度比较算子

拥挤度比较算子是通过计算同等级个体的聚集程度，来筛选等级相同的个体，目的是保障基因的多样性。个体 a 的拥挤度 d_a 计算过程如公式 $(7-47)$，其中，N 为目标函数个数，f_i^{a+1} 与 f_i^{a-1} 分别表示相邻个体的目标函数值。

$$d_a = \sum_{i=1}^{N} \left| f_i^{a+1} - f_i^{a-1} \right| \qquad (7-47)$$

7.6.4 精英保留策略

将迭代后的子种群和父代种群融合为新的种群，然后根据非支配排序法进行分级，按照由低等级到高等级的顺序，选出部分个体作为子代，同等级的个体则根据拥挤度大小进行筛选，直至选出的个体数目达到规定的子代种群规模。

7.6.5 交叉与变异

本章采用的是随机单点交叉，对于两个父代个体，随机选择两个子串 X_1、X_2 进行交叉。首先，随机确定一个交叉点，并生成一个随机数 s，$s \in \{0,1\}$，当 s 为 0 时，对交叉点后面部分进行交叉，否则对前面部分进行交叉，交叉概率经过试验设置为 0.75。

在供应链网络设计的过程中，设施点间的供应关系是具有连续性的，因此，为了防止高变异率使得最优解被破坏，将变异概率设置为 0.05。

7.7 算例分析

现以某家电企业为案例背景进行算例分析，并考虑 3 种设施选址规模，分别为算例 I（$1 \times 2 \times 2 \times 3 \times 2$）、算例 II（$1 \times 3 \times 3 \times 4 \times 3$）、算例 III（$2 \times 4 \times 4 \times 6 \times 4$）。关于参数赋值，因为回收的旧产品的质量水平是不确定的，因此在进行闭环供应链网络优化时，需要考虑多种情景，表 7 - 1 给出了不同情境下的相关参数值。此外，参考高举红等（2015）及李进和朱道立（2018）的数值算例，并结合同类型企业的调研数据，以及不同算例间生产规模的差异，确定相关成本参数的三角模糊数值，以及设施容量和单周期内的市场需求量；同时，参考李进和朱道立（2018）采用 ECO - it1.4 软件及数据库来估算各环节碳排放量的方式，对所需的各项碳排放系数进行估值；最后，通过参考同类型企业的生产规模和工人数量，估算设施建设和运营所提供的岗位数量。取值如表 7 - 2 所示。

表 7 - 1	不同情境下的参数设定		
情景	s_1	s_2	s_3
ξ^s	0.65	0.7	0.75
P_s	0.3	0.5	0.2

表 7 – 2　　　　　　　　　　　参数取值

参数符号	参数值	参数符号	参数值
$\widehat{cf_j}$	(18000000, 19800000, 22000000)	ε_i	150
$\widehat{cf_m}$	(4500000, 5012000, 5500000)	ε_m	75
$\widehat{cf_r}$	(6000000, 7025600, 8000000)	ε_r	150
$\widehat{po}$	(404, 500, 597)	εd	0.0045
$\widehat{pd}$	(69, 75, 81)	εh_m	0.002
$\widehat{ph}$	(1.8, 2, 2.2)	εu_r	0.002
$\widehat{pu}$	(23.4, 25.2, 27.1)	CQ	30000
$\widehat{pf}$	(700, 750, 800)	CQ_m	10000
$\widehat{pt}$	(0.019, 0.021, 0.022)	CQ_r	10000
cof_i	94000000	CQf	35000
cof_m	20000000	NJ	(2, 3, 4)
cof_r	50000000	NM	(2, 3, 4)
cod	1500	NR	(2, 3, 4)
cou	800	Tax	0.39
co	0.12	Cp	80000
D_n^s	20000		

7.7.1　目标权重的灵敏度分析

为了研究目标权重的变化对社会总成本 SC 的影响，笔者对目标权重进行了灵敏度分析。首先，赋予经济目标的权重 w_1，$w_1 \in \{0.3, 0.4, 0.5, 0.6, 0.7, 0.8\}$；然后基于 w_1 的数值，赋予社会效益目标的权重 w_3，例如，当 $w_1 = 0.3$ 时，$w_3 \in \{0, 0.1, 0.2, 0.3, 0.4, 0.5, 0.6, 0.7\}$；最后，赋予环境目标的权重 $w_2 = 1 - w_1 - w_3$，并将其他参数经处理后代入模型，求解结果如图 7 – 3 所示。

如图 7 – 3 所示，3 个算例中的社会总成本随权重变化的波动趋势是一致的，因此，以算例Ⅱ为代表，进行具体的权重灵敏度分析，如图7-3所示，可以看出社会总成本变化具有4个特征。

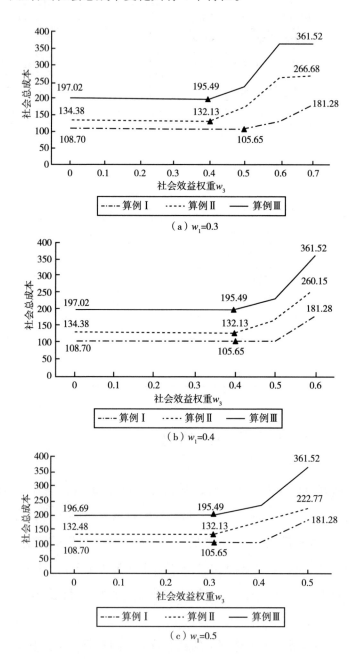

（a）w_1=0.3

（b）w_1=0.4

（c）w_1=0.5

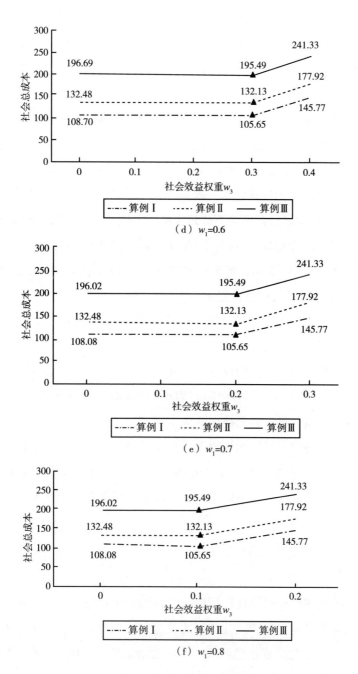

图 7-3　社会总成本与权重设置的关系

（1）在给定经济成本权重 w_1 时，随着社会效益权重 w_3 的增大，社会总成本 SC 呈现出先递减后递增的趋势，如图 7 − 3（a），当 $w_1 = 0.3$ 时，随着 w_3 的增大，社会总成本 SC 由 134.38 先降至 132.13 后增加至 266.68。

（2）随着 w_1 的增加，为了使社会总成本 SC 取得最小值，所允许的社会效益最大权重 w_3 是逐步降低的，由 0.4（$w_1 = 0.3$）降低到了 0.1（$w_1 = 0.8$），w_3 如果大于这个界限值，SC 将会大幅度增加。

（3）如果不考虑碳排放量，即 $w_2 = 0$ 时，不管 w_1、w_3 取值如何变化，社会总成本 SC 均取得各情景下的最大值，如图 7 − 3（b），当 $w_1 = 0.4$、$w_3 = 0.6$ 时，社会总成本取得该情境下的最大值 260.15。

（4）随着 w_1 的增加，每个情景所对应的最大社会总成本逐步降低，$w_1 > 0.6$ 后，SC 最大取值稳定在 177.92，如图 7 − 3（d）～（f）。

算例 I、算例 III 的求解结果同样具有以上 4 个特征。基于上述分析，可以得到以下 2 个结论：

其一，对于 3 个目标的权重，使任何一个等于 0，都会使得社会总成本 SC 增大，所以在进行闭环供应链网络优化时，系统考虑经济、环保、社会效益的影响会显著降低社会总成本。

其二，经济成本目标的权重不应该小于 0.6，这是为了降低成本过高的风险，所以将每种情景所对应的最大社会总成本控制在一定范围；同时，为了获得最低的社会总成本，社会效益目标权重不应该大于 0.4。

7.7.2　模型的稳健性分析

为了研究多目标情景优化模型的稳健性，本章还分析了需求扰动水平对设计结果的影响。基于线性加权的处理方法，分别设置 $w_1 = 0.6$、$w_2 = 0.2$、$w_3 = 0.2$，然后求出总需求在不同波动水平下的优化结果，社会总成本变化见图 7 − 4，选址结果见表 7 − 3。

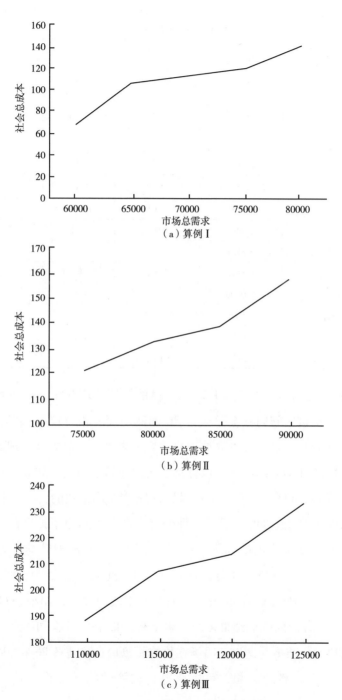

图 7－4 不同市场需求下的社会总成本

表7-3   不同需求下的选址结果

规模	总需求	选址结果		
		J	M	R
算例 I (1×2×2×3×2)	60000	0 1	1 0	0 0
	65000	1 1	1 0	0 0
	70000	1 1	1 0	0 0
	75000	1 1	1 1	0 0
	80000	1 1	1 1	1 0
算例 II (1×3×3×4×3)	75000	0 0 1	0 1 1	0 0 0
	80000	0 0 1	1 1 1	0 0 0
	85000	0 0 1	1 1 1	0 0 0
	90000	0 0 1	1 1 1	1 0 0
算例 III (2×4×4×6×4)	110000	0 1 0 0	1 1 1 1	0 1 0 0
	115000	0 1 0 0	1 1 1 1	0 1 0 1
	120000	0 1 0 0	1 1 1 1	0 1 0 1
	125000	0 1 0 0	1 1 1 1	1 1 0 1

如图7-4所示，对于3种不同规模的算例，均存在一个市场需求波动区间，使得该区间内社会总成本 SC 的波动幅度相对较小；当需求变化超出了该区间，社会总成本的波动幅度显著增大，而造成这一现象的主要原因是设施选址结果的差异。以算例 I 的选址结果为例，如表7-3所示，市场总需求在65000~70000波动时，选址结果是相同的，所以该阶段的社会总成本 SC 的波动幅度最小；即便当市场需求超出了该区间范围，如65000~80000，新建生产商（J）的选址结果仍然相对稳定，此时，如图7-4（a）所示，虽然社会总成本的波动幅度也会变大，但主要是源于回收设施（M、R）选址的变化；只有当需求波动过大，如小于60000时，新建生产商（J）的选址结果才会发生变化。以上分析也同样适用于其余2个算例的优化结果，这也证明了在构建模型时，考虑不同参数的不确定性和柔性供应策略的影响，可以获得比较稳健的闭环供应链网络优化结果。

7.7.3 有无设施改造的模型对比分析

在建设逆向回收系统时，本章选择了设施改造和新建设施并举的构建模式，为分析该模式的优劣性，运用线性加权法处理多目标函数，首先设置 $w_1 = 0.6$、$w_2 = 0.2$、$w_3 = 0.2$，然后求出在不同的市场需求下，有无设施改造两种模式下的优化结果（见表7-4）。在无设施改造的模式下，不对分销商进行改造，所以只有新建的回收中心具有回收职能。如表7-4所示，相较于重新构建回收设施，采取设施改造和新建设施并举的模式，可以显著降低社会总成本。

表7-4 设施改造前后的社会总成本对比

规模	市场需求	进行设施改造	不进行设施改造	节约比重（%）
算例 I	55000	56.99	64.66	11.87
	60000	68.34	83.71	18.36
	65000	106.60	114.30	6.74
	70000	113.20	120.90	6.37
算例 II	70000	112.74	120.40	6.36
	75000	121.39	133.90	9.34
	80000	132.13	155.30	14.92
	85000	138.80	161.90	14.27
算例 III	90000	106.84	122.19	12.56
	95000	118.13	141.17	16.32
	100000	149.97	157.69	4.89
	105000	156.61	164.33	4.70

7.7.4 有无柔性供应策略的模型对比分析

为了研究柔性供应策略对闭环供应链网络设计的影响，基于线性加权法，分别求出不同的市场需求下，考虑柔性供应策略与不考虑柔性供应策略两种情景下的优化结果。

如图 7-5 所示，对于 3 种不同规模的算例，考虑外包等柔性供应策略的影响，均可以显著降低社会总成本。基于算例 II 的选址结果，可以判断社会总成本的差异主要源于设施选址的差异，如表 7-5 所示。特别是当市场需求大于 85000 时，两种情境下的生产商（J）选址结果差别尤为显著。这也符合现实情境，当市场总需求在某个区间内小幅度变动时，相较于扩建生产设施来增加产能，采用外包等策略来弥补产能的不足是更好的应对方法，这也说明了在构建闭环供应链网络模型时，考虑柔性供应策略的影响是非常必要的。

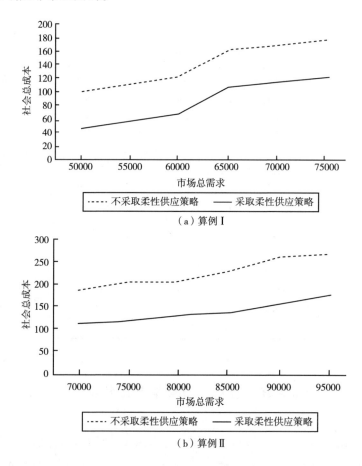

（a）算例 I

（b）算例 II

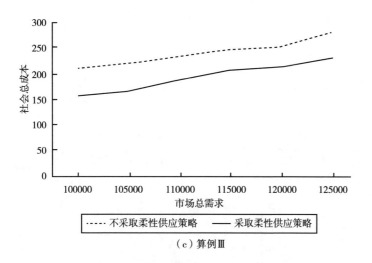

（c）算例Ⅲ

图 7 – 5 采用柔性供应策略对社会总成本的影响

表 7 – 5　　　　　　　算例Ⅱ采取柔性供应策略前后的选址结果

总需求	采取柔性供应策略			不采取柔性供应策略		
	J	M	R	J	M	R
70000	0 0 1	0 0 1	0 0 0	0 1 1	1 1 1	0 0 1
75000	0 0 1	0 1 1	0 0 0	0 1 1	1 1 1	1 0 1
80000	0 0 1	1 1 1	0 0 0	0 1 1	1 1 1	1 0 1
85000	0 0 1	1 1 1	0 0 0	0 1 1	1 1 1	1 1 1
90000	0 0 1	1 1 1	1 0 0	1 1 1	1 1 1	1 0 1
95000	0 0 1	1 1 1	1 0 1	1 1 1	1 1 1	1 0 1

7.7.5　多目标的权衡分析

为了进一步对 3 个目标进行权衡性分析，本章运用 NSGA – Ⅱ算法求出 3 种闭环供应链网络规模下的帕累托解集，结果如图 7 – 6 所示。由图 7 – 6 可以看出，3 个算例所得帕累托解分布的相对位置相似，说明目标函数间的相对关系并不受算例规模的影响。

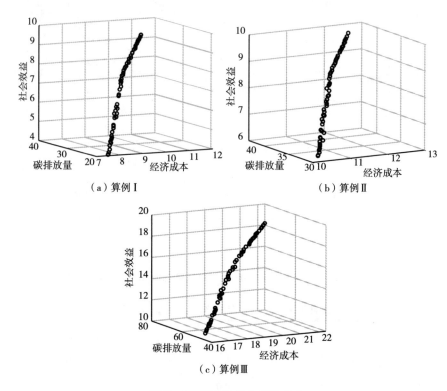

图7-6　帕累托解集前沿分布

　　为了更直观地呈现各个目标间的关系，以算例Ⅱ为例分析，将所得帕累托解进行分解处理，结果见图7-7。

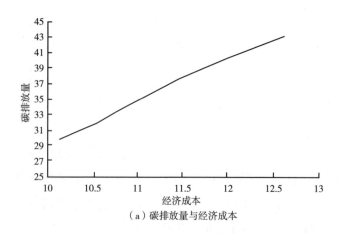

（a）碳排放量与经济成本

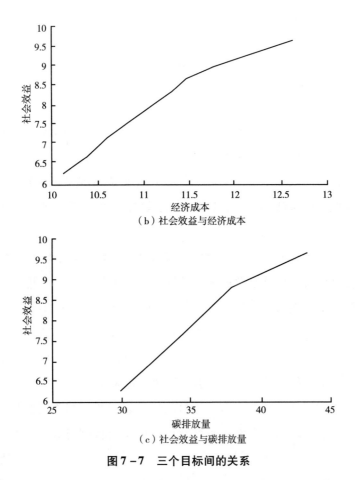

（b）社会效益与经济成本

（c）社会效益与碳排放量

图 7-7 三个目标间的关系

如图 7-7 所示，碳排放量和经济成本间存在正相关关系；社会效益和经济成本同样呈现正相关关系，并且在某个界限值后，斜率发生了变化，这种相关趋势同样适用于社会效益与碳排放量。通过对以上几点进行剖析，可以得到 3 个结论：

（1）经济成本与碳排放量是同步变化的。

（2）社会效益目标和经济成本、碳排放量这两个目标均存在冲突。

（3）加大成本投入，可以有效提高社会效益，但是当成本投入超过某个点，这种效用就会下降，此时，为了实现社会效益同等幅度的增长，就需要付出更大的经济与环保上的代价。

7.8 本章结论

本章针对闭环供应链网络优化问题，构建了可持续的多目标多情景 – 模糊优化模型，同时考虑了经济成本、碳排放量、社会效益三个目标，并考虑了回收产品质量水平的不确定性以及各类成本参数的模糊性。最后，分别用线性加权法和 NSGA – Ⅱ算法对多目标模型进行求解。本章所得结论如下：

（1）在设计闭环供应链网络时，综合考虑经济、环境以及社会责任的影响，可以显著降低社会总成本，而且为了使社会总成本最低，应该仍以经济目标为主，然后给予环境目标和社会效益目标足够的重视。

（2）在运营决策层面考虑柔性供应策略以及参数的不确定性，可以使构建的网络优化模型更为稳健；并且通过模型对比，证明了采用设施改造和柔性供应策略的方案均可以显著降低社会总成本。

（3）通过对多目标进行权衡性分析，本章讨论了各个目标间的冲突，发现经济成本与碳排放量是同步变化的，两个目标间存在正向相关关系，而社会效益目标与经济、环保目标是冲突的，所以为了提升社会效益，就需要加大另外两方面的投入，值得注意的是，随着投入超过某个界限值，这种投入的回报效用就会降低。

第 *8* 章

碳交易政策下供应链协调研究

8.1 引言

联合国政府间气候变化专门委员会 2011 年的第五次评估结果表明：全球气候正在变暖，而导致其变暖的主要原因是人类燃烧化石能源和毁林开荒等行为向大气中排放了大量的温室气体，使得大气温室气体浓度升高，加剧了温室效应。人们也意识到过度的消耗能源带来的危害，逐渐形成低碳消费的环保意识，更加倾向于购买低碳产品。有研究指出，生产和销售环保产品的企业主要受益于消费者环保意识引起的需求的增加，环保型厂商应该采取一些营销手段，引导消费者增加环保意识，激励非环保消费者转变成环保消费者，刺激消费者对环保型产品的需求（Liu et al, 2012）。

目前，低碳减排问题在企业运营决策中占据更为重要的位置，因此低碳减排问题的研究也具有重要的现实意义。不少学者针对供应链的减排问题进行研究。曾伟等（2015）建立碳限额与交易机制下的供应链联合经济批量模型，求解出最优生产批量和最优订购批量，分析出碳限额与交易机制能够促使基于联合决策下的供应链系统碳排放总量减少。王春晖

（2012）根据低碳供应链中供应商和制造商的生产运作方式，对他们在各种碳排放政策下的生产决策进行比较分析，发现合作减排可以降低企业生产运作成本。在一个按订单生产的供应链中研究产品碳减排目标分配问题，结果表明当领导者分配减排目标时，所得利润要高于跟随者分配的减排目标（Ren et al, 2015）。杜少甫等（2019）研究了排放许可与交易机制对单个排放依赖型企业生产策略的影响，生产商可以通过政府配额、市场交易和净化处理等渠道获得排放许可。决策产品产量和被净化排放物的量，得到了优先选择净化处理的充分必要条件。巴巴瑞（Barari et al, 2012）寻找环境和经济利益的协同联盟，通过建立生产商和零售商的协调机制，决策各自的绿色策略，得到最大化的收益和产品的绿色程度。

随后，不少学者研究契约协调机制进一步改善供应链的减排问题和企业的利润问题。赵道致等（2014）研究由单个制造商和单个零售商组成的供应链减排协调机制设计问题，通过对比有契约与无契约的情况，发现提供契约后，可激励制造商提高产品的减排率，达到更好的减排效果。刘名武等（2016）研究由供应商主导的供应链减排问题，由零售商提出数量折扣契约进行协调减排，给出最优的数量折扣策略组合。在碳排放权交易机制下，有学者研究了由一个零售商和一个制造商组成的两级供应链中可持续生产的协调问题，分别得到了分散决策和集中决策时零售商的最优订货数量和制造商的最佳可持续生产投资，并讨论了回购契约、两部定价契约和收益共享契约的协调问题，发现只有收益共享契约能够实现可持续供应链的协调（Dong et al, 2014）。扎博等（Jaber et al, 2013）在碳排放权交易机制下，从制造商的运营角度，研究了由制造商和零售商组成的两级供应链的"联合生产－库存"策略，建立了两阶段供应链的协调机制，并得到了制造商产品的最优生产率以及制造商和零售商间的最优订货批量协调乘数，进一步研究了碳排放权分配、碳排放权买入和卖出、碳排放权交换不同情形下如何优化产业或国家的碳排放量，以最小化总成本。王芹鹏和赵道致（2014）在消费者对低碳产品偏好的假定下，探讨由一个供应商与一个零售商构成的两级供应链中减排对企业利润的影响，运用讨价还价模型给定了最优的收益分享比例。

与以往文献不同，本章考虑的是在低碳环境下，下游零售商不需要投入减排成本，仅上游制造商投入减排成本，并且零售商的订货量由制造商的减排量所决定，零售商的利润也会随制造商减排量的增加而增加，所以零售商为提高自身利润会激励制造商积极进行减排，主动提供成本分担契约。本章会提供一个最优的分担比例区间，在此区间内，双方利润均会得到提高，为企业的策略制定提供参考。

8.2 基本假设及符号说明

8.2.1 问题说明

本章考虑政府的碳排放管制政策及消费者的低碳偏好购买意识，研究由一个上游制造商和一个下游零售商组成的两级供应链中，制造商确定最优减排量，零售商确定最优订货量的问题。

8.2.2 符号说明

本章所构建的模型中，各符号的含义如下：

ω：制造商单位产品的销售价格。

c_M：制造商单位产品的生产成本。

e_0：制造商初始时单位产品的碳排放量。

eg：政府给制造商的单位产品的碳排放额。

a_M：制造商单位产品减排量，$0 \leqslant a_M \leqslant e_0$，是决策变量。

γ：制造商的减排成本系数，$\gamma > 0$。

P_C：碳排放权的市场价格。

q：零售商的订货量，是决策变量。

p：零售商的销售价格。

a：产品的市场总需求量，$a > 0$。

b：价格对需求量变化的敏感度，$b > 0$。

c：减排量对需求变化的敏感度，$c > 0$。

β：零售商承担的成本分担率，$\beta > 0$。

8.2.3　基本假设

为研究方便，本章做如下假设：

（1）本章只考虑在单一生产和销售周期内，并且只生产和销售一种产品。

（2）制造商和零售商基于完全信息。

（3）不考虑缺货及存货问题。

（4）假设零售商的价格为 $p = a - bq + ca_M$，且 $p > w$。

（5）假设制造商的碳减排成本函数为凸函数，且随减排量的增加而增加，$I = \dfrac{1}{2}\gamma a_m^2$。

8.3　模型建立与分析

基于 8.2 节的基本假设与符号的说明，本节将分析上下游企业的减排行为决策及添加成本分担契约对上下游企业的影响。

8.3.1　无成本分担契约

本章考虑以零售商为领导者、制造商为跟随者的两级供应链模型。零售商首先决定其最优订货量及最优利润，制造商在知道零售商的订货量后确定自身的减排量。本模型用逆向归纳法进行求解，先求出制造商的最优减排量。

制造商的利润函数为

$$\Pi_M = [w - C_M - P_C(e_0 - eg - a_M)]q - \frac{1}{2}\gamma a_M^2 \qquad (8-1)$$

制造商追求其利润最大化，所以制造商的最优减排量是其收益最大时的减排量，即求 a_M 的一阶导数，即

$$\frac{\mathrm{d}\Pi_M}{\mathrm{d}a_M} = P_C q - \gamma a_M \qquad (8-2)$$

而 $\dfrac{\mathrm{d}^2\Pi_m}{\mathrm{d}a_m^2} = -\gamma < 0$，即 Π_M 存在唯一极大值。

此时，由 a_M 的一阶条件为 0，即 $\dfrac{\mathrm{d}\Pi_M}{\mathrm{d}a_M} = 0$，制造商在利润最大化情况下的最优减排量为

$$a_M^* = \frac{P_C q}{\gamma} \qquad (8-3)$$

零售商的利润函数为

$$\Pi_R = (p - w)q = (a - bq + ca_M - w)q \qquad (8-4)$$

将 a_M^* 代入式（8-4）中，得到

$$\Pi_R = \left(a - bq + c\frac{P_C q}{\gamma} - w\right)q \qquad (8-5)$$

$$\frac{\mathrm{d}\Pi_R}{\mathrm{d}q} = a - w - 2q\left(b - \frac{cP_C}{\gamma}\right) \qquad (8-6)$$

当 $\dfrac{\mathrm{d}^2\Pi_R}{\mathrm{d}q^2} = -2\left(b - \dfrac{cP_C}{\gamma}\right) < 0$，即 $c < \dfrac{b\gamma}{P_C}$ 时，Π_R 存在唯一极大值。

当减排量对需求变化的敏感度满足 $c < \dfrac{b\gamma}{P_C}$ 时，令式（8-6）等于零，此时零售商的最优订货量为

$$q^* = \frac{\gamma(a-w)}{2(b\gamma - cP_C)} \qquad (8-7)$$

将式（8-7）代入式（8-3），得

$$a_M^* = \frac{P_C(a-w)}{2(b\gamma - cP_C)} \qquad (8-8)$$

将式（8-7）、式（8-8）代入式（8-1）、式（8-5），得制造商和零售商的最优利润函数为

$$\Pi_M^* = [w - C_M - P_C(e_0 - eg)]\frac{\gamma(a-w)}{2(b\gamma - cP_C)} + \frac{1}{2}\gamma\left[\frac{P_C(a-w)}{2(b\gamma - cP_C)}\right]^2$$

$$(8-9)$$

$$\Pi_R^* = \frac{\gamma(a-w)^2}{4(b\gamma - cP_C)} \qquad (8-10)$$

由式（8-3）可知，制造商减排量的提高可使零售商的订货量增加，而根据式（8-4）可知，零售商的订货量和制造商的减排量的增加都会使零售商的利润增加。因此，零售商会提供契约激励制造商提高产品的减排量以增加自身的利润，在生产初期，零售商向制造商提供成本分担契约激励制造商积极进行减排生产，承诺会按 β 的比例承担减排成本。

8.3.2 零售商提供成本分担契约时双方的决策过程

零售商在生产初期按 β 的比例承担减排成本，然后根据承担的成本比例 β 选择使自身利润最大的订货量 q，制造商根据比例 β 及订货量 q，决策产品的最优减排量 a_M，使自身利润达到最大。这个过程仍然是零售商主导、制造商跟随的斯塔克伯格博弈。

制造商的利润函数为

$$\Pi_M = [w - C_M - P_C(e_0 - eg - a_M)]q - \frac{1}{2}(1-\beta)\gamma a_M^2$$

$$(8-11)$$

制造商追求其利润最大化，所以制造商的最优减排量是其收益最大时的减排量，即求 a_M 的一阶导数，即 $\dfrac{d\Pi_M}{da_M} = 0$，而 $\dfrac{d^2\Pi_M}{da_M^2} = -\gamma(1-\beta) < 0$，即 Π_M 存在唯一极大值。此时，制造商的最优减排量为

$$a_M^{**} = \frac{P_C}{\gamma(1-\beta)}q \qquad (8-12)$$

零售商的利润函数为

$$\Pi_R = (a - bq + ca_M - w)q - \frac{1}{2}\beta\gamma\, a_M^2 \qquad (8-13)$$

将 a_M^{**} 代入上式中，得到

$$\Pi_R = \left(a - bq + c\frac{P_C}{\gamma(1-\beta)}q - w\right)q - \frac{1}{2}\beta\gamma\left(\frac{P_C}{\gamma(1-\beta)}q\right)^2$$
$$(8-14)$$

$$\frac{d\Pi_R}{dq} = a - w - 2q\left(b - \frac{cP_C}{\gamma(1-\beta)}\right) - \beta\frac{P_C^2}{\gamma(1-\beta)^2}q \qquad (8-15)$$

当 $\dfrac{d^2\Pi_R}{dq^2} = -2\left(b - \dfrac{cP_C}{\gamma(1-\beta)}\right) - \beta\dfrac{P_C^2}{\gamma(1-\beta)^2} < 0$ 时，即 $c < \dfrac{\beta P_C^2 + 2b\gamma(1-\beta)^2}{2P_C(1-\beta)}$ 时，Π_R 存在唯一极大值。

当减排量对需求变化的敏感度满足 $c < \dfrac{\beta P_C^2 + 2b\gamma(1-\beta)^2}{2P_C(1-\beta)}$ 时，令式 (8-15) 等于零，此时零售商的最优订货量为

$$q^{**} = \frac{\gamma(a-w)(1-\beta)^2}{2b\gamma(1-\beta)^2 - 2cP_C(1-\beta) + \beta P_C^2} \qquad (8-16)$$

将式 (8-16) 代入式 (8-12)，得

$$a_M^{**} = \frac{P_C(a-w)(1-\beta)}{2b\gamma(1-\beta)^2 - 2cP_C(1-\beta) + \beta P_C^2} \qquad (8-17)$$

将式 (8-16)、式 (8-17) 代入式 (8-11)、式 (8-13)，得制造

商和零售商的最优利润函数为

$$\Pi_M^{**} = \left[w - c_M - P_C(e_0 - eg) \right] \frac{\gamma(a-w)(1-\beta)^2}{2b\gamma(1-\beta)^2 - 2cP_C(1-\beta) + \beta P_C^2}$$

$$+ \frac{1}{2}\gamma(1-\beta)\left[\frac{P_C(a-w)}{2b\gamma(1-\beta)^2 - 2cP_C(1-\beta) + \beta P_C^2} \right]^2$$

$$(8-18)$$

$$\Pi_R^{**} = \frac{\gamma(a-w)^2(1-\beta)^2}{2\left[2b\gamma(1-\beta)^2 - 2cP_C(1-\beta) + \beta P_C^2 \right]} \qquad (8-19)$$

命题一 零售商提供成本分担契约时，当 $\beta < 1 - \dfrac{P_C^2}{2b\gamma}$ 时，制造商的最优减排量比未提供契约时的高，即 $a_M^{**} > a_M^*$。

证明：令 $A = 2(b\gamma - cP_C) > 0$，$B = 2b\gamma(1-\beta)^2 - 2cP_C(1-\beta) + \beta P_C^2 > 0$，则

$$a_M^{**} - a_M^* = \frac{P_C(a-w)(1-\beta)}{B} - \frac{P_C(a-w)}{A}$$

$$= \frac{\beta P_C(a-w)}{AB}\left[2b\gamma(1-\beta) - P_C^2 \right]$$

$$> 0 \qquad (8-20)$$

$$\beta < 1 - \frac{P_C^2}{2b\gamma} \qquad (8-21)$$

因此，只要满足 $\beta < 1 - \dfrac{P_C^2}{2b\gamma}$，零售商提供契约时，制造商的最优减排量就大于不提供契约时的减排量。

至此，命题一得证。

命题二 零售商提供成本分担契约时，零售商的订货量恒比未提供契约时高，即 $q^{**} > q^*$。

证明：$q^{**} - q^* = \dfrac{\gamma(a-w)(1-\beta)^2}{B} - \dfrac{\gamma(a-w)}{A}$

$$= \frac{\beta\gamma(a-w)}{AB}\left[2cP_C(1-\beta)+P_C{}^2\right]$$

恒大于零。

所以只要 $\beta < 1$，零售商提供契约，就会促进市场需求的增加，进而促进自身订货量的增加。

至此，命题二得证。

命题三　零售商提供成本分担契约时，当 $\beta < 1 - \dfrac{P_C}{2c}$ 时，制造商的最优利润比未提供契约时的高，即 $\Pi_M^{**} > \Pi_M^*$。

证明：

$$\begin{aligned}
\Pi_M^{**} - \Pi_M^* &= \left[w - c_M - P_C(e_0 - eg)\right]\frac{\gamma(a-w)(1-\beta)^2}{B} \\
&\quad + \frac{1}{2}\gamma(1-\beta)\left[\frac{P_C(a-w)}{B}\right]^2 \\
&\quad - \left[w - C_M - P_C(e_0 - eg)\right]\frac{\gamma(a-w)}{A} \\
&\quad - \frac{1}{2}\gamma\left[\frac{P_C(a-w)}{A}\right]^2 \\
&= \left[w - C_M - P_C(e_0 - eg)\right]\frac{\gamma(a-w)\left[(1-\beta)^2 A - B\right]}{AB} \\
&\quad + \frac{1}{2}\gamma P_C{}^2(a-w)^2\frac{(1-\beta)A^2 - B^2}{A^2 B^2} \\
&> 0
\end{aligned}$$

$$\beta < 1 - \frac{P_C}{2c} \tag{8-22}$$

所以只要 $\beta < 1 - \dfrac{P_C}{2c}$，零售商提供契约时，制造商的最优利润就大于未提供契约时的利润。制造商会更希望零售商提供契约承担一定比例的减排成本使制造商自身利润增加。

至此，命题三得证。

命题四　零售商提供成本分担契约时，当 $\beta < 1 - \dfrac{P_C}{c}$ 时，零售商的最

优利润比未提供契约时的高，即 $\Pi_R^{**} > \Pi_R^*$。

证明：
$$\Pi_R^{**} - \Pi_R^* = \frac{\gamma(a-w)^2(1-\beta)^2}{2B} - \frac{\gamma(a-w)^2}{2A}$$

$$= \frac{\gamma(a-w)^2}{2}\left[\frac{(1-\beta)^2}{B} - \frac{1}{A}\right]$$

$$> 0$$

$$\beta < 1 - \frac{P_c}{c} \tag{8-23}$$

所以只要 $\beta < 1 - \dfrac{P_c}{c}$，零售商提供契约时，零售商的最优利润就大于未提供契约时的利润。零售商会通过选取合适的成本分担比例 β 使自身的利润增加。

至此，命题四得证。

命题五 当 $0 < \beta < 1 - \dfrac{P_c}{c}$，零售商提供成本分担契约时，制造商的最优减排量及最优利润均比未提供契约时的高，零售商的最优订货量和最优利润也均比未提供契约时的高。

证明：根据式（8-21）、式（8-22）、式（8-23）可得成本分担比例的取值范围为 $0 < \beta < 1 - \dfrac{P_c}{c}$。在该范围内，制造商的减排量得到提高，制造商和零售商的利润均得到提升。因此，零售商提供一个合适的减排成本分担比例后，促使了制造商积极进行减排，提高了市场需求，进而提高订货量，使双方在成本分担契约的协调下能够实现帕累托改进，实现双赢。

8.4　数值仿真

在前文模型研究的基础上，做出以下的数值算例来验证和支持前文的结论。假设在产品市场上，产品的市场总需求为100，产品价格对需求量的敏感度为 10，产品减排量对需求变化的敏感度为 20。对于制造商而言，单位批发价格为 10，单位生产成本为 5，单位产品初始碳排放量为 0.05，减排成本系数为 50。政府的碳交易权政策中，碳排放权的市场价格为 10，政府分配给制造商的单位产品碳排放量为 0.03。根据模型所得的成本分担比例区间 $0 < \beta < 1 - \dfrac{P_c}{c}$，假设成本分担比例为 $\dfrac{1}{3}$。

在无减排契约的情况下，制造商的减排量为 1.5，利润为 92.25，零售商的订货量为 7.5，利润为 337.5；在减排契约情况下，制造商的减排量为 2.8，利润为 348.4，零售商的订货量为 9.5，利润为 462.3。制造商和零售商的利润均得到帕累托改进，所以该模型是可行的。

以下分析根据前文所得的成本分担比例范围，制造商和零售商的利润在此范围内变化（见图 8 - 1）。

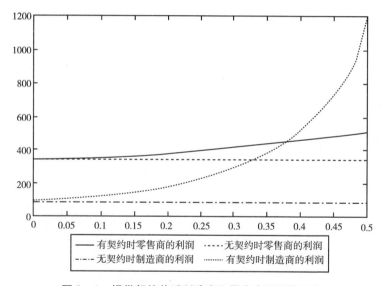

图 8 - 1　提供契约前后制造商和零售商利润的变化

由分担比例区间 $0 < \beta < 1 - \dfrac{P_c}{c}$ 及假设值可得，分担比例的区间为 [0，0.5]，由图 8 - 1 可知，在该区间内，零售商提供契约时，制造商和零售商的利润均提升了，因此，零售商提供成本分担比例可以实现帕累托

改进。而零售商在进行决策时，会在该区间内选择一个较为合适的比例提供给制造商，促使减排合作的形成。

8.5 本章结论

本章研究一个制造商和一个零售商的减排决策问题。在政府实施碳排放交易政策的环境下，减排活动会增加制造商的成本，同时也会使得市场需求即零售商的订货量提高，因此零售商为提高自身利润，主动承担一定比例的减排成本，激励制造商进行减排活动。本章通过建立零售商主导、制造商跟随的斯塔克伯格模型，得到了制造商的最优减排量和零售的最优订货量，通过比较提供契约前后的利润变化及减排量和订货量，确定了成本分担比例区间。对企业进行减排决策有一定的参考建议。

第 9 章

基于减排成本分摊契约的供应链协调研究

9.1 引言

目前，因二氧化碳增多导致全球气候变暖的问题日益严重，同时海平面上升及极端气候问题日益增多，生态环境遭到了严重破坏。消费者逐渐意识到生态问题，低碳意识逐渐提高，对低碳产品的偏好程度增强，为迎合大众需求或者提升自身形象，达到利润最大化的目标，企业在生产活动中采用低碳技术生产碳排放量较低的产品，促使低碳供应链的研究迅速发展。低碳供应链具体而言就是改善生产技术，减少碳排放量，最终实现经济与环境共赢发展。耶尔马兹（Yilmaz，2011）指出，在低碳供应链中，企业转变自身的经营策略和发展理念是必要的。同时，政府制定碳排放权交易政策，具体而言就是政府会免费分配给排放二氧化碳企业一定的碳配额，并允许企业在碳排放市场上进行自由交易。企业的碳排放量超出碳配额，可在市场上额外购买碳配额，若企业的碳排放量少于碳配额，可将剩余的碳配额进行出售。珀丹和阿扎帕奇（Perdan & Azapagic，2011）认为碳交易政策在减少二氧化碳排放方面具有很好的发展前景。科卡（Kockar，2011）研究了碳交易政策中碳交易价格与碳配额对企业生产经营策略的影响。

供应链进行减排活动后的运作方式与传统供应链的运作方式有很大不同，例如在决策变量、目标规划等方面更为复杂化。当制造商进行减排生产时，需要投入大量资金进行研发技术、更新设备等，这就使制造商将承担更多的减排成本。对于这个问题，制造商会考虑减排生产到底会不会给企业带来更多的收益，如何决策才能时自身利润最大化。而对于零售商，制造商进行减排生产可增加市场需求，零售商为使制造商进行减排会采取策略激励减排，但制定怎样的策略可以使制造商更乐意进行减排同时增加自身的利润，这就是零售商在决策时所要考虑的。针对这些问题，供应链协调的研究就具有现实意义和实际需要。

关于供应链协调问题，国内外学者进行了大量研究。贾法等（Jafar et al，2017）考虑了一个两级逆向供应链，提出数量折扣契约以提高废旧产品（EOL）的消费，使供应链达到协调。还有学者研究了一个供应商和一个零售商组成的单周期供应链中，零售商受下行风险的限制，使用报童模型对决策问题进行建模，得出零售商在下行风险的约束下，可通过支付转移契约与收益分享契约对供应链进行协调（Zhong et al，2016）。研究两个时期的报童问题中，一个零售商和一个批发商采用收益分享契约可以使渠道达到协调（Cao et al，2009）。分析对比需求信息对称与不对称两种情况下供应链的决策情况，并比较价格折扣契约、回购契约和收益共享契约对供应链的影响（Chen et al，2017）。

以上文献均未考虑到减排因素，但随着碳排放问题日益凸显，学者针对低碳供应链进行了研究。对收益分享契约的研究表明供应链可通过收益分享契约实现协调，但对消费者而言，低碳产品就意味着更高的价格，政府应该制定相应政策使产品保持低价并实现减排目标（Lou et al，2015）。有研究发现，制造商和零售商在采取两部定价契约时，可使供应链达到协调（Swami & Shah，2013）。有学者研究收益分享契约、回购契约和两部定价契约，发现只有收益共享契约可使供应链达到协调（Dong et al，2016）。在碳限额与交易以及碳税两种政策下，研究分散与集中决策对总碳排放量的影响发现，分析数量折扣契约虽使供应链达到协调，但会增加碳排放量（Toptal & Cetinkaya，2017）。在需求不确定的情况下，采用数量折扣契约可使供应链达到协调，并有助于上下游企业之间保持长期合作关系（Sisi et al，2015）。还有学者研究一个制造商和两个竞争零售商组成的供应链采用收益共享契约达到协调的问题（Yao et al，2008）；研究在一个按订单生产的供应链中，关于产品碳减排目标分配问题，结果表明当领导者分配减排目标时，所得利润要高于跟随者分配减排目标，供应链得到协调（Ren et al，2015）。

上述文献均是以合作之后的收益增多为主，但未考虑企业在合作前已经投入大量的减排生产成本，大量成本的投入使企业承受的风险增加，如何分散风险、降低成本将会是企业重点考虑的问题之一。有研究表明，按订单生产的供应链中采用批发价格契约和成本分摊契约都可使供应链达到协调（Xu et al，2017）。比较采用卡特尔化成本分摊契约与不采用两种情况，当采用成本分摊契约时可使利润达到峰值，进而实现供应链协调（Dai et al，2017）。上述文献只考虑了使用契约与不使用契约时的情况，未考虑在不使用契约时，通过不同的决策方式，供应链的协调问题。

本章在以往文献的基础上，考虑消费者低碳偏好因素及采用成本分摊契约，研究一个制造商和一个零售商组成的供应链，构造4种不同的决策模型：制造商不减排；制造商减排时，制造商和零售商分散决策模型；制造商减排时集中决策模型；零售商提供成本分摊契约。首先构建未减排时，制造商和零售商的利润模型，然后构造分散决策和集中决策双方的利润模型并进行比较，发现单纯合作减排未能实现供应链协调。接着针对这一问题，构造成本分摊契约模型，设计协调机制。最后运用鲁宾斯坦讨价还价模型确定成本分摊比例。

9.2 符号说明及基本假设

本章考虑由一个上游制造商和一个下游零售商组成的两级供应链中碳

排放协调问题，其中零售商为主导者，而制造商为跟随者。

9.2.1 符号说明

1. 模型参数

ω：制造商单位产品的销售价格。

c_M：制造商单位产品的生产成本。

e_0：制造商初始时单位产品的碳排放量。

eg：政府给制造商的单位产品的碳排放额。

γ：制造商的减排成本系数，$\gamma > 0$。

P_C：碳排放权的市场价格。

p：零售商的销售价格。

a：产品的市场总需求量，$a > 0$。

b：价格对需求量变化的敏感度，$b > 0$。

c：减排量对需求变化的敏感度，$c > 0$。

β：零售商承担的成本分担率，$\beta > 0$。

2. 决策变量

e_M：制造商单位产品减排量，$0 \leqslant e_M \leqslant e_0$。

q：零售商的订货量。

3. 其他符号

π_i^t 表示模型 t 中成员 i 的利润。$i \in \{M, R, SC\}$，M、R、SC 分别代表制造商、零售商和供应链；$t \in \{N, D, C, Y\}$，N、D、C、Y 分别表示无减排决策、分散减排决策、集中决策及契约下的减排决策。

9.2.2 基本假设

零售商依据市场需求向制造商订购产品，在消费者低碳偏好的情况下，市场需求会随减排量的增加而增加，则 $p = a - bq + ce_M$，且 $p > w$。制造商生产产品的碳排放受政府碳排放交易政策的管制，在单一周期内，政府会分配一定的免费碳排放额，该碳排放额可在该周期内使用，若剩余或者短缺可进行碳排放权交易。制造商进行减排时，会产生减排成本，根据文献，我们可以假设制造商的碳减排成本函数为凸函数，且随减排量的增加而增加，$I = \frac{1}{2}\gamma e_m^2$。同时假设制造商和零售商基于完全信息，且不考虑存货问题。

9.3 不同情形下模型的建立与分析

9.3.1 无减排投资模型

全球气候的恶化威胁着人类生活，政府为改善环境，制定碳排放权交易政策。制造商不减排时，制造商最初生产 q 单位产品的碳排放量为 e_0q。政府免费分配给制造商每单位产品的碳排放量为 eg。企业单一周期的碳排放额为 $E = e_0 - eg$；当 E 大于零时，制造商需从碳交易市场上购买碳排放额；当 E 小于零时，制造商可将其剩余碳排放额卖出。不减排时的销售价格为 $p = a - bq$。制造商与零售商追求自身的利润最大化，利润函数为

$$\pi_M^N = (w - c_M - P_C(e_0 - eg))q \qquad (9-1)$$

$$\pi_R^N = (p - w)q \qquad (9-2)$$

$$\pi_{SC}^N = (p - c_M - P_C(e_0 - eg))q \qquad (9-3)$$

制造商根据零售商的订单生产产品，零售商根据市场需求向制造商订货，零售商为追求其利润最大化，对订货量 q 求一阶偏导，并令其等于零，$\frac{d\pi_M^N}{dq} = a - 2bq - w = 0$，得

$$q^N = \frac{a - w}{2b} \qquad (9 - 4)$$

此时，制造商、零售商和供应链的利润为

$$\pi_M^N = (w - c_M - P_C(e_0 - eg)) \frac{a - w}{2b} \qquad (9 - 5)$$

$$\pi_R^N = \frac{(a - w)^2}{4b} \qquad (9 - 6)$$

$$\pi_{SC}^N = \frac{[a + w - 2c_M - 2P_C(e_0 - eg)](a - w)}{4b} \qquad (9 - 7)$$

9.3.2 制造商投资减排模型

制造商或出于社会责任感，或出于寻求更高的利润，将投资进行减排，减排成本为 $\frac{1}{2}\gamma e_M^2$。通过减排措施，可降低每单位产品的碳排放量为 e_M，企业单一周期的碳排放额为 $E = e_0 - eg - e_M$。

制造商和零售商为追求各自利润最大化，采取分散决策，即以零售商为领导者，制造商为跟随者的两级供应链模型。零售商首先决定其最优订货量及最优利润，制造商在知道零售商的订货量后确定自身的减排量。

制造商、零售商和供应链的利润分别为

$$\pi_M^D = [w - C_M - P_C(e_0 - eg - e_M)]q - \frac{1}{2}\gamma e_M^2 \qquad (9 - 8)$$

$$\pi_R^D = (p - w)q \qquad (9 - 9)$$

$$\pi_{SC}^D = [p - C_M - P_C(e_0 - eg - e_M)]q - \frac{1}{2}\gamma e_M^2 \qquad (9 - 10)$$

本模型用逆向归纳法进行求解，先求出制造商的最优减排量。

制造商追求其利润最大化，所以制造商的最优减排量是其收益最大时的减排量，即求 e_M 的一阶导数，$\dfrac{\mathrm{d}\pi_M^D}{\mathrm{d}e_M} = P_C q - \gamma e_M$，而 $\dfrac{\mathrm{d}^2\pi_M^D}{\mathrm{d}e_m^2} = -\gamma < 0$，即

Π_M 存在唯一极大值。此时，由 e_M 的一阶条件为 0，即 $\dfrac{\mathrm{d}\pi_M^D}{\mathrm{d}e_M}=0$，得制造商在利润最大化情况下的最优减排量为

$$e_M^D = \frac{P_c q}{\gamma} \qquad (9-11)$$

将 e_M^D 代入式（9-9），并求 q 的一阶导数得到 $\dfrac{\mathrm{d}\pi_R^D}{\mathrm{d}q}=a-w-2q\left(b-\dfrac{cP_C}{\gamma}\right)$，当 $\dfrac{\mathrm{d}^2\pi_R^D}{\mathrm{d}q^2}=-2\left(b-\dfrac{cP_C}{\gamma}\right)<0$，即 $c<\dfrac{b\gamma}{P_C}$ 时，Π_R 存在唯一极大值。此时令 $\dfrac{\mathrm{d}\pi_R^D}{\mathrm{d}q}=0$，此时零售商的最优订货量为

$$q^D = \frac{\gamma(a-w)}{2(b\gamma-cP_C)} \qquad (9-12)$$

将式（9-12）代入式（9-11），得

$$e_M^D = \frac{P_C(a-w)}{2(b\gamma-cP_C)} \qquad (9-13)$$

将式（9-12）、式（9-13）代入式（9-8）~式（9-10），得制造商、零售商和供应链的最优利润函数为

$$\pi_M^D = \left[w-C_M-P_C(e_0-eg)\right]\frac{\gamma(a-w)}{2(b\gamma-cP_C)}+\frac{1}{2}\gamma\left[\frac{P_C(a-w)}{2(b\gamma-cP_C)}\right]^2$$
$$(9-14)$$

$$\pi_R^D = \frac{\gamma(a-w)^2}{4(b\gamma-cP_C)} \qquad (9-15)$$

$$\pi_{SC}^D = \frac{\gamma(a-w)\left\{2(b\gamma-cP_C)[a-C_M-P_C(e_0-eg)]-(a-w)\left(b\gamma-cP_C-\dfrac{1}{2P_C^2}\right)\right\}}{4(b\gamma-cP_C)}$$
$$(9-16)$$

命题一　当制造商与零售商进行分散决策，制造商投资进行减排生产

时，制造商和零售商的利润均得到提升，但制造商的利润增加要大于零售商利润的增加。

证明：比较减排与不减排两种情况下制造商与零售商的利润：

$$\pi_R^D - \pi_R^N = \frac{\gamma(a-w)^2}{4(b\gamma - cP_C)} - \frac{(a-w)^2}{4b} = \frac{cP_C(a-w)^2}{4b(b\gamma - cP_C)} > 0$$

$$\pi_M^D - \pi_M^N = \frac{P_C(a-w)\{b\gamma + 4c(b\gamma - cP_C)[w - C_M - P_C(e_0 - eg)]\}}{8b(b\gamma - cP_C)^2} > 0$$

$$(\pi_M^D - \pi_M^N) - (\pi_R^D - \pi_R^N) > 0$$

根据证明可知，当制造商投资减排时，制造商与零售商的利润均得到提升，但制造商的利润增长大于零售商的利润增长，此时，零售商为寻求自身利润的增长，作为供应链中的主导者，会寻求集中式决策。

证毕。

在集中决策过程中，对式（9-10）的 e_M 和 q 求二阶偏导，$\dfrac{d^2\pi_{SC}^C}{de_M^2} < 0$，$\dfrac{d^2\pi_{SC}^C}{dq^2} < 0$，所以存在最优减排量和最优订货量。由海塞（Hessian）矩阵负定可得，当 $2b\gamma > (c + cP_C)^2$ 时，$H(e_M, q) > 0$，此时存在使供应链利润最大的 e_M 和 q：

$$e_M^C = \frac{(c + P_C)[a - C_M - P_C(e_0 - eg)]}{2b\gamma - (c + cP_C)^2} \tag{9-17}$$

$$q^C = \frac{\gamma[a - C_M - P_C(e_0 - eg)]}{2b\gamma - (c + cP_C)^2} \tag{9-18}$$

此时制造商、零售商和供应链的利润分别为

$$\pi_M^C = \frac{\gamma[w - C_M - P_C(e_0 - eg)][a - C_M - P_C(e_0 - eg)]}{2b\gamma - (c + cP_C)^2}$$

$$+ \frac{1}{2}\gamma\left[\frac{a - C_M - P_C(e_0 - eg)}{2b\gamma - (c + cP_C)^2}\right]^2(P_C^2 - c^2) \tag{9-19}$$

$$\pi_R^C = \frac{\begin{array}{l}\gamma[a - C_M - P_C(e_0 - eg)]\{(a-w)[2b\gamma - (c + cP_C)^2]\\ - [b\gamma - c(c + P_C)][a - C_M - P_C(e_0 - eg)]\}\end{array}}{[2b\gamma - (c + cP_C)^2]^2}$$

$$(9-20)$$

$$\pi_{SC}^C = \frac{\gamma[a - C_M - P_C(e_0 - eg)]^2}{2[2b\gamma - (c + cP_C)^2]} \qquad (9-21)$$

命题二 集中决策未能实现供应链协调。

证明：比较分散决策与集中决策时，制造商的减排量、零售商的订货量及双方利润与供应链利润的大小：

$$q^C - q^D = \frac{2(b\gamma - cP_C)[w - C_M - P_C(e_0 - eg)] + (a-w)(P_C^2 + c^2)}{2(b\gamma - cP_C)[2b\gamma - (c + cP_C)^2]} > 0$$

$$e_M^C - e_M^D > \frac{2b\gamma c + 2P_C^2(c + P_C)}{2(b\gamma - cP_C)[2b\gamma - (c + cP_C)^2]} > 0$$

同理，$\pi_M^C - \pi_M^D > 0$，$\pi_M^C - \pi_R^D < 0$。

此时，零售商的利润并未比分散决策时的利润有所增长。作为促使双方进行集中决策的零售商会放弃集中决策，从而寻找另一种可使自身利润增加的方式。

证毕。

由式（9-11）可知，制造商减排量的提高可使零售商的订货量增加，而根据式（9-9），零售商的订货量和制造商的减排量的增加都会使零售商的利润增加，因此，零售商会提供契约激励制造商提高产品的减排量以增加自身的利润，在生产初期，零售商向制造商提供成本分担契约，激励制造商积极进行减排生产，承诺会按 β 的比例承担减排成本。下面将进一步分析零售商提供成本分担契约时双方的决策过程。

9.3.3 零售商提供成本分担契约模型

零售商在生产初期按 β 的比例承担减排成本，然后根据承担的成本比

例 β 选择使自身利润最大的订货量 q，制造商根据比例 β 及订货量 q，决策产品的最优减排量 e_M，使自身利润达到最大。这个过程仍然是零售商主导、制造商跟随的斯塔克伯格博弈。

制造商的利润函数为

$$\pi_M^Y = [w - C_M - P_C(e_0 - eg - e_M)]q - \frac{1}{2}(1-\beta)\gamma e_M^2 \quad (9-22)$$

制造商追求其利润最大化，所以制造商的最优减排量是其收益最大时的减排量，即求 e_M 的一阶导数，即 $\frac{\mathrm{d}\pi_M^Y}{\mathrm{d}e_M}=0$，而 $\frac{\mathrm{d}^2\pi_M^Y}{\mathrm{d}e_M^2}=-\gamma(1-\beta)<0$，即 π_M^Y 存在唯一极大值。此时，制造商的最优减排量为

$$e_M^Y = \frac{P_C}{\gamma(1-\beta)}q \quad (9-23)$$

零售商商的利润函数为

$$\pi_R^Y = (a - bq + ce_M - w)q - \frac{1}{2}\beta\gamma e_M^2 \quad (9-24)$$

将 e_M^Y 代入式（9-24），得到

$$\pi_R^Y = \left[a - bq + c\frac{P_C}{\gamma(1-\beta)}q - w\right]q - \frac{1}{2}\beta\gamma\left[\frac{P_C}{\gamma(1-\beta)}q\right]^2 \quad (9-25)$$

q 的一阶导数为 $\frac{\mathrm{d}\pi_R^Y}{\mathrm{d}q} = a - w - 2q\left[b - \frac{cP_C}{\gamma(1-\beta)}\right] - \beta\frac{P_C^2}{\gamma(1-\beta)^2}q$，当 $\frac{\mathrm{d}^2\pi_R^Y}{\mathrm{d}q^2} = -2\left[b - \frac{cP_C}{\gamma(1-\beta)}\right] - \beta\frac{P_C^2}{\gamma(1-\beta)^2} < 0$ 时，即 $c < \frac{\beta P_C^2 + 2b\gamma(1-\beta)^2}{2P_C(1-\beta)}$ 时，π_R^Y 存在唯一极大值。

当减排量对需求变化的敏感度满足 $c < \frac{\beta P_C^2 + 2b\gamma(1-\beta)^2}{2P_C(1-\beta)}$ 时，令 q

的一阶导数等于零，此时零售商的最优订货量为

$$q^Y = \frac{\gamma(a-w)(1-\beta)^2}{2b\gamma(1-\beta)^2 - 2cP_C(1-\beta) + \beta P_C^2} \qquad (9-26)$$

将式（9-26）代入式（9-23），得

$$e_M^Y = \frac{P_C(a-w)(1-\beta)}{2b\gamma(1-\beta)^2 - 2cP_C(1-\beta) + \beta P_C^2} \qquad (9-27)$$

将式（9-26）、式（9-27）代入式（9-22）、式（9-24），得制造商和零售商的最优利润函数为

$$\pi_M^Y = [w - c_M - P_C(e_0 - eg)]\frac{\gamma(a-w)(1-\beta)^2}{2b\gamma(1-\beta)^2 - 2cP_C(1-\beta) + \beta P_C^2}$$
$$+ \frac{1}{2}\gamma(1-\beta)\left[\frac{P_C(a-w)}{2b\gamma(1-\beta)^2 - 2cP_C(1-\beta) + \beta P_C^2}\right]^2 \qquad (9-28)$$

$$\pi_R^Y = \frac{\gamma(a-w)^2(1-\beta)^2}{2[2b\gamma(1-\beta)^2 - 2cP_C(1-\beta) + \beta P_C^2]} \qquad (9-29)$$

$$\pi_{SC}^Y = \frac{\begin{array}{l}\gamma(a-w)(1-\beta)^2\{[2b\gamma(1-\beta)^2 - 2cP_C(1-\beta) + \beta P_C^2] \\ \quad \times [a - c_M - P_C(e_0 - eg)] - b\gamma(1-\beta)^2(a-w) \\ \quad + cP_C(a-w)(1-\beta)]\} + \gamma P_C^2\left(\frac{1}{2} - \beta\right)(a-w)^2(1-\beta)^2\end{array}}{[2b\gamma(1-\beta)^2 - 2cP_C(1-\beta) + \beta P_C^2]^2}$$
$$\qquad (9-30)$$

命题三 当零售商提供成本分摊契约时，通过对契约的设计，当分摊比例 $\beta \in [\beta_1, \beta_2]$ 时，制造商的减排量与零售商的订货量均高于未提供契约时集中决策的情况。其中：

$$\beta_1 = \frac{-AP_C(a-w) + 4b\gamma D(c + P_C) - DP_C(2c^2 + 3cP_C + P_C^2)}{4b\gamma D(c + P_C)}$$

$$-\frac{P_C\sqrt{\begin{array}{l}A(a-w)[A(a-w) + 2A(a-w)(2c^2 + 3cP_C + P_C^2)] + D^2[-8b\gamma \\ \times (c+P_C)^2 + (2c+P_C)^2 + 2cP_C[(2c+P_C)^2 + 2(b\gamma - c^2 - cP_C)]]\end{array}}}{4b\gamma D(c + P_C)}$$

145

$$\beta_2 = \frac{-AP_C(a-w) + 4b\gamma D(c + P_C) - DP_C(2c^2 + 3cP_C + P_C{}^2)}{4b\gamma D(c + P_C)}$$

$$+ \frac{P_C \sqrt{\begin{array}{l} A(a-w)[A(a-w) + 2A(a-w)(2c^2 + 3cP_C \\ + P_C{}^2)] + D^2[-8b\gamma(c + P_C)^2 + (2c + P_C)^2 \\ + 2cP_C[(2c + P_C)^2 + 2(b\gamma - c^2 - cP_C)]] \end{array}}}{4b\gamma D(c + P_C)}$$

注：$A = 2b\gamma - (c + cP_C)^2$，$D = a - c_M - P_C(e_0 - eg)$。

证明：企业为响应政府的政策要求，塑造自身的良好形象，并寻求更高利润，会积极进行低碳减排，生产更为低碳的产品。当 $e_M^Y - e_M^C > 0$ 时，成本分摊比例满足区间 $\beta \in [\beta_1, \beta_2]$，此时制造商更有动力进行减排。在此区间内提供契约时的减排量要高于未提供契约时的减排量。

证毕。

命题四 当零售商提供成本分摊契约时，通过对契约机制的设计，当分摊比例 $\beta \in [\underline{\beta}, \bar{\beta}]$ 时，零售商与制造商的利润均比集中决策时的利润有所增长。其中：

$$\underline{\beta} = \frac{\begin{array}{l} \omega^2 A^2 + aA^2(a - 2w) + DA(a-w)[P_C{}^2 - 2(2b\gamma - cP_C)] \\ + cP_C(P_C{}^2 + 2c + 3cP_C) + b\gamma[2(2b\gamma - cP_C) - (c + P_C)^2] \end{array}}{A(a-w)[A(a-w) - 4bD\gamma] + 4b\gamma D^2(b\gamma - c^2 - cP_C)}$$

$$- \frac{P_C \sqrt{\begin{array}{l} A(a-w)[2A(a-w) + A(a-w)D((2c + P_C)^2 - 8b\gamma] \\ + D^2[b\gamma(8b\gamma - 12c^2 - 12cP_C - P_C{}^2) + cP_C(2c + P_C)^2 \end{array}}}{A(a-w)[A(a-w) - 4bD\gamma] + 4b\gamma D^2(b\gamma - c^2 - cP_C)}$$

$$\bar{\beta} = \frac{\begin{array}{l} \omega^2 A^2 + aA^2(a - 2w) + DA(a-w)[P_C{}^2 - 2(2b\gamma - cP_C)] \\ + cP_C(P_C{}^2 + 2c + 3cP_C) + b\gamma[2(2b\gamma - cP_C) - (c + P_C)^2] \end{array}}{A(a-w)[A(a-w) - 4bD\gamma] + 4b\gamma D^2(b\gamma - c^2 - cP_C)}$$

$$+ \frac{P_C \sqrt{\begin{array}{l} A(a-w)[2A(a-w) + A(a-w)D((2c + P_C)^2 - 8b\gamma] \\ + D^2[b\gamma(8b\gamma - 12c^2 - 12cP_C - P_C{}^2) + cP_C(2c + P_C)^2 \end{array}}}{A(a-w)[A(a-w) - 4bD\gamma] + 4b\gamma D^2(b\gamma - c^2 - cP_C)}$$

证明：为实现供应链的协调，在提供契约时的制造商和零售商的利润要高于未提供契约时集中决策时的利润，所以应满足下列不等式组：

$$\begin{cases} \pi_M^Y > \pi_M^C \\ \pi_R^Y > \pi_R^C \end{cases}$$

联立求解可得零售商所承担的减排成本的比例 β 满足 $\beta \in [\underline{\beta}, \overline{\beta}]$。

证毕。

在给定的分摊区间内，制造商和零售商均希望自身获得更大的利润，制造商希望比例更接近于 $\overline{\beta}$，而零售商希望比例更接近于 $\underline{\beta}$。所以双方可采用鲁宾斯坦讨价还价模型来确定比例。鲁宾斯坦讨价还价模型用完全信息动态博弈的方法，对无限期的讨价还价过程进行模拟，得出了在 $[0, 1]$ 区间中的精炼均衡解 $\rho = \dfrac{1 - \tau_2}{1 - \tau_1 \tau_2}$，$\tau_1$、$\tau_2$ 表示制造商和零售商的贴现因子，即耐心程度，也就是说，承受程度大的一方会获得更多的收益，承受程度小的一方将获得较少收益。

根据鲁宾斯坦讨价还价模型可得，零售商的分摊比例为：

$$\beta = \rho \Delta \beta = \frac{1 - \tau_2}{1 - \tau_1 \tau_2}(\overline{\beta} - \underline{\beta}) + \underline{\beta} \tag{9-31}$$

制造商所承担的成本比例为：

$$1 - \beta = 1 - \frac{1 - \tau_2}{1 - \tau_1 \tau_2}(\overline{\beta} - \underline{\beta}) - \underline{\beta} \tag{9-32}$$

根据式（9-31）分别求 τ_1、τ_2 的一阶导数，可以得到，$\dfrac{\mathrm{d}\beta}{\mathrm{d}\tau_1} > 0$，$\dfrac{\mathrm{d}\beta}{\mathrm{d}\tau_2} < 0$。即当制造商的耐心程度增加时，制造商可承担更少的减排成本，自身收益也会增加；当零售商的耐心程度增加时，零售商也可承担较少的减排成本，自身收益也会越多。

9.4　数值仿真

在前文模型研究的基础上，做出以下的数值算例来验证和支持前文的结论。假设在产品市场上，产品的市场总需求为100，产品价格对需求量的敏感度为20，产品减排量对需求变化的敏感度为5。对于制造商而言，单位批发价格为10，单位生产成本为5，单位产品初始碳排放量为0.05，减排成本系数为50。政府的碳交易权政策中，碳排放权的市场价格为5，政府分配给制造商的单位产品碳排放量为0.03。

9.4.1　减排成本分摊比例对制造商和零售商利润的影响

以下分析减排成本分摊比例对制造商和零售商利润的影响。图9－1描述了无契约时集中决策情况下制造商和零售商的利润和有契约时制造商和零售商利润的变化。横轴代表分摊比例取值区间，纵轴代表利润的取值区间。

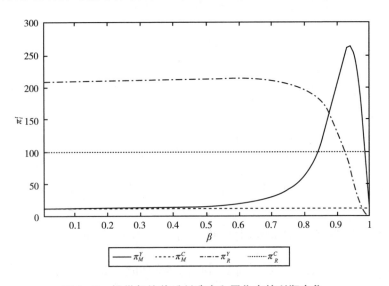

图9－1　提供契约前后制造商和零售商的利润变化

由图9-1可知，零售商的利润在其承担的成本分摊比例为0.72时开始下降，并在比例约为0.93时低于未提供契约时的利润，此时零售商将不再提供契约；制造商的利润在零售商承担减排成本比例大于0.33时高于未有契约时的利润，并在比例大于0.7时增长迅速，此时，制造商更乐意与零售商协商进行有契约的合作减排。同时，由图9-1可知，当双方进行契约机制的设计与协商时，为使自身利润最大化，制造商希望零售商承担更多的减排成本，而零售商希望制造商承担更多的减排成本。

9.4.2 减排成本分摊比例对制造商减排量的影响

以下分析减排成本分摊比例对制造商减排量的影响。图9-2描述了无契约时集中决策情况下制造商减排量和有契约时制造商减排量的变化。横轴代表分摊比例取值区间，纵轴代表减排量的取值区间。

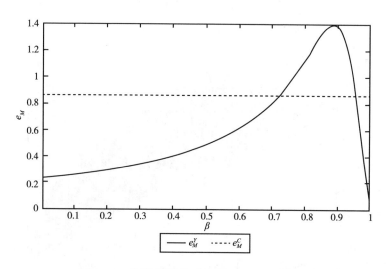

图9-2 提供契约前后制造商减排量的变化

由图9-2可知，零售商承担减排成本的比例约为0.72时，制造商的减排量高于集中决策时的减排量，并在比例约为0.95时又低于集中决策时的减排量。由图9-2可知，当零售商承担的分摊比例高于0.93时，将不再提供契约，这也就使制造商减排积极性减弱，减排量减少。

9.4.3 减排成本分摊比例和产品减排量对需求变化的敏感度对制造商与零售商利润的影响

本章考虑消费者低碳偏好影响下，制造商与零售商如何进行减排措施。下面将进一步研究消费者的低碳偏好对供应链中上下游企业利润的影响。基本假设不变，并根据 9.3 节所求的产品减排量对需求变化的敏感度的取值区间 $2b\gamma > (c + cP_C)^2$，将敏感度区间设为 $c \in [0,8]$。

图 9-3 描述了零售商的利润受减排分摊比例和产品减排量对需求变化的敏感度这两个变量影响下的变化情况。由图 9-3 可知，零售商的利润随着减排量敏感度的增加而增加，并且在分摊比例区间 $[0, 0.7]$ 内，利润会随着比例的增加而增加，所以在该区间内，零售商更乐意在高敏感度的市场上承担较多的成本以促使制造商进行减排生产，迎合大众需求，增加自身利润。

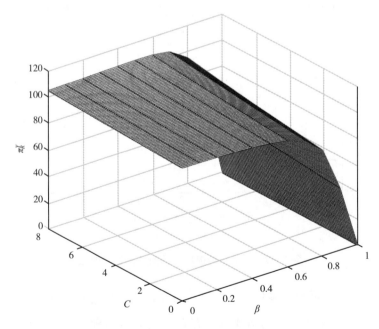

图 9-3 减排量敏感度和分摊比例对零售商利润的影响情况

图9-4描述了制造商的利润受减排分摊比例和产品减排量对需求变化的敏感度这两个变量影响下的变化情况。由图9-4可知,在分摊比例区间[0,0.7]内,消费者的低碳偏好对制造上的利润影响不明显,在分摊比例区间[0.7,0.9]内,制造商的利润随着减排量敏感度的增加而增加,即当零售商承担较多的减排成本时,制造商会更积极进行减排,特别是当消费者的低碳偏好较高时,制造商更乐意与零售商进行合作减排,促使自身利润最大化。

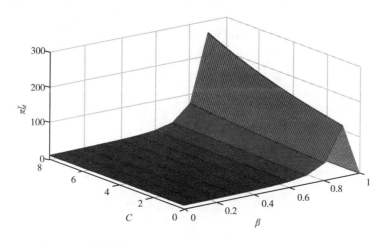

图9-4 减排量敏感度和分摊比例对制造商利润的影响情况

9.5 本章结论

本章研究一个制造商和一个零售商组成的供应链减排协调问题,政府制定碳排放权政策激励制造商进行减排生产。通过比较不减排和减排情况可以发现,制造商和零售商减排时的利润要大于未减排时的利润;当进行减排时,集中决策时的减排量、订货量大于分散决策时的,但零售商的利润要小于分散时的,此时供应链未得到协调。针对这一问题,本章设计了零售商提供减排成本分摊契约来激励制造商进行减排,以实现自身利益最大化，进而实现了制造商和零售商的帕累托改进。最后运用鲁宾斯坦讨价还价模型确定成本分摊比例。

通过数值仿真，我们可以得到：零售商承担一定比例的减排成本可以促使制造商进行减排生产，以提高市场需求，当承担比例过高时，零售商的利润会下降，故零售商不会承担过高的分摊比例；但当分摊比例达到一定值时，会促使制造商进行减排生产，零售商的利润会增加，所以零售商会尽可能地承担一定的分摊比例使其利润增加。当消费者的低碳意识增强时，为实现利润最大化，也会促使制造商进行减排生产。总之，在具有较高低碳消费意识的市场上，制造商进行减排生产将是最优的决策，此时零售商应承担一定比例的减排成本以促使制造商进行减排，使双方利润最大化。

第 10 章

考虑消费者低碳偏好的供应链动态
减排协调研究

10.1 引言

近年，二氧化碳排放增多，温室效应的增强，导致生态环境已受到严重破坏（Dinan，2008；Cordero，2013）。为此，我国政府积极采取措施降低碳排放，2017 年底，电力行业率先纳入全国碳排放权交易市场，随后，钢铁行业碳交易市场也开始进入推进的关键阶段。碳交易政策下，政府给企业免费分配碳配额，并允许企业可在碳排放市场上进行自由交易，珀丹和阿扎帕奇（Perdan & Azapagic，2011）等认为碳交易政策在减少二氧化碳排放方面具有很好的发展前景。

同时，面对环境的恶化，消费者的环保意识不断增强，低碳偏好的程度逐步加深，更倾向于购买低碳产品。有研究表明，随着消费者低碳意识的增强，他们更愿意支付更高价格购买低碳产品，由此激励企业生产低碳产品（Basiri & Heydari，2017）。还有研究发现消费者的低碳意识在环境保护中发挥着重要作用，企业为吸引消费者更愿意生产低碳产品以增加利润（Kim & Sim，2016）。

在减排政策及消费者低碳意识的推动下，越来越多的企业开始实施低碳战略管理，进行减排生产。阿迪达斯使用低碳材料用于包装，减少碳排放。沃尔玛在采购、制造、运输等过程均实施减排，减少温室气体排放。因此，研究低碳生产对供应链企业经营管理的影响具有重要现实意义。有学者研究了在碳交易限制下，消费者低碳意识对企业生产的影响（Du et al，2016）。杜少甫等（2009）研究在碳交易政策下构造企业生产优化模型，得到最优生产策略。何华等（2016）建立了三种情形的定价策略模型，研究绿色技术投入的最优定价问题。有学者探究在消费者参考价格效应的影响下，制造商和零售商独立选择定价策略以优化自身利益问题（Zhang et al，2014）。还有学者提出利润最大化模型研究生产计划问题，分析生产和碳交易决策的最优策略（Zhang & Xu，2013）。但以上文献并未考虑供应链协调问题。

在低碳环境下，供应链中的企业在减排过程中，不仅要考虑消费者低碳意识和政府低碳政策，更要考虑企业自身经营模式。在企业经营过程中，为使自身利润达到最大化，企业间会进行博弈，如何协调经营过程中存在的问题具有重要的研究意义。王芹鹏等（2014）研究零售商确定订货量，供应商确定碳排放量的决策问题，通过引入收益分享契约协调双方关系。周艳菊等（2015）建立有无减排成本分担契约两种模型，分析比较得到最优订货量，设计契约可使双方达到协调。有学者研究按订单生产的供应链产品碳减排目标分配问题，结果表明当领导者分配减排目标时所得利润，要高于跟随者分配减排目标时的利润，供应链得到协调（Ren et al，2015）。李艳冰和汪传旭（2018）建立成本利润率最大化模型，比较分散决策、集中决策和回购契约三种决策模型，解决供应链优化和协调问题。但以上文献并未考虑企业的长期动态发展过程。

事实上，企业经营管理是一个长期过程，当期的经营活动对后面的经营活动会产生一定影响，因此，研究动态环境下企业的减排策略问题更贴近现实。黄卫东等（2015）构建非合作博弈、主从博弈和协同合作博弈三种决策模式，结果表明在协同合作决策模式下的决策值均高于另外两种决策模式。赵道致等（2016）研究两级供应链合作减排问题，构造微分博弈模型，得到减排策略。刘名武等（2018）构造低碳技术的投入和合作的动态优化模型，得到实现双赢的特征条件。有学者构造在市场、政府和运营三种情形下的微分博弈模型，通过对比分析研究渠道协调效应问题（Zu et al，2018）。叶同等（2017）考虑参考低碳水平效应，研究最优减排策略，实现供应链的动态优化和协调。以上关于长期动态问题的研究大多考虑碳减排努力对减排过程的影响，较少考虑减排过程中，低碳偏好及碳交易价格对定价的影响。

回顾上述文献可以发现：

（1）碳减排相关文献大多忽略了对销售价格的考虑，而销售价格在整个经营管理中占据重要的地位，且低碳偏好和碳交易价格对销售价格的影响是不容忽视的。

（2）大多数文章只考虑静态状态下的减排过程，而企业减排是一个长期动态过程，每一时期的决策都会影响下一时期的决策，所以构建动态博弈模型能更好地反映企业长期减排活动。

（3）以往的文献均以一个减排状态方程构造博弈双方的减排量，未能体现不同企业间减排差别。

因此，本章考虑消费者低碳偏好和碳交易政策，构造分散决策和集中决策两种情形下的长期动态博弈模型，研究供应链减排的动态协调问题。

10.2　参数说明及模型假设

本章考虑长期时间范围内，由一个供应商和一个制造商构成的两级供应链，其中制造商是领导者，供应商是跟随者。考虑消费者具有低碳偏好，假设这种偏好可引起产品需求的增加。同时，考虑政府制定碳交易政策激励制造商进行减排生产，要求供应商提供低碳原材料。作为领导者的制造商通过一定的成本分摊激励供应商进行低碳生产。

10.2.1 符号说明

1. 决策变量

$e_S(t)$：t 时刻供应商的减排努力。

$e_M(t)$：t 时刻制造商的减排努力。

$p(t)$：t 时刻制造商的销售价格。

$\lambda(t)$：t 时刻制造商承担的成本分摊率。

2. 模型参数

α_S，α_M：分别表示供应商和制造商减排努力对减排量的影响系数，$\alpha_S > 0$，$\alpha_M > 0$。

β_S，β_M：分别表示供应商和制造商的减排衰退率，$\beta_S > 0$，$\beta_M > 0$。

$E_S(t)$，$E_M(t)$：分别表示 t 时刻供应商和制造商的减排量，$E_S(0) = 0$，$E_M(0) = 0$。

$Q(t)$：t 时刻产品市场需求。

a：产品的市场总需求量，$a > 0$。

b：价格对需求量变化的敏感度，$b > 0$。

c：减排量对需求变化的敏感度，$c > 0$。

$\bar{\omega}$，c_S：分别表示供应商的售价和生产成本。

γ_S，γ_M：分别表示供应商和制造商的减排成本系数，$\gamma_S > 0$，$\gamma_M > 0$。

P_C：碳排放权的市场价格。

E_{S0}，E_{M0}：分别表示供应商和制造商初始的碳排放量。

eg_S，eg_M：分别表示政府分配给供应商和制造商的碳排放权。

ρ：贴现率。

J_S，J_M，J_{SC}：分别表示供应商的长期利润、制造商的长期利润和供应链系统的长期利润。

10.2.2　基本假设

（1）假设低碳生产的成本函数是关于减排努力的凸函数，则 t 时刻供应商和制造商的减排成本分别为

$$C(E_S(t)) = \frac{\gamma_S}{2}e_S^2(t) \qquad (10-1)$$

$$C(E_M(t)) = \frac{\gamma_M}{2}e_M^2(t) \qquad (10-2)$$

（2）假设产品的减排量是一个动态过程，其取决于供应商和制造商的减排努力及 t 时刻减排量。减排量会随着减排努力的提升而增加，但在长期过程中，用于减排生产的设备会逐渐老化，此时减排量会有一个相对衰减率：β_S，β_M。因此，在 t 时刻，供应商和制造商的减排量状态方程分别为

$$\dot{E_S}(t) = \alpha_S e_S(t) - \beta_S E_S(t) \qquad (10-3)$$

$$\dot{E_M}(t) = \alpha_M e_M(t) - \beta_M E_M(t) \qquad (10-4)$$

（3）由于消费者的低碳意识，产品的市场需求受产品减排量的影响，在 t 时刻，市场需求为

$$Q(t) = a - bp(t) + c[E_S(t) + E_M(t)] \qquad (10-5)$$

（4）在碳交易市场上，企业可将剩余的碳排放权出售，也可购买碳交易权，因此，t 时刻供应商和制造商的购买成本或出售碳排放权的收益分别为

$$\pi_{SP_C} = P_C|E_{S0} - E_S(t) - eg_S|, \qquad (10-6)$$

$$\pi_{MP_C} = P_C|E_{M0} - E_M(t) - eg_M| \qquad (10-7)$$

10.3　模型建立及求解

本章利用微分博弈模型分析企业在长期低碳生产中的减排策略协调问

题，在一个无限长时期内，主要考虑两种情形：

（1）分散决策：制造商为领导者、供应商为跟随者的斯塔克伯格问题，制造商以一定比例分摊减排成本，激励供应商进行减排生产。

（2）集中决策：供应商与制造商合作减排，以供应链总利润最大化为目标。

为方便书写，下文书写过程中均省略时间 t。

10.3.1　分散决策

在长期过程中，作为领导者的制造商为激励供应商减排生产，选择与供应商联合减排，承担供应商一定比例的减排成本。博弈过程如下：制造商首先决策其减排努力 e_M，销售价格 p 及承担供应商的减排成本比例 λ，然后供应商根据制造商做出的策略决策其减排努力 e_S。供应商和制造商的目标均为追求自身总利润现值最大化，则双方的总利润现值函数分别为

$$J_S = \int_0^\infty e^{-\rho t}\left\{\begin{array}{l}(w-c_S)[a-bp(t)+c(E_S(t)+E_M(t))]\\-(1-\lambda)\dfrac{\gamma_S}{2}e_S^2(t)-P_C(E_{S0}-E_S(t)-eg_S)\end{array}\right\}dt$$

(10-8)

$$J_M = \int_0^\infty e^{-\rho t}\left\{\begin{array}{l}(p-w)[a-bp(t)+c(E_S(t)+E_M(t))]\\-\lambda\dfrac{\gamma_S}{2}e_S^2(t)-\dfrac{\gamma_M}{2}e_M^2(t)-P_C(E_{M0}-E_M(t)-eg_M)\end{array}\right\}dt$$

(10-9)

令 V_S，V_M 分别为 t 时刻后供应商和制造商的利润当值函数，则供应商和制造商在 t 时间后的总利润现值函数分别为

$$J_S = e^{-\rho t}V_S \qquad (10-10)$$

$$J_M = e^{-\rho t}V_M \qquad (10-11)$$

命题一　分散决策中，供应商的最优减排努力、制造商的最优减排努力、最优分摊比例及最优销售价格分别为

$$e_M^* = \frac{\alpha_M(2\eta_3^* E_M + \eta_5^* E_S + \eta_4^*)}{\gamma_M}$$

$$e_S^* = \frac{\alpha_S[2(\eta_1^* E_S + \eta_5^* E_M + \eta_2^*) + \xi_1^*]}{2\gamma_S}$$

$$\lambda^* = \frac{2(2\eta_1^* E_S + \eta_5^* E_M + \eta_2^*) - \xi_1^*}{2(2\eta_1^* E_S + \eta_5^* E_M + \eta_2^*) + \xi_1^*}$$

$$p^* = \frac{a + c(E_S + E_M) + bw}{2b}$$

其中：

$$\xi_1^* = \frac{2\gamma_S\left[\alpha_M^2\left(2\eta_3^* P_C + \frac{c}{2}(w - c_S)(\eta_3^* - \eta_5^*)\right) - \beta_M\gamma_M\left(P_C + \frac{c}{2}(w - c_S)\right)\right]}{4\alpha_M^2\eta_3^*\gamma_S(\beta_S^2 + \rho) + \alpha_M^2\alpha_S^2(\eta_5^{*2} - 4\eta_1^*\eta_3^*) + 2\alpha_S^2\beta_M\eta_1^*\gamma_M - 2\beta_M\gamma_S\gamma_M(\beta_S - \rho)}$$

$$\xi_2^* = \frac{-\gamma_M\left[c(w - c_S)\gamma_S(\beta_S + \rho) + \alpha_S^2(\eta_5^* P_C - c(w - c_S)\eta_1^* + \frac{c}{2}(w - c_S)\eta_5^*)\right]}{4\alpha_M^2\eta_3^*\gamma_S(\beta_S + \rho) + \alpha_M^2\alpha_S^2(\eta_5^{*2} - 4\eta_1^*\eta_3^*) + 2\alpha_S^2\beta_M\eta_1^*\gamma_M - 2\beta_M\gamma_S\gamma_M(\beta_S - \rho)}$$

$$\xi_3^* = \frac{1}{\rho}\left[\frac{a - bw}{2}(w - c_S) - P_C(E_{S0} - eg_S) + \frac{\alpha_S^2\xi_1^*(2\eta_2^* + \xi_1^*)}{4\gamma_S} + \frac{\alpha_M^2\xi_2^{*2}}{\gamma_M}\right]$$

$$\eta_1^* = \frac{\gamma_S\left[-2\beta_S - \rho + \sqrt{\frac{2\alpha_S^2(2b\alpha_M^2\eta_5^{*2} + \gamma_M c^2) + b\gamma_S\gamma_M(2\beta_S + \rho)^2}{b\gamma_S\gamma_M}}\right]}{4\alpha_S^2}$$

$$\eta_2^* = -\frac{\begin{array}{c}2(\beta_M + \rho)\left(\gamma_S cw - \dfrac{c(a+bw)}{2b}\gamma_S + \alpha_S^2 \xi_1^* \eta_1^* + \alpha_M^2 \xi_2^* \eta_5^* \gamma_S\right) \\[2mm] + 2\alpha_M^2 \eta_5^* \gamma_S\left(-P_C - \dfrac{c(a+bw)}{2b} + cw\right) + 4\alpha_M^2 \eta_3^*\left(\dfrac{c(a+bw)}{2b}\gamma_S - \alpha_S^2 \xi_1^* \eta_1^*\right)\end{array}}{\begin{array}{c}\alpha_M^2 \alpha_S^2(\eta_5^{*2} - 8\eta_1^* \eta_3^*) + 4\alpha_S^2 \eta_1^*(\beta_M + \rho) \\[2mm] - 4\alpha_M^2 \eta_3^* \gamma_S(\beta_S + \rho) - 2\rho\gamma_S(\rho + \beta_M\beta_S + \beta_M + \beta_S)\end{array}}$$

$$\eta_3^* = \frac{\gamma_M\left[-2\beta_M - \rho + \sqrt{\dfrac{2\alpha_M^2(2b\alpha_S^2 \eta_5^{*2} + \gamma_S c^2) + b\gamma_S\gamma_M(2\beta_M + \rho)^2}{b\gamma_S\gamma_M}}\right]}{4\alpha_M^2}$$

$$\eta_4^* = \frac{\begin{array}{c}\alpha_M^2 \alpha_S^2 \xi_2^* \gamma_S(\eta_5^{*2} - 8\eta_1^* \eta_3^*) - \alpha_S^2 \eta_1^*(\alpha_S^2 \xi_1^* \eta_5^* - 4P_C\gamma_S) \\[2mm] + \gamma_S(\beta_S + \rho)\left[2\gamma_S\left(P_C + \dfrac{c(a+bw)}{2b} - cw\right) - \alpha_S^2 \xi_1^* \eta_5^*\right. \\[2mm] \left. + 4\alpha_M^2 \xi_2^* \eta_3^* \gamma_S\right] + \alpha_S^2 \gamma_S\left(\dfrac{c(a+bw)}{2b} - cw\right)(4\eta_1^* - \eta_5^*)\end{array}}{\gamma_S\left[\alpha_M^2 \alpha_S^2(\eta_5^{*2} - 8\eta_1^* \eta_3^*) + 4\alpha_S^2 \eta_1^*(\beta_M + \rho)\right. \\[2mm] \left. - 4\alpha_M^2 \eta_3^* \gamma_S(\beta_S + \rho) - 2\rho\gamma_S(\rho + \beta_M\beta_S + \beta_M + \beta_S)\right]}$$

$$\eta_5^* = \sqrt{\frac{\begin{array}{c}\sqrt{\dfrac{x}{b}} - c^6\gamma_S\gamma_M(-\alpha_M^2 \gamma_S + \gamma_M\alpha_S^2) + c^4 b\gamma_M^2 \gamma_S^2\left[\rho^2\right. \\[2mm] \left. + 2\beta_M(\beta_M + \rho) + 2\beta_S(\beta_S + \rho)\right]\end{array}}{\begin{array}{c}2\{bc^4(\alpha_M^2 \gamma_S - \gamma_M\alpha_S^2)^2 - (\beta_M^2 + \beta_M\rho - \beta_S^2 - \beta_S\rho) \\[2mm] \times\left[4\alpha_M^2 b^2 c^2 \gamma_S\gamma_M(\gamma_S + \gamma_M)\right] + 4b^3\gamma_M^2 \gamma_S^2\left[(\rho\beta_M - \rho\beta_S)^2\right. \\[2mm] \left. + (\beta_M^2 - \beta_S^2)^2 + 2\rho(\beta_M - \beta_S)^2(\beta_M + \beta_S)\right]\}\end{array}}}$$

$$\eta_6^* = \frac{1}{\rho}\left[\frac{(a+bw)^2}{4b} - aw - P_C(M_0 - eg_M) + \frac{\alpha_M^2 \eta_4^*(2\xi_2^* + \eta_4^*)}{2\gamma_M}\right. \\[2mm] \left. - \frac{\alpha_S^2(2\eta_2^* + \xi_1^*)^2}{8\gamma_S}\right]$$

$$X = \gamma_M^3 \gamma_S^3\{-2\gamma_S\alpha_M^2 c^2(2\beta_S + \rho)^2 + 2\gamma_M\alpha_S^2 c^2(2\beta_M + \rho)^2 \\[2mm] + 4b\gamma_S\gamma_M\left[(\beta_M\rho + \beta_S\rho)^2 + 2\beta_M\beta_S\rho(2\beta_M + 2\beta_S + \rho)\right. \\[2mm] \left. + \rho^3(\beta_M + \beta_S) + 4\beta_M^2 \beta_S^2\right]\}$$

证明：对所有 $E_S > 0$，$E_M > 0$ 都有 V_S，V_M 满足下列哈密顿 – 雅可比 – 贝尔曼（HJB）方程：

$$\rho V_S = (w - c_S)\left[a - bp + c(E_S + E_M) \right] - (1 - \lambda)\frac{\gamma_S}{2}e_S^2 - P_C(S_0 - E_S - eg_S)$$

$$+ V_S^S(\alpha_S e_S - \beta_S E_S) + V_S^M(\alpha_M e_M - \beta_M E_M) \qquad (10 - 12)$$

$$\rho V_M = (\rho - w)\left[a - bp + c(E_S + E_M) \right] - \lambda\frac{\gamma_S}{2}e_S^2 - \frac{\gamma_M}{2}e_M^2$$

$$- P_C(M_0 - E_M - eg_M) + V_M^S(\alpha_S e_S - \beta_S E_S)$$

$$+ V_M^M(\alpha_M e_M - \beta_M E_M) \qquad (10 - 13)$$

其中，V_S^S 和 V_S^M 分别表示对利润当值函数 V_S 关于 E_S 和 E_M 的偏导，V_M^S 和 V_M^M 分别表示对利润当值函数 V_M 关于 E_S 和 E_M 的偏导。

对式（10 – 12）求 e_S 的一阶条件，得到

$$e_S = \frac{\alpha_S V_S^S}{(1 - \lambda)\gamma_S} \qquad (10 - 14)$$

对式（10 – 13）求 p，e_M 和 λ 的一阶条件，得到

$$p = \frac{a + c(E_S + E_M) + bw}{2b} \qquad (10 - 15)$$

$$e_M = \frac{\alpha_M(2\eta_3 E_M + \eta_5 E_S + \eta_4)}{\gamma_M} \qquad (10 - 16)$$

$$\lambda = \frac{2V_M^S - V_S^S}{2V_M^S + V_S^S} \qquad (10 - 17)$$

将式（10 – 14）～式（10 – 17）分别代入式（10 – 12）和式（10 – 13），得到

$$\rho V_S = \left[\frac{c}{2}(w - c_S) + P_C - \beta_S V_S^S \right]E_S + (w - c_S)\frac{a - bw}{2} + \frac{\alpha_M^2 V_S^M V_M^M}{\gamma_M}$$

$$+ \left[\frac{c}{2}(w - c_S) - \beta_M V_S^M \right]E_M - P_C(E_{S0} - eg_S) + \frac{\alpha_S^2 V_S^S(2V_M^S + V_S^S)}{4\gamma_S}$$

$$(10 - 18)$$

$$\rho V_M = \frac{c^2}{4b}E_S^2 + \left[\frac{c(a+bw)}{2b} - cw - \beta_S V_M^S\right]E_S + \frac{c^2}{4b^2}E_M^2$$

$$+ \left[\frac{c(a+bw)}{2b} - cw - \beta_M V_M^M + P_C\right]E_M$$

$$+ \frac{c^2}{2b^2}E_S E_M + \frac{(a+bw)^2}{4b} - aw - \frac{\alpha_M^2 V_M^M(2V_S^M - V_M^M)}{2\gamma_M}$$

$$- \frac{\alpha_S^2(2V_M^S + V_S^S)}{4\gamma_S} - P_C(E_{M0} - eg_M) \qquad (10-19)$$

根据微分方程式（10-18）和式（10-19）的阶数特点，可推测关于 E_S 和 E_M 的线性方程为上述 HJB 方程的解。令

$$\begin{cases} V_S = \xi_1 E_S + \xi_2 E_M + \xi_3 \\ V_M = \eta_1 E_S^2 + \eta_2 E_S + \eta_3 E_M^2 + \eta_4 E_M + \eta_5 E_S E_M + \eta_6 \end{cases} \qquad (10-20)$$

其中，ξ_1，ξ_2，ξ_3，η_1，η_2，η_3，η_4，η_5，η_6 均为常数。

对式（10-20）分别求一阶导数，得到

$$\begin{cases} V_S^S = \xi_1 ; V_S^M = \xi_2 \\ V_M^S = 2\eta_1 E_S + \eta_5 E_M + \eta_2 \\ V_M^M = 2\eta_3 E_M + \eta_5 E_S + \eta_4 \end{cases} \qquad (10-21)$$

将式（10-21）分别代入式（10-18）和式（10-19）中，可得

$$\rho(\xi_1 E_S + \xi_2 E_M + \xi_3) = \left[\frac{c}{2}(w - c_S) + P_C - \beta_S \xi_1\right]E_S + \left[\frac{c}{2}(w - c_S) - \beta_M \xi_2\right]E_M$$

$$+ (w - c_S)\frac{a - bw}{2} - P_C(E_{S0} - eg_S)$$

$$+ \frac{\alpha_S^2 \xi_1[2(2\eta_1 E_S + \eta_5 E_M + \eta_2) + \xi_1]}{4\gamma_S}$$

$$+ \frac{\alpha_M^2 \xi_2(2\eta_3 E_M + \eta_5 E_S + \eta_4)}{\gamma_M} \qquad (A.1)$$

$$\rho(\eta_1 E_S^2 + \eta_2 E_S + \eta_3 E_M^2 + \eta_4 E_M + \eta_5 E_S E_M + \eta_6)$$

$$
\begin{aligned}
= \frac{c^2}{4b}E_S^2 + \frac{c^2}{4b^2}E_M^2 &+ \left[\frac{c(a+bw)}{2b} - cw - \beta_S(2\eta_1 E_S \right. \\
&\left. + \eta_5 E_M + \eta_2)\right]E_S + \frac{(a+bw)^2}{4b} + \left[\frac{c(a+bw)}{2b} - cw \right. \\
&\left. - \beta_M(2\eta_3 E_M + \eta_5 E_S + \eta_4)\right]E_M + \frac{c^2}{2b}E_S E_M \\
&- aw - \frac{\alpha_M^2(2\eta_3 E_M + \eta_5 E_S + \eta_4)(2\xi_2 - 2\eta_3 E_M - \eta_5 E_S - \eta_4)}{2\gamma_M} \\
&- \frac{\alpha_S^2(24E_S + 2\eta_5 E_M + 2\eta_2 + \xi_1)^2}{8\gamma_S} - P_C(E_{M0} - eg_M) \quad (A.2)
\end{aligned}
$$

整理式（A.1）和式（A.2），并将其左右两边的同类项进行归类，可得到

$$
\begin{cases}
\rho\xi_1 = \dfrac{c}{2}(w - c_S) + P_C - \beta_S\xi_1 + \dfrac{\alpha_S^2\xi_1\eta_1}{\gamma_S} + \dfrac{\alpha_M^2\xi_2\eta_5}{\gamma_M} \\[2mm]
\rho\xi_2 = \dfrac{c}{2}(w - c_S) - \beta_M\xi_2 + \dfrac{\alpha_S^2\xi_1\eta_5}{2\gamma_S} + \dfrac{2\alpha_M^2\xi_2\eta_3}{\gamma_M} \\[2mm]
\rho\xi_3 = (w - c_S)\dfrac{a - bw}{2} - P_C(E_{S0} - eg_S) + \dfrac{\alpha_S^2\xi_1(2\eta_2 + \xi_1)}{4\gamma_S} + \dfrac{\alpha_M^2\xi_2\eta_4}{\gamma_M} \\[2mm]
\rho\eta_1 = \dfrac{c^2}{4b} - 2\beta_S\eta_1 - \dfrac{2\alpha_S^2\eta_1^2}{\gamma_S} + \dfrac{\alpha_M^2\eta_5^2}{2\gamma_M} \\[2mm]
\rho\eta_2 = \dfrac{c(a+bw)}{2b} - cw - \beta_S\eta_2 - \dfrac{\alpha_S^2\eta_1(2\eta_2 + \xi_1)}{4\gamma_S} - \dfrac{\alpha_M^2\eta_5(\xi_2 - \eta_4)}{\gamma_M} \\[2mm]
\rho\eta_3 = \dfrac{c^2}{4b} - 2\beta_M\eta_3 - \dfrac{\alpha_S^2\eta_5^2}{2\gamma_S} + \dfrac{2\alpha_M^2\eta_3^2}{\gamma_M} \\[2mm]
\rho\eta_4 = \dfrac{c(a+bw)}{2b} - cw - \beta_M\eta_4 + P_C - \dfrac{\alpha_S^2\eta_5(2\eta_2 + \xi_1)}{2\gamma_S} - \dfrac{2\alpha_M^2\eta_3(\xi_2 - \eta_4)}{\gamma_M} \\[2mm]
\rho\eta_5 = -\beta_S\eta_5 - \beta_M\eta_5 - \dfrac{2\alpha_S^2\eta_1\eta_5}{\gamma_S} + \dfrac{c^2}{2b} + \dfrac{2\alpha_M^2\eta_3\eta_5}{\gamma_M} \\[2mm]
\rho\eta_6 = \dfrac{(a+bw)^2}{4b} - aw - P_C(E_{M0} - eg_M) + \dfrac{\alpha_M^2\eta_4(2\xi_2 + \eta_4)}{2\gamma_M} - \dfrac{\alpha_S^2(2\eta_2 + \xi_1)^2}{8\gamma_S}
\end{cases}
$$

$$(A.3)$$

求解方程组（A.3），可得到 4 组解，将求得解代入式（10-10）和式（10-11）中，取使利润最大的一组值（ξ_1^*，ξ_2^*，ξ_3^*，η_1^*，η_2^*，η_3^*，η_4^*，η_5^*，η_6^*）。

将 ξ_1^*，ξ_2^*，ξ_3^*，η_1^*，η_2^*，η_3^*，η_4^*，η_5^*，η_6^* 代入式（10-21），可得制造商和供应商的最优反馈策略为

$$e_S^* = \frac{\alpha_S\left[2(2\eta_1^* E_S + \eta_5^* E_M + \eta_2^*) + \xi_1^*\right]}{2\gamma_S} \tag{10-22}$$

$$\begin{cases} e_M^* = \dfrac{\alpha_M(2\eta_3^* E_M + \eta_5^* E_S + \eta_4^*)}{\gamma_M} \\[3mm] \lambda^* = \dfrac{2(2\eta_1^* E_S + \eta_5^* E_M + \eta_2^*) - \xi_1^*}{2(2\eta_1^* E_S + \eta_5^* E_M + \eta_2^*) + \xi_1^*} \\[3mm] p^* = \dfrac{a + c(E_S + E_M) + bw}{2b} \end{cases} \tag{10-23}$$

证毕。

命题二 在供应商和制造商的均衡反馈条件下，双方产品的碳减排轨迹 E_S^* 和 E_M^* 分别为

$$E_S^* = C_1 e^{At} + C_2 e^{Bt} - \frac{B_1 A_3 - A_2 B_3}{A_1 B_1 - B_2 A_2}$$

因为 $E_S(0) = 0$，则 $C_1 + C_2 = \dfrac{B_1 A_3 - A_2 B_3}{A_1 B_1 - B_2 A_2}$；

$$E_M^* = CC_3 e^{At} + DC_4 e^{Bt} + \frac{A_2(B_1 A_3 - A_2 B_3) - A_3(A_1 B_1 - B_2 A_2)}{B_1(A_1 B_1 - B_2 A_2)}$$

因为 $E_M(0) = 0$，则

$$CC_3 + DC_4 = -\frac{A_2(B_1 A_3 - A_2 B_3) - A_3(A_1 B_1 - B_2 A_2)}{B_1(A_1 B_1 - B_2 A_2)}$$

其中，C_1，C_2，C_3，C_4 为常数，

$$A = \frac{A_1 + B_1 + \sqrt{(A_1 - B_1)^2 + 4B_2 A_2}}{2}, \quad B = \frac{A_1 + B_1 - \sqrt{(A_1 - B_1)^2 + 4B_2 A_2}}{2},$$

$$C = \frac{A_2 - A_1 + \sqrt{(A_1 - B_1)^2 + 4B_2A_2}}{2B_1}, \quad D = \frac{A_2 - A_1 - \sqrt{(A_1 - B_1)^2 + 4B_2A_2}}{2B_1},$$

$$A_1 = \frac{2\alpha_S^2 \eta_1^*}{\gamma_S} - \beta_S, \quad A_2 = \frac{\alpha_S^2 \eta_5^*}{\gamma_S}, \quad A_3 = \frac{\alpha_S^2 (2\eta_2^* + \xi_1^*)}{2\gamma_S},$$

$$B_1 = \frac{2\alpha_M^2 \eta_3^*}{\gamma_M} - \beta_M, \quad B_2 = \frac{\alpha_M^2 \eta_5^*}{\gamma_M}, \quad B_3 = \frac{\alpha_M^2 \eta_4^*}{\gamma_M}。$$

证明：将式（10 – 22）和式（10 – 23）代入式（10 – 3）和式（10 – 4），整理得到

$$\dot{E}_S(t) = \left(\frac{2\alpha_S^2 \eta_1^*}{\gamma_S} - \beta_S\right)E_S + \frac{\alpha_S^2 \eta_5^*}{\gamma_S}E_M + \frac{\alpha_S^2 (2\eta_2^* + \xi_1^*)}{2\gamma_S} \quad (10 – 24)$$

$$\dot{E}_M(t) = \left(\frac{2\alpha_M^2 \eta_3^*}{\gamma_M} - \beta_M\right)E_S + \frac{\alpha_M^2 \eta_5^*}{\gamma_M}E_M + \frac{\alpha_M^2 \eta_4^*}{\gamma_M} \quad (10 – 25)$$

对式（10 – 24）关于 t 求导，得到

$$\frac{d^2 E_S}{dt^2} = A_1 \frac{dE_S}{dt} + A_2 \frac{dE_M}{dt} \quad (10 – 26)$$

整理可得

$$\frac{dE_M}{dt} = \frac{1}{A_2} \frac{d^2 E_S}{dt^2} - \frac{A_1}{A_2} \frac{dE_S}{dt} \quad (10 – 27)$$

对式（10 – 25）进行整理，得到

$$E_M = \frac{1}{A_2} \frac{dE_S}{dt} - \frac{A_1}{A_2} E_S - \frac{A_3}{A_2} \quad (10 – 28)$$

将式（10 – 27）和式（10 – 28）代入式（10 – 25）中，并求解该微分方程得到

$$E_S = C_1 e^{At} + C_2 e^{Bt} - \frac{B_1 A_3 - A_2 B_3}{A_1 B_1 - B_2 A_2} \quad (10 – 29)$$

将式（10 – 29）代入式（10 – 28），得到

$$E_M^* = CC_3 e^{At} + DC_4 e^{Bt} + \frac{A_2(B_1A_3 - A_2B_3) - A_3(B_1A_1 - A_2B_2)}{B_1(A_1B_1 - B_2A_2)}$$

$$(10-30)$$

证毕。

命题三 供应商和制造商的利润最优值函数和净贴现最优值函数分别为

$$V_S^* = \xi_1^* E_S^* + \xi_2^* E_M^* + \xi_3^* \qquad (10-31)$$

$$V_M^* = \eta_1^* E_S^{*2} + \eta_2^* E_S^* + \eta_3^* E_M^{*2} + \eta_4^* E_M^* + \eta_5^* E_S^* E_M^* + \eta_6^*$$

$$(10-32)$$

$$J_S^* = e^{-\rho t} V_S^* \qquad (10-33)$$

$$J_M^* = e^{-\rho t} V_M^* \qquad (10-34)$$

证明：将 ξ_1^*，ξ_2^*，ξ_3^*，η_1^*，η_2^*，η_3^*，η_4^*，η_5^*，η_6^* 代入式（10-20）中可得到双方最优值函数，将式（10-31）和式（10-32）代入式（10-10）和式（10-11），可得到双方总利润现值最优值函数。

证毕。

10.3.2 集中决策

在集中决策过程中，供应商和制造商合作减排，双方追求的目标为供应链总利润现值的最大化，因此，目标函数为：

$$J_{SC}^* = \int_0^\infty e^{-\rho t} \left\{ \begin{array}{l} (p - c_S)[a - bp(t) + c(E_S(t) + E_M(t))] \\ -\dfrac{\gamma_S}{2} e_S^2(t) - \dfrac{\gamma_M}{2} e_M^2(t) - P_C(E_{M0} - E_M(t) - eg_M) \\ - P_C(E_{S0} - E_S(t) - eg_S) \end{array} \right\} \mathrm{d}t$$

$$(10-35)$$

令 V_{SC} 为整个供应链的利润当值函数，则在 t 时刻后，整个供应链的总利润现值函数为：

$$J_{SC} = e^{-\rho t} V_{SC} \tag{10-36}$$

命题四　供应商的最优减排努力、制造商的最优减排努力和最优销售价格分别为

$$e_S^{**} = \frac{\alpha_S(2v_1^* E_S + v_5^* E_M + v_2^*)}{\gamma_S}$$

$$e_M^{**} = \frac{\alpha_M(2v_3^* E_M + v_5^* E_S + v_4^*)}{\gamma_M}$$

$$p^{**} = \frac{a + c(E_S + E_M) + bc_S}{2b}$$

其中：

$$v_1^* = \frac{\begin{array}{c}\alpha_S^2 v_5^{*2} + 2c^2\gamma_S + 4\gamma_S^2(2\beta_M + \rho)^2(2K_1 + \beta_S\gamma_S\gamma_M)\\ + 2\gamma_S^2\gamma_M(2\beta_M + \rho)(\beta_M\rho\gamma_S - 2\alpha_S^2 c^2)\end{array}}{8\alpha_S^2\gamma_S^2\gamma_M(2\beta_M + \rho)^2}$$

$$v_2^* = \frac{\begin{array}{c}-\gamma_S[a_M(2v_3^* - v_5^*)(c_S - P_C - 2ac - 2bcc_S)\\ + \gamma_M(c_S - P_C)(2ac + 2bcc_S - \beta_S - \rho)]\end{array}}{\begin{array}{c}\alpha_M^2\alpha_S^2(v_5^{*2} - 4v_1^* v_3^*) + 2(\beta_S + \rho)\\ \times(v_3^*\alpha_M^2\gamma_S + v_1^*\alpha_S^2\gamma_M) - \gamma_S\gamma_M(\beta_S + \rho)^2\end{array}}$$

$$v_3^* = \sqrt{\frac{\gamma_S(2\beta_M + \rho)(4K_1 + \gamma_S\gamma_M\rho + 2\beta_S\gamma_M) - 2\alpha_S^2\gamma_M(\alpha_S^2 v_5^{*2} + 2c^2\gamma_S)}{8\alpha_S^2\alpha_M^2\gamma_S}}$$

$$v_4^* = \frac{\begin{array}{c}-\gamma_M[a_S(2v_1^* - v_5^*)(c_S - P_C - 2ac - 2bcc_S)\\ + \gamma_S(c_S - P_C)(2ac + 2bcc_S - \beta_S - \rho)]\end{array}}{\begin{array}{c}\alpha_M^2\alpha_S^2(v_5^{*2} - 4v_1^* v_3^*) + 2(\beta_S + \rho)\\ \times(v_3^*\alpha_M^2\gamma_S + v_1^*\alpha_S^2\gamma_M) - \gamma_S\gamma_M(\beta_S + \rho)^2\end{array}}$$

$$v_5^* = \sqrt{\frac{\begin{array}{c}2\{\gamma_S^2\gamma_M^2[2\beta_M(\beta_M + \rho) + 2\beta_S(\beta_S + \rho) + \rho^2]\\ - 4c^2\gamma_S\gamma_M(\alpha_S^2\gamma_M + \alpha_M^2\gamma_S) - \sqrt{K(\gamma_S\gamma_M)^3}\}\end{array}}{\begin{array}{c}4c^2\gamma_S\gamma_M(\alpha_S^2\gamma_M - \alpha_M^2\gamma_S)[\beta_M(\beta_M + \rho) - \beta_S(\beta_S + \rho)]\\ + \gamma_S^2\gamma_M^2[(\beta_M^2 - \beta_S^2)^2 + \rho(\beta_M - \beta_S)^2[\rho + 2(\beta_M + \beta_S)]\\ + 4c^4(-\alpha_S^2\gamma_M + \alpha_M^2\gamma_S)^2 + 16\alpha_S^2\alpha_M^2\gamma_S\gamma_M]\end{array}}}$$

$$v_6^* = \frac{(a + bc_S)^2 - ac_S - P_C(E_{M0} - eg_M) - P_C(E_{S0} - eg_S) - \dfrac{a_S^2}{2\gamma_S}v_2^2 - \dfrac{a_M^2}{2\gamma_M}v_4^2}{\rho}$$

$$K_1 = \frac{\sqrt{\gamma_S\gamma_M[-4a_S^2(a_M^2 + 2\gamma_M c^2) + \gamma_S\gamma_M(2\beta_S + \rho)^2]}}{4}$$

$$K_2 = 64a_S^2 a_M^2(c^4 - 1) - 8a_M^2\gamma_S c^2(2\beta_S + \rho)^2 - 8a_S^2\gamma_M c^2(2\beta_M + \rho)^2$$
$$+ \gamma_S\gamma_M[\rho^4 + 16\beta_M^2\beta_S^2 + 4\beta_M\rho^2(\beta_M + \rho) + 4\beta_S\rho^2(\beta_S + \rho)$$
$$+ 16\beta_M\beta_S\rho(\beta_M + \beta_S + \rho)]$$

证明：对所有 $E_S > 0$，$E_M > 0$ 有 V_{SC} 满足下列 HJB 方程：

$$\rho V_{SC} = (p - c_S)[a - bp + c(E_S + E_M)] - \frac{\gamma_S}{2}e_S^2 - \frac{\gamma_M}{2}e_M^2$$
$$- P_C(E_{M0} - E_M - eg_M) - P_C(E_{S0} - E_S - eg_S)$$
$$+ V_{SC}^S(a_S e_S - \beta_S E_S) + V_{SC}^M(a_M e_M - \beta_M E_M) \qquad (10-37)$$

其中，V_{SC}^S 和 V_{SC}^M 分别表示利润当值函数 V_{SC} 对 E_S 和 E_M 的偏导。

对式（10-37）求解 e_S，e_M，p 的一阶条件，得到

$$e_S = \frac{\alpha_S v_{SC}^S}{\gamma_S} \qquad (10-38)$$

$$e_M = \frac{\alpha_M v_{SC}^M}{\gamma_M} \qquad (10-39)$$

$$p = \frac{a + c(E_S + E_M) + bc_S}{2b} \qquad (10-40)$$

将式（10-38）~式（10-40）代入式（10-37），整理得到

$$\rho V_{SC} = c^2 E_S^2 + [2c(a + bc_S) - c_S + P_C - \beta_S V_{SC}^S]E_S + c^2 E_M^2$$
$$+ [2c(a + bc_S) - c_S + P_C - \beta_M V_{SC}^M]E_M - 2E_S E_M + (a + bc_S)^2$$
$$- ac_S + \frac{\alpha_S^2 V_{SC}^{S2}}{2\gamma_S} + \frac{\alpha_M^2 V_{SC}^{M2}}{2\gamma_M} - P_C(E_{M0} - eg_M) - P_C(E_{S0} - eg_S)$$

$$(10-41)$$

观察式（10 - 41）的阶数特点，推测关于 E_s 和 E_M 的线性方程为

$$V_{SC} = v_1 E_S^2 + v_2 E_S + v_3 E_M^2 + v_4 E_M + v_5 E_S E_M + v_6 \qquad (10-42)$$

其中 v_1，v_2，v_3，v_4，v_5，v_6 均为常数。

对式（10 - 42）分别求一阶条件，得到

$$V_{SC}^S = 2v_1 E_S + v_2 + v_5 E_M, V_{SC}^M = 2v_3 E_M + v_4 + v_5 E_S \qquad (10-43)$$

将式（10 - 43）代入式（10 - 41），得到

$$
\begin{aligned}
&\rho(v_1 E_S^2 + v_2 E_S + v_3 E_M^2 + v_4 E_M + v_5 E_S E_M + v_6) \\
&= c^2 E_S^2 + [2c(a + bc_S) - c_S + P_C - \beta_S(2v_1 E_S + v_2 \\
&\quad + v_5 E_M)] E_S + c^2 E_M^2 + [2c(a + bc_S) - c_S + P_C \\
&\quad - \beta_M(2v_3 E_M + v_4 + v_5 E_S)] E_M - 2E_S E_M + (a + bc_S)^2 \\
&\quad - ac_S + \frac{\alpha_S^2 (2v_1 E_S + v_2 + v_5 E_M)^2}{2\gamma_S} + \frac{\alpha_M^2 (2v_3 E_M + v_5 E_S + v_4)^2}{2\gamma_M} \\
&\quad - P_C(E_{M0} - eg_M) - P_C(E_{S0} - eg_S) \qquad (B.1)
\end{aligned}
$$

整理式（B.1），并将其左右两边的同类项进行归类，可得到

$$
\left\{
\begin{aligned}
\rho v_1 &= c^2 - 2\beta_S v_1 + \frac{2\alpha_S^2 v_1^2}{\gamma_S} + \frac{\alpha_M^2 v_5^2}{2\gamma_M} \\
\rho v_2 &= 2c(a + bc_S) - c_S + P_C - \beta_S v_2 + \frac{2\alpha_S^2 v_1 v_2}{\gamma_S} + \frac{\alpha_M^2 v_4 v_5}{\gamma_M} \\
\rho v_3 &= c^2 - 2\beta_M v_3 + \frac{\alpha_S^2 v_5^2}{2\gamma_S} + \frac{2\alpha_M^2 v_3^2}{\gamma_M} \\
\rho v_4 &= 2c(a + bc_S) - c_S + P_C - \beta_M v_4 + \frac{\alpha_S^2 v_2 v_5}{\gamma_S} - \frac{2\alpha_M^2 v_3 v_4}{\gamma_M} \\
\rho v_5 &= -\beta_S v_5 - \beta_M v_5 - 2 + \frac{2\alpha_S^2 v_1 v_5}{\gamma_S} + \frac{2\alpha_M^2 v_3 v_5}{\gamma_M} \\
\rho v_6 &= (a + bc_S)^2 - ac_S - P_C(E_{M0} - eg_M) - P_C(E_{S0} - eg_S) - \frac{\alpha_S^2 v_2^2}{2\gamma_S} - \frac{\alpha_M^2 v_4^2}{2\gamma_M}
\end{aligned}
\right.
$$

$$(B.2)$$

求解上述方程组（B.2），可得到 4 组解，将求得解代入式（10 - 36），取使利润最大的一组值（v_1^*，v_2^*，v_3^*，v_4^*，v_5^*，v_6^*）。

将 v_1^*，v_2^*，v_3^*，v_4^*，v_5^*，v_6^* 分别代入式（10 - 43），得到

$$V_{SC}^{S*} = 2v_1^* E_S + v_2^* + v_5^* E_M, V_{SC}^{M*} = 2v_3^* E_M + v_4^* + v_5^* E_S$$

$$(10 - 44)$$

将式（10 - 44）代入分别式（10 - 38）~式（10 - 40），得到供应商和制造商的最优反馈策略为

$$e_S^{**} = \frac{\alpha_S(2v_1^* E_S + v_5^* E_M + v_2^*)}{\gamma_S} \qquad (10 - 45)$$

$$\begin{cases} e_M^{**} = \dfrac{\alpha_M(2v_3^* E_M + v_5^* E_S + v_4^*)}{\gamma_M} \\ p^{**} = \dfrac{a + c(E_S + E_M) + bc_S}{2b} \end{cases} \qquad (10 - 46)$$

证毕。

命题五　在供应商和制造商的最优反馈策略条件下，双方的产品轨迹 E_S^{**} 和 E_M^{**} 分别为

$$E_S^{**} = C_5 e^{Xt} + C_6 e^{Yt} - \frac{Y_1 X_3 - X_2 Y_3}{X_1 Y_1 - X_2 Y_2}$$

因为 $E_S(0) = 0$，则 $C_5 + C_6 = \dfrac{Y_1 X_3 - X_2 Y_3}{X_1 Y_1 - X_2 Y_2}$；

$$E_M^{**} = WC_7 e^{Xt} + ZC_8 e^{Yt} + \frac{X_2(Y_1 X_3 - X_2 Y_3) - X_3(X_1 Y_1 - X_2 Y_2)}{Y_1(X_1 Y_1 - X_2 Y_2)}$$

因为 $E_M(0) = 0$，则 $WC_7 + ZC_8 = -\dfrac{X_2(Y_1 X_3 - X_2 Y_3) - X_3(X_1 Y_1 - X_2 Y_2)}{Y_1(X_1 Y_1 - X_2 Y_2)}$。

其中，C_5，C_6，C_7，C_8 为常数，

$$X = \frac{X_1 + Y_1 + \sqrt{(X_1 - Y_1)^2 + 4X_2 Y_2}}{2}, Y = \frac{X_1 + Y_1 - \sqrt{(X_1 - Y_1)^2 + 4X_2 Y_2}}{2},$$

$$W = \frac{X_2 - X_1 + \sqrt{(X_1 - Y_1)^2 + 4X_2 Y_2}}{2X_1}, \quad Z = \frac{X_2 - X_1 - \sqrt{(X_1 - Y_1)^2 + 4X_2 Y_2}}{2X_1},$$

$$X_1 = \frac{2\alpha_S^2 v_1^*}{\gamma_S} - \beta_S, \quad X_2 = \frac{\alpha_S^2 v_5^*}{\gamma_S}, \quad X_3 = \frac{\alpha_S^2 v_2^*}{\gamma_S}, \quad Y_1 = \frac{2\alpha_M^2 v_3^*}{\gamma_M} - \beta_M,$$

$$Y_2 = \frac{\alpha_M^2 v_5^*}{\gamma_M}, \quad Y_3 = \frac{\alpha_M^2 v_4^*}{\gamma_M}。$$

证明：将式（10-45）和式（10-46）代入式（10-3）和式（10-4），整理得到

$$\dot{E_S}(t) = \left(\frac{2\alpha_S^2 v_1^*}{\gamma_S} - \beta_S \right) E_S + \frac{\alpha_S^2 v_5^*}{\gamma_S} E_M + \frac{\alpha_S^2 v_2^*}{2\gamma_S} \tag{10-47}$$

$$\dot{E_M}(t) = \left(\frac{2\alpha_M^2 v_3^*}{\gamma_M} - \beta_M \right) E_S + \frac{\alpha_M^2 v_5^*}{\gamma_M} E_M + \frac{\alpha_M^2 v_4^*}{\gamma_M} \tag{10-48}$$

对式（10-47）关于 t 求导，得到

$$\frac{\mathrm{d}^2 E_S}{\mathrm{d}t^2} = X_1 \frac{\mathrm{d}E_S}{\mathrm{d}t} + X_2 \frac{\mathrm{d}E_M}{\mathrm{d}t} \tag{10-49}$$

整理可得

$$\frac{\mathrm{d}E_M}{\mathrm{d}t} = \frac{1}{X_2} \frac{\mathrm{d}^2 E_S}{\mathrm{d}t^2} - \frac{X_1}{X_2} \frac{\mathrm{d}E_S}{\mathrm{d}t} \tag{10-50}$$

对式（10-48）进行整理，得到

$$E_M = \frac{1}{X_2} \frac{\mathrm{d}E_S}{\mathrm{d}t} - \frac{X_1}{X_2} E_S - \frac{X_3}{X_2} \tag{10-51}$$

将式（10-50）和式（10-51）代入式（10-48），并求解该微分方程得到

$$E_S^{**} = C_5 e^{Xt} + C_6 e^{Yt} - \frac{Y_1 X_3 - X_2 Y_3}{Y_1 X_1 - X_2 Y_2} \tag{10-52}$$

将式（10-52）代入式（10-51），得到

$$E_M^{**} = WC_7 e^{Xt} + ZC_8 e^{Yt} + \frac{X_2(Y_1 X_3 - X_2 Y_3) - X_3(Y_1 X_1 - X_2 Y_2)}{Y_1(Y_1 X_1 - X_2 Y_2)}$$

$$(10-53)$$

证毕。

命题六 供应链的利润当值最优值函数和总利润现值最优值函数分别为：

$$V_{SC}^{**} = v_1^* E_S^{**2} + v_2^* E_S^{**} + v_3^* E_M^{**2} + v_4^* E_M^{**} + v_5^* E_S^{**} E_M^{**} + v_6^*$$

$$(10-54)$$

$$J_{SC}^{**} = e^{-\rho t} V_{SC}^*$$ $$(10-55)$$

证明：将 v_1^*、v_2^*、v_3^*、v_4^*、v_5^*、v_6^*，式（10-52）和式（10-53）代入式（10-42）中可得到利润当值最优值函数，将式（10-54）代入式（10-36），可得到总利润现值最优值函数。

证毕。

10.3.3 两种情形比较

推论一 在分散决策和集中决策情形下，供应商和制造商减排努力、售价及供应商、制造商和供应链整体总利润现值函数的最优值均与供应商和制造商的减排量成正比，与各自的减排成本成反比。

证明：由式（10-22）、式（10-23）、式（10-33）、式（10-34）、式（10-45）、式（10-46）和式（10-55）可观察得到。

由推论一可知，当企业的减排成本增加时，减排努力会降低，说明成本的增加会影响企业减排生产的积极性，且当减排努力降低时，减排量也随之降低，此时，企业应研发新的减排技术降低减排成本，政府应积极给予一定的减排政策优惠，补贴企业因减排带来的成本，增加企业减排积极性。

推论二 集中决策时，供应商和制造商各自的减排努力及总利润高于分散决策情况时对应值。当 $t > \dfrac{b(c_S - w) + cL}{cL}$ 时，集中决策时的销售价格高于分散决策时的销售价格。

证明：通过 MATLAB 可整理得到

$$e_S^{**} - e_S^* > 0, e_M^{**} - e_M^* > 0, J_{SC}^{**} - (J_S^* + J_M^*) > 0$$

当 $t > \dfrac{b(c_S - w) + cL}{cL}$ 时，$p^{**} - p^* > 0$。

其中：

$$L = \frac{Y_1 X_3 - X_2 Y_3}{Y_1 X_1 - X_2 Y_2} - \frac{X_2(Y_1 X_3 - X_2 Y_3) - X_3(Y_1 X_1 - X_2 Y_2)}{Y_1(Y_1 X_1 - X_2 Y_2)}$$
$$- \frac{B_1 A_3 - A_2 B_3}{A_1 B_1 - A_2 B_2} + \frac{A_2(B_1 A_3 - A_2 B_3) - A_3(B_1 A_1 - A_2 B_2)}{B_1(A_1 B_1 - A_2 B_2)}$$

推论二说明，集中决策能促进供应商和制造商投入更高减排努力，使减排量得到提高，并获得更高的利润，使企业更有利于发展低碳经济，促使企业愿意进行减排生产，使环境得到改善。

虽然集中决策可使整个供应链系统的利润达到最大化，但应该注意的是，若要供应商和制造商选择集中决策，应满足双方各自的利润都要高于分散决策时的利润，即要满足以下条件：

$$J_S^{**} - J_S^* > 0, J_M^{**} - J_M^* > 0$$

10.4　仿真分析

为分析长期情况下，供应商和制造商的减排量、制造商的销售价格和供应链系统利润，本节将首先对分散决策和集中决策时的均衡结果进行对比分析，然后分析低碳偏好对供应商和制造商的减排量、制造商的销售价格和供应链系统利润的影响，最后分析碳交易价格对供应商和制造商的减排量、制造商的销售价格和供应链系统利润的影响。

假设供应商和制造商的减排成本系数分别为 $\gamma_S = 4$，$\gamma_M = 5$，减排努力对减排量的影响系数分别为 $\alpha_S = 0.5$，$\alpha_M = 0.3$，减排衰退率分别为 $\beta_S = 3$，$\beta_M = 2$，初始碳排放量：$E_{S0} = 10$，$E_{M0} = 15$。政府分配给供应商和制造商的碳排放权为 $eg_S = 3$，$eg_M = 5$。其余参数设置为 $a = 20$，$b = 3$，$c = 5$，$\overline{\omega} = 5$，$c_S = 2$，$P_C = 10$，$\rho = 0.1$。将这些参数代入 10.3 节的命题一至命题六，得到：

（1）分散决策情况下，供应商和制造商的最优减排努力、制造商的最优销售价格、供应链系统最优利润及供应商和制造商减排量最优轨迹分别为：

$$e_S^* = -0.01e^{-2t} + 0.53$$

$$e_M^* = -0.01e^{-2t} + 0.41$$

$$p^* = -0.09e^{-2t} + 5.92$$

$$J_S^* + J_M^* = 0.01e^{-4.1t} - 1.12e^{-2.1t} + 1590.32e^{-0.1t}$$

$$E_S^* = -0.01e^{-2t} + 0.01$$

$$E_M^* = -0.1e^{-2t} + 0.1$$

（2）集中决策情况下，供应商和制造商的最优减排努力、制造商的最优销售价格、供应链系统总最优利润及供应商和制造商减排量最优轨迹分别为：

$$e_S^{**} = -2.7e^{-1.8t} + 15.5$$

$$e_M^{**} = -2.9e^{-0.9t} + 11.6$$

$$p^{**} = -5.3e^{-1.8t} + 9.6$$

$$J_{SC}^{**} = 124.3e^{-3.7t} - 1051.6e^{-1.9t} + 4423.3e^{-0.1t}$$

$$E_S^{**} = -2.6e^{-1.8t} + 2.6$$

$$E_M^{**} = -3.7e^{-1.8t} + 3.7$$

10.4.1 均衡分析

分散决策和集中决策下，供应商和制造商减排量的最优轨迹分别如

图 10 - 1 和图 10 - 2 所示。由图 10 - 1 和图 10 - 2 可知，供应商和制造商的产品减排量随时间的增加而增加，分散决策时的减排量虽然也有所增加，但增幅比较小，而集中决策时的增幅较大。同一时刻下，集中决策的减排量始终高于分散决策的减排量，并且远高于分散决策时的减排量。

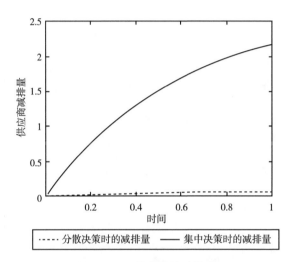

图 10 - 1　供应商的减排量

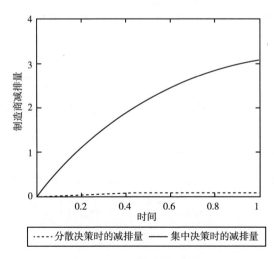

图 10 - 2　制造商的减排量

分散决策和集中决策下制造商最优销售价格的变化如图 10-3 所示,可见,在分散决策和集中决策时,价格都随时间的增加而增加,分散决策时,价格的增长趋势比较缓慢,而集中决策时的增长较快。在 $t = 0.2$ 后,集中决策的价格高于分散决策时的价格,说明由于消费者存在低碳偏好,消费者会支付更高的价格购买更低碳的产品。此外,随着减排量的增加,企业可提高销售价格以寻求更高的利润。

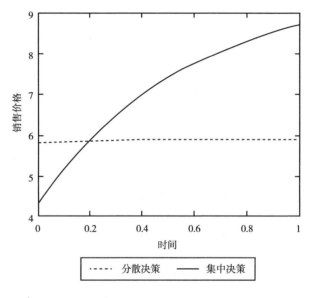

图 10-3 销售价格

分散决策和集中决策时,供应链系统的最优利润变化如图 10-4 所示。由图 10-4 可知,集中决策时,供应链系统总利润随时间的增加而增加,并趋于稳定状态,而分散决策则是小幅度的减小,然后趋于稳定状态。同一时刻下,集中决策的利润始终高于分散决策的利润,并且远高于分散决策时的利润。说明集中决策进行减排生产可以兼顾环境与自身利润双重因素,能在保证自身利润增长的同时更有效地进行减排生产。

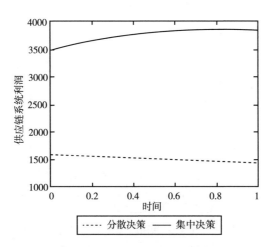

图 10 - 4　供应链系统的利润

10.4.2　消费者低碳偏好分析

进一步分析集中决策时消费者低碳偏好对供应商和制造商的减排量、制造商的销售价格和供应链系统利润的影响，对影响系数 c 进行灵敏度分析，分别如图 10 - 5 ~ 图 10 - 8 所示。

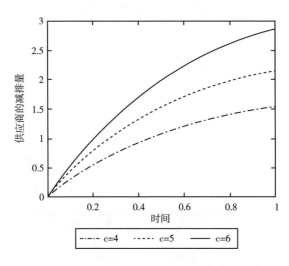

图 10 - 5　c 对供应商减排量最优轨迹的影响

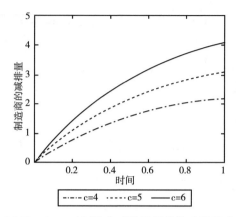

图 10 – 6 c 对制造商减排量最优轨迹的影响

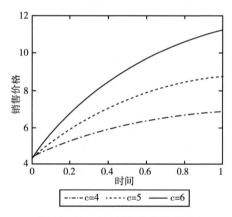

图 10 – 7 c 对销售价格的影响

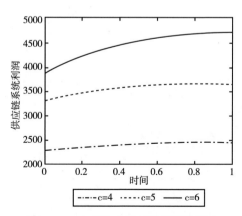

图 10 – 8 c 对供应链系统利润的影响

由图 10 - 5 和图 10 - 6 可知，消费者低碳偏好越高，供应商和制造商减排程度也越高。说明消费者越倾向购买低碳产品，企业减排力度就越大。由图 10 - 7 可知，随着消费者低碳偏好程度的增加，制造商销售价格也随之增加。说明低碳偏好越高，消费者更愿意支付更高的价格去购买低碳产品，企业定价也可以适当增加。由图 10 - 8 可知，消费者低碳偏好越高，供应链系统利润也越高，最终趋于稳定。

因此，消费者低碳偏好越高，对企业减排的激励程度就越高，更能促使企业进行减排生产，增加减排量。同时，由于消费者更加倾向于购买低碳产品，消费者也愿意支付较高价格购买低碳产品，企业对低碳产品的定价可适当增加。同时，随着消费者低碳偏好的增加，供应链系统利润也随之增加。

10.4.3　政府碳交易政策分析

分析政府碳交易政策对供应商和制造商的减排量、制造商的销售价格和供应链系统利润的影响，在集中决策情况下，对碳交易价格 P_C 进行灵敏度分析，如图 10 - 9 ~ 图 10 - 12 所示。

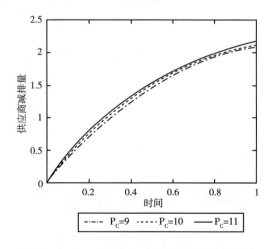

图 10 - 9 P_C 对供应商减排量最优轨迹的影响

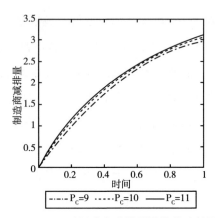

图 10 – 10 P_C **对制造商减排量最优轨迹的影响**

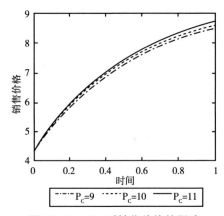

图 10 – 11 P_C **对销售价格的影响**

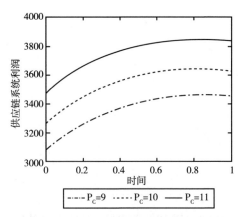

图 10 – 12 P_C **对供应链系统利润的影响**

由图 10 - 9 和图 10 - 10 可知，碳交易价格的增加会使供应商和制造商减排量增加。说明在碳交易市场上，当政府制定较高的碳交易价格时，若企业碳排放量过多，企业将在碳交易市场上以高价格购买碳排放权，或者若企业出售剩余的碳排放权，将获得较高收益，因此，企业为降低成本或获得较高收益应采取减排措施。由图 10 - 11 可知，随着碳交易价格的增加，制造商销售价格也随之增加。碳交易价格的增加会导致碳减排量增加，消费者低碳偏好的影响也将间接导致价格的增加。由图 10 - 12 可知，随着碳交易价格的增加，供应链系统利润也随之增加。在较高碳交易价格的后期有微小的降低，并且利润增长率会随时间的增加而降低。说明碳交易价格能影响供应链系统利润，但作用效果会随时间的增加而变小。

因此，政府碳交易价格越高对企业减排的激励作用就越大，但随着时间的增加，碳交易政策对企业的作用效果在减弱，并在高碳交易价格下，对长期的利润会有负效应。这表明，在长期的过程中，政府应及时调整减排政策，保证企业选择减排生产。

10.5 本章结论

本章构建了一个供应商和一个制造商构成的微分博弈模型，得到分散决策和集中决策时最优均衡反馈策略、减排量的最优轨迹和最优利润，并对两种情况进行分析比较。通过数值仿真，对前文中推论进行了验证，并在集中决策情况下分析了消费者低碳偏好和政府的碳交易价格对供应商的减排量、制造商的减排量、制造商的销售价格和供应链系统利润的影响。得到如下结论：

（1）集中决策时供应商和制造商的减排量和供应链系统利润均高于分散决策时的对应值。

（2）低碳偏好增强时，消费者愿意支付更高的价格购买低碳产品，此时会刺激企业在对低碳产品定价时选择一个较高的价格水平，同时，随着政府碳交易价格的增加，企业也会选择一个较高的销售价格以获取更多的利润。

（3）消费者的低碳偏好和政府碳交易价格会激励企业进行减排，随着消费者低碳偏好和政府碳交易价格的增加，供应链系统利润也会增加，但随着时间的推移，较高的碳交易价格会对利润产生负效应。这表明，政府在规划期内应及时调整政策，选择适当的碳交易价格激励企业进行减排。同时，政府也应大力倡导低碳生活，提高消费者低碳意识，激励企业进行减排。

第 11 章

结论和展望

11.1 本书结论

本书研究了碳排放税收政策下供应链网络成员企业间的博弈问题；构建了碳税和碳限额与交易政策下供应链网络均衡模型，并进行了对比研究；分析了政府监督下供应链成员企业演化博弈关系，以及政府惩罚机制下制造商低碳技术选择问题；并对低碳供应链网络优化设计问题以及减排协调问题展开了一系列的研究。

本书的主要研究结论有以下九点：

（1）在三种碳税决策框架（分权碳税框架、集权碳税框架——固定阈值、集权碳税框架——弹性阈值）下，供应链网络均衡时，碳排放税均保证了碳排放量没有超过阈值的限制，达到了预期的环境目标。随着环境目标的提高，相应提高单位碳排放税，将激励供应链网络中的成员降低碳排放量。因此，为了达到预定的环境目标，环境部门可以适当调整单位碳排放税。

（2）供应链网络均衡时，碳税政策下的排放量高于碳交易政策下的碳排放量，碳交易政策下制造商的利润高于碳税政策下的利润，碳税政策下销售商的利润高于碳交易政策下的利润，碳交易政策下的供应链网络总利润高于碳税政策下的总利润。因此，碳税政策和碳排放交易政策均可实现减排。在实践中，碳税政策为供应链中的企业带来了巨大的财务压力，对企业的利润产生较大影响；碳交易政策下，供应链网络内企业可进行碳信用交易，更具有灵活性。

（3）政府的惩罚力度和补贴程度与上下游企业采用低碳技术与未采用低碳技术时的收益情况对博弈结果有很大影响。政府应制定适当的政策逐步实现低碳生产，最终实现经济、社会和环境的共同发展。

（4）消费者对企业碳排放的关注程度在一定范围内时，消费者的低碳意识越强，越有利于有限理性的企业加快低碳技术升级。然而，当消费者对企业碳排放过度关注时，会导致部分企业放弃选择低碳技术，甚至导致所有企业都放弃低碳技术。

（5）政府对环境未达标企业的惩罚力度不足时，企业仍会保持原有技术不变；随着政府惩罚力度加大，企业选择低碳技术的企业会越来越多；当惩罚力度提高到一定范围内时，所有企业都会积极选择低碳技术。

（6）通过对经济成本最小、碳排放量最低、社会效益最大的优化目标进行权衡性分析，发现供应链网络中的企业经济成本与碳排放量是同步变化的，两个目标间存在正向相关关系，而要实现社会效益最大的目标，需要通过采用柔性供应策略和设施改造进行网络优化，加大环保减排技术的投入。

（7）在政府实施碳排放交易政策的环境下，零售商为提高自身利润，会主动承担一定的减排成本。在制造商和零售商签订减排成本分担契约后，在一定条件下，双方利润得到帕累托改进，并得到制造商的最优减排量及零售商的最优订货量。

（8）在消费者低碳偏好的情况下，零售商承担一定比例的减排成本以促使制造商进行减排生产，进而提高市场需求，但当承担比例过高时，零售商的利润会下降，零售商不会承担过高的分摊比例，但当分摊比例达到一定值时，会促使制造商进行减排生产，零售商的利润会增加，所以零售商会尽可能地承担一定的分摊比例使其利润增加。

（9）消费者低碳偏好增强时，消费者愿意支付更高的价格购买低碳产品，此时会刺激企业在对低碳产品定价时选择一个较高的价格水平。同时，随着政府碳交易价格的增加，企业也会选择一个较高的销售价格获取更多的利润；但过高的碳交易价格会对企业利润产生负效应，所以政府要选择适当的碳交易价格激励企业进行减排。

11.2 研究局限及未来展望

（1）研究低碳供应链网络优化设计问题时，本书是在单周期的背景下进行闭环供应链网络设计的，未来可以考虑在多周期的运营背景下进行研究，并且进一步优化社会效益的衡量指标体系。

（2）研究基于减排成本分摊契约的供应链协调问题时，本书将供应链中成员简化为一个制造商和一个供应商，并且是在单周期情况下进行分析，未来还可考虑扩展为多个成员之间的协调，并且可以考虑多周期情况。同时，本书在研究中还假设了制造商和零售商信息对称的情况，但实际上，信息往往是不对称的，这也将影响双方最终的决策，供应链的协调策略也会发生改变，未来的研究还应该考虑信息不对称的情况。

（3）研究考虑消费者低碳偏好的供应链动态减排协调问题时，本书设计的是由一个制造商和一个供应商构成的供应链，但实际供应链往往是多个参与者进行博弈，供应链的均衡策略也会发生改变。因此，未来可考虑扩展研究多个成员之间的博弈问题。

（4）本书得到的结论对提升低碳供应链管理水平具有重要意义，未来将进一步探讨低碳供应链运营优化决策问题，深入分析低碳环境下的供应链网络优化及协调问题。

参 考 文 献

[1] 鲍勤, 汤铃, 汪寿阳, 乔晗. 美国碳关税对我国经济的影响程度到底如何? ——基于 DCGF 模型的分析 [J]. 系统工程理论与实践, 2013, 33 (2): 345 – 353.

[2] 鲍勤, 汤铃, 杨列勋, 乔晗. 能源节约型技术进步下碳关税对中国经济与环境的影响——基于动态递归可计算一般均衡模型 [J]. 系统科学与数学, 2011, 31 (2): 175 – 186.

[3] 曹柬, 吴晓波, 周根贵. 制造企业绿色运营模式演化及政府作用分析 [J]. 科研管理, 2013, 34 (1): 109 – 115.

[4] 曹细玉, 张杰芳. 碳减排补贴与碳税下的供应链碳减排决策优化与协调 [J]. 运筹与管理, 2018, 27 (4): 57 – 61.

[5] 陈勇, 杨雅斌. 区间规划下的高残值易逝品供应链网络设计 [J]. 计算机工程与应用, 2020, 56 (6): 254 – 261.

[6] 程发新, 袁猛, 孙立成, 罗建强. 复合碳减排政策下闭环供应链网络均衡决策 [J]. 系统工程学报, 2019, 34 (4): 483 – 496.

[7] 程永伟, 穆东. 供应链的碳税模式及最优税率 [J]. 系统管理学报, 2016, 25 (4): 752 – 766.

[8] 董海, 高秀秀, 魏铭琦. 基于动态自适应布谷鸟搜索算法的多目标闭环供应链网络优化 [J]. 系统工程, 2020, 38 (4): 46 – 58.

[9] 董海, 高秀秀, 魏铭琦. 基于深度信念网络的闭环供应链网络风险控制 [J]. 工业工程与管理, 2020, 25 (6): 24 – 32.

[10] 杜少甫, 董骏峰, 梁樑, 张靖江. 考虑排放许可与交易的生产优化 [J]. 中国管理科学, 2009, 17 (3): 81 – 86.

[11] 付丽萍, 刘爱东. 征收碳税对高碳企业转型的激励模型 [J]. 系统工程, 2012, 30 (7): 94-98.

[12] 付秋芳, 忻莉燕, 马士华. 惩罚机制下供应链企业碳减排投入的演化博弈 [J]. 管理科学学报, 2016, 19 (4): 56-69.

[13] 高举红, 王瑞, 王海燕. 碳补贴政策下闭环供应链网络优化 [J]. 计算机集成制造系统, 2015, 21 (11): 3033-3040.

[14] 高鹏飞, 陈文颖. 碳税与碳排放 [J]. 清华大学学报 (自然科学版), 2002, 42 (10): 1335-1338.

[15] 郭军华, 孙林洋, 张诚, 倪明, 朱佳翔. 碳限额交易政策下考虑消费者低碳偏好的供应链定价与协调 [J]. 工业工程与管理, 2020, 25 (2): 134-145.

[16] 韩敬稳, 赵道致, 秦娟娟. Bertrand 双寡头对上游供应商行为的演化博弈分析 [J]. 管理科学, 2009, 22 (2): 57-63.

[17] 何华, 马常松, 吴忠和. 碳限额与交易政策下考虑绿色技术投入的定价策略研究 [J]. 中国管理科学, 2016, 24 (5): 74-84.

[18] 黄帝, 张菊亮. 不同权力结构下碳税对供应链减排水平的影响 [J]. 中国管理科学, 2021, 29 (7): 57-69.

[19] 黄卫东, 薛殿中, 巩永华. 低碳供应链协同技术创新的微分对策模型 [J]. 南京邮电大学学报 (自然科学版), 2015, 35 (4): 15-20.

[20] 金帅, 盛昭瀚, 杜建国. 排污权交易系统中政府监管策略分析 [J]. 中国管理科学, 2011, 19 (4): 174-183.

[21] 李进. 低碳环境下闭环供应链网络设计多目标鲁棒模糊优化问题 [J]. 控制与决策, 2018, 33 (2): 293-300.

[22] 李进. 基于可信性的低碳物流网络设计多目标模糊规划问题 [J]. 系统工程理论与实践, 2015, 35 (6): 1482-1492.

[23] 李进, 朱道立. 模糊环境下低碳闭环供应链网络设计多目标规划模型与算法 [J]. 计算机集成制造系统, 2018, 24 (2): 494-504.

[24] 李艳冰, 汪传旭. 基于成本利润率的两级供应链优化与协调 [J]. 管理工程学报, 2018, 32 (1): 100-106.

[25] 李媛, 赵道致. 低碳供应链中政府监管企业减排的演化博弈模型 [J]. 天津大学学报 (社会科学版), 2013, 15 (3): 193-197.

[26] 刘名武，万谧宇，付红. 碳交易和低碳偏好下供应链低碳技术选择研究 [J]. 中国管理科学，2018，26（1）：152-162.

[27] 刘名武，吴开兰，徐茂增. 面向消费者低碳偏好的供应链减排成本分摊与协调 [J]. 工业工程与管理，2016，21（4）：50-57.

[28] 鲁其辉，朱道立. 质量与价格竞争供应链的均衡与协调策略研究 [J]. 管理科学学报，2009，12（3）：56-64.

[29] 马秋卓，宋海清，陈功玉. 碳配额交易体系下企业低碳产品定价及最优碳排放策略 [J]. 管理工程学报，2014，28（2）：217-136.

[30] 马艳芳，应斌，康凯，等. 模糊需求下绿色同时取送货问题与算法研究 [J]. 计算机工程与应用，2020，56（16）：248-257.

[31] 石敏俊，袁永娜，周晟吕，李娜. 碳减排政策：碳税、碳交易还是两者兼之？管理科学学报，2013，16（9）：9-19.

[32] 孙浩，张桂涛，钟永光，等. 政府补贴下制造商回收的多期闭环供应链网络均衡 [J]. 中国管理科学，2015，23（1）：56-64.

[33] 碳交易市场运行的中国经验 [EB/OL]. (2018-5-10). http：//www. tan-jiaoyi. com/article-24263-1. html.

[34] 唐金环，戢守峰，蓝海燕，等. 考虑碳配额差值的选址-路径-库存联合优化多目标模型与求解 [J]. 管理工程学报，2017，31（1）：162-168.

[35] 王春晖. 低碳供应链生产运作优化研究 [D]. 武汉：华中科技大学，2012.

[36] 王京安，韩立，高翀，徐昕. 低碳经济发展中政府与企业之间的博弈分析 [J]. 科技管理研究，2012（22）：234-238.

[37] 王明征，刘宽. 运输碳排放税及其分摊比例对制造商最优策略的影响 [J]. 运筹与管理，2014，23（5）：133-146.

[38] 王芹鹏，赵道致，何龙飞. 供应链企业碳减排投资策略选择与行为演化研究 [J]. 管理工程学报，2013，28（3）：181-189.

[39] 王芹鹏，赵道致. 消费者低碳偏好下的供应链收益共享契约研究 [J]. 中国管理科学，2014，22（9）：106-113.

[40] 王一雷，朱庆华，夏西强. 基于消费偏好的供应链上下游联合减排协调契约博弈模型 [J]. 系统工程学报，2017，32（2）：188-198.

[41] 夏良杰，孔清逸，李友东，徐春秋. 考虑交叉持股的低碳供应链减排与定价

决策研究 [J]. 中国管理科学, 2021, 29 (4): 70-81.

[42] 夏西强, 徐春秋. 政府碳税与补贴政策对低碳供应链影响的对比研究 [J]. 运筹与管理, 2020, 29 (11): 112-120.

[43] 徐建中, 徐莹莹. 基于演化博弈的制造企业低碳技术采纳决策机制研究 [J]. 运筹与管理, 2014, 23 (5): 264-272.

[44] 许士春, 何正霞, 龙如银. 环境政策工具比较: 基于企业减排的视角 [J]. 系统工程理论与实践, 2012, 32 (11): 2351-2362.

[45] 杨惠霄, 骆建文. 碳税政策下的供应链减排决策研究 [J]. 系统工程理论与实践, 2016, 36 (12): 3092-3102.

[46] 杨珺, 李金宝, 卢巍. 系统动力学的碳排放政策对供应链影响 [J]. 工业工程与管理, 2012, 17 (4): 21-30.

[47] 杨亚琴, 邱菀华, 何大义. 强制减排机制下政府与企业之间的博弈分析 [J]. 系统工程, 2012, 30 (2): 110-114.

[48] 杨玉香, 林梦嫚, 张宝友, 孟丽君, 于艳娜. 不同碳税政策对供应链网络均衡的影响研究 [J]. 计算机集成制造系统, 2021, 27 (10): 3036-3048.

[49] 杨玉香, 孟丽君, 张宝友, 于艳娜. 竞争环境下供应链网络生产与外包决策优化 [J]. 计算机集成制造系统, 2019, 25 (1): 216-225.

[50] 杨玉香, 张宝友, 孟丽君. 碳排放权交易约束下供应链网络成员企业微分博弈分析 [J]. 系统科学与数学, 2018, 38 (10): 1172-1185.

[51] 杨玉香, 周根贵. 报废产品回收激励与监督的竞争博弈模型 [J]. 系统工程学报, 2013, 28 (2): 202-210.

[52] 姚昕, 刘希颖. 基于增长视角的中国最优碳税研究 [J]. 经济研究, 2010 (11): 48-58.

[53] 叶同, 关志民, 陶瑾, 曲优. 考虑消费者低碳偏好和参考低碳水平效应的供应链联合减排动态优化与协调 [J]. 中国管理科学, 2017, 25 (10): 52-61.

[54] 曾伟, 王瑶池, 周洪涛. 碳限额与交易机制下供应链运作优化研究 [J]. 管理工程学报, 2015, 29 (3): 199-206.

[55] 张盼, 熊中楷. 基于政府视角的最优碳减排政策研究 [J]. 系统工程学报, 2018, 33 (5): 627-697.

[56] 张玉忠, 柏庆国. 碳税政策下时变需求依赖库存与价格的供应链协调模型

［J］. 运筹学学报，2017，21（2）：1 – 12.

［57］赵道致，王楚格. 考虑低碳政策的供应链企业减排决策研究［J］. 工业工程，2014，17（1）：105 – 111.

［58］赵道致，原白云，徐春秋. 低碳环境下供应链纵向减排合作的动态协调策略［J］. 管理工程学报，2016，30（1）：147 – 154.

［59］赵道致，原白云，徐春秋. 考虑产品碳排放约束的供应链协调机制研究［J］. 预测，2014，33（3）：76 – 80.

［60］周宝刚，刘安业，赵宏霞. 基于偏好与合作的供应链网络设计与集成优化［J］. 计算机集成制造系统，2017，23（1）：123 – 133.

［61］周艳菊，胡凤英，周正龙，等. 最优碳税税率对供应链结构和社会福利的影响［J］. 系统工程理论与实践，2017，37（4）：886 – 900.

［62］周艳菊，胡凤英，周正龙. 碳税政策下制造商竞争的供应链定价策略和社会福利研究［J］. 中国管理科学，2019，27（7）：94 – 105.

［63］周艳菊，黄雨晴，陈晓红，徐选华. 促进低碳产品需求的供应链减排成本分担模型［J］. 中国管理科学，2015，23（7）：86 – 93.

［64］周原令，胡晓兵，江代渝，等. 基于改进 NSGA – Ⅱ 的车间排产优化算法研究［J］. 计算机工程与应用，2021，57（19）：274 – 281.

［65］2018 全球碳市场进展报告［EB/OL］. （2018 – 07 – 27）. http：//www. tanjiaoyi. com/article – 24537 – 1. html.

［66］Barari S，Agarwal G，Zhang W，et al. A decision framework for the analysis of green supply chain contracts：An evolutionary game approach［J］. Expert Systems with Applications，2012，39（3）：2965 – 2976.

［67］Basiri Z，Heydari J. A mathematical model for green supply chain coordination with substitutable products［J］. Journal of Cleaner Production，2017（145）：232 – 249.

［68］Bazan E，Jaber M Y and Zanoni S. Carbon emissions and energy effects on a two-level manufacturer-retailer closed-loop supply chain model with remanufacturing subject to different coordination mechanisms［J］. International Journal of Production Economics，2017，183（B）：394 – 408.

［69］Bruna M，Maria I G，Ana C，et al. Towards supply chain sustainability：economic，environmental and social design and planning［J］. Journal of Cleaner Production，

2015 (105): 14 – 27.

[70] Bruvoll A. Green throughput taxation: Environmental and economic consequences [J]. Environmental and Resource Economics, 1998, 12 (4): 387 – 401.

[71] Bustillo M. Wal-Mart to assign new "green" ratings [J]. Wall Street Journal, 2009 (7): 1 – 2.

[72] Caro F, Corbett C, Tan T, et al.. Carbon-optimal and carbon-neutral supply chains [J]. In Working Paper, Anderson Graduate School of Management, UC Los Angeles.

[73] Chen K, Liang J, Li J. Information structures and pricing decisions in competing supply chains [J]. Journal of Systems Science and Systems Engineering. 2012, 21 (2): 226 – 254.

[74] Chen P, Ji G, Zhang G, Shi Y. A closed-loop supply chain network considering consumer's low carbon preference and carbon tax under the cap-and-trade regulation [J]. Sustainable Production and Consumption, 2022 (29): 614 – 635.

[75] Chen X, Luo Z, Wang X. Impact of efficiency, investment, and competition on low carbon manufacturing [J]. Journal of Cleaner Production, 2017 (143): 388 – 400.

[76] Chen X, Wang X. Effects of carbon emission reduction policies on transportation mode selections with stochastic demand [J]. Transport Research Part E, 2016 (90): 196 – 205.

[77] Chin AT, Zhang P. Carbon emission allocation methods for the aviation sector [J]. Journal of Air Transport Management, 2013 (28): 70 – 76.

[78] Chun S, Yang L. Multi-objective imperfect preventive maintenance optimisation with NSGA-Ⅱ [J]. International Journal of Production Research, 2020, 58 (13): 4033 – 4049.

[79] Chávez C A, Villena M G, Stranlund J K. The choice of policy instruments to control pollution under costly enforcement and incomplete information [J]. Journal of Applied Economics, 2009, 12 (2): 207 – 227.

[80] Cordero M P, Escoto R P. Carbon Footprint estimation for a Sustainable Improvement of Supply Chains: State of the Art [J]. Journal of Industrial Engineering & Management, 2013, 6 (3): 9.

[81] Cordero P. Carbon footprint estimation for a sustainable improvement of supply

chains: State of the art [J]. Journal of Industrial Engineering and Management, 2013, 6 (3): 805 –813.

[82] Dai R, Zhang J, Tang W. Cartelization or Cost-sharing? Comparison of coopera-tion modes in a green supply chain [J]. Journal of Cleaner Production, 2017 (156): 158 – 173.

[83] Dinan T. Policy options for reducing CO_2 emissions [R]. Washington, D. C. , The congress of the United States, Congressional Budget Office, 2008.

[84] Dong C, Shen B, Chow P, et al. Sustainability investment under cap-and-trade regulation [J]. Annals of Operations Research. 2016, 240 (2): 509 –531.

[85] Dupuis P, Nagurney A. Dynamical systems and variational inequalities [J]. An-nals of Operations Research, 1993 (44): 9 –42.

[86] Du S, Tang W, Song M. Low-carbon production with low-carbon premium in cap-and-traderegulation [J]. Journal of Cleaner Production, 2016 (134): 652 –662.

[87] Ekins P. Competitiveness and exemptions from environmental taxes in Europe [J]. Environmental and Resource Economics, 1999 (11): 369 –396.

[88] Elhedhli S & Merrick R. Green supply chain network design to reduce carbon emis-sions [J]. Transportation Research Part D: Transport and Environment, 2012, 17 (5): 370 –379.

[89] Fahimnia B, Sarkis J, Choudhary A, et al. Tactical supply chain planning under a carbon tax policy scheme: A case study [J]. International Journal of Production Econom-ics, 2015 (164): 206 –215.

[90] Floros N, Vlachou A. Energy demand and energy related CO_2 emissions in Greek manufacturing: assessing the impact of a carbon tax [J]. Energy Economics, 2005, 27 (3): 387 –413.

[91] Gao X H. A novel reverse logistics network design considering multi-level invest-ments for facility reconstruction with environmental considerations [J]. Sustainability, 2019, 11 (9): 2710.

[92] Gao X H, Cao C. A novel multi-objective scenario-based optimization model for sustainable reverse logistics supply chain network redesign considering facility reconstruction [J]. Journal of Cleaner Production, 2020 (270): 1 –49.

［93］ Gonzalez F. Distributional effects of carbon taxes: The case of Mexico ［J］. Energy Economics, 2012, 34 （6）: 2102 – 2115.

［94］ Goodarian F, Wamba S F, Mathiyazhagan K, et al. A new bi-objective green medicine supply chain network design under fuzzy environment: Hybrid metaheuristic algorithms ［J］. Computers & Industrial Engineering, 2021 （160）: 1 – 25.

［95］ Haddadsisakht A, Ryan S M. Closed-loop supply chain network design with multiple transportation modes under stochastic demand and uncertain carbon tax ［J］. International Journal of Production Economics, 2018 （195）: 118 – 131.

［96］ Heydari J, Govindan K, Jafari A. Reverse and closed loop supply chain coordination by considering government role ［J］. Transportation Research Part D: Transport and Environment, 2017, 52 （A）: 379 – 398.

［97］ He Y, Wang L, Wang J. Cap-and-trade vs. carbon taxes: A quantitative comparison from a generation expansion planning perspective ［J］. Computers & Industrial Engineering, 2012 （63）: 708 – 716.

［98］ Hoen K M R, Tan T, Fransoo JC, Van Houtum GJ. Effect of carbon emission regulations on transport mode selection under stochastic demand ［J］. Flexible Services and Manufacturing Journal, 2012, 26 （1 – 2）: 170 – 195.

［99］ Huang M, Dong L, Kuang H, et al. Supply chain network design considering customer psychological behavior-a 4PL perspective ［J］. Computers & Industrial Engineering, 2021 （159）: 80 – 98.

［100］ Hugo A, Pistikopoulos E N. Environmentally conscious long-range planning and design of supply chain networks ［J］. Journal of Cleaner Production, 2005, 13 （15）: 1471 – 1491.

［101］ Imen N, Ramzi H, Yannick F, et al. Design of forward supply chains: impact of a carbon emissions-sensitive demand ［J］. International Journal of Production Economics, 2016 （173）: 80 – 98.

［102］ IPCC. Climate Change 2014 Synthesis report ［R］. Geneva: Intergovernmental Panel on Climate Change, 2014.

［103］ Jaber M Y, Glock C H, El Saadany AMA. Supply chain coordination with emissions reduction incentives ［J］. International Journal of Production Research, 2013, 51

(1): 69 – 82.

[104] Jian M, He H, Ma C, Wu Y, Yang H. Reducing greenhouse gas emissions: a duopoly market pricing competition and cooperation under the carbon emissions cap [J]. Environmental Science and Pollution Research. 2017 (26): 16847 – 16854.

[105] Jin M, Granda-Marulanda N A, Down I. The impact of carbon policies on supply chain design and logistics of a major retailer [J]. Journal of Cleaner Production, 2014 (85): 453 – 461.

[106] Kim B, Sim J. Supply chain coordination and consumer awareness for pollution reduction [J]. Sustainability, 2016 (8): 1 – 20.

[107] Kockar I. Generation scheduling with emissions trading scheme and transmission capacity constrain [J]. International Jounal of Energy Sector Management, 2011, 5 (3): 361 – 381.

[108] Konishi H. Intergovernmental versus inter-source emissions trading when firms are noncompliant [J]. Journal of Environmental Economics and Management, 2005, 49 (2): 235 – 261.

[109] Lee C F, Lin S J. Analysis of the impacts of combining carbon taxation and emission trading on different industry sectors [J]. Energy Policy, 2008, 36 (2): 722 – 729.

[110] Li J, Wang L, Tan X. Sustainable design and optimization of coal supply chain network under different carbon emission policies [J]. Journal of Cleaner Production, 2019, 250 (c): 1119548.

[111] Linh C T, Hong Y. Channel coordination through a revenue sharing contract in a two-period newsboy problem [J]. European Journal of Operational Research, 2009, 198 (3): 822 – 829.

[112] Li S, Gu M. The effect of emission permit trading with banking on firm's production-inventory strategies [J]. International Journal of Production Economics, 2012, 137 (2): 304 – 308.

[113] Liu Z L, Anderson T D, Cruz J M. Consumer environmental awareness and competition in two-stage supply chains [J]. European Journal of Operational Research, 2012, 218 (3): 602 – 613.

[114] Li X, Kaike Z. A sample average approximation approach for supply chain net-

work design with facility disruptions [J]. Computers & Industrial Engineering, 2018 (126): 243 – 251.

[115] Lou G, Xia H, Zhang J, et al. Investment Strategy of Emission-Reduction Technology in a Supply Chain [J]. Sustainabiligy, 2015, 7 (8): 10684 – 10708.

[116] Lundgren T. A real options approach to abatement investments and green good will [J]. Environmental and Resource Economics, 2003, 25 (1): 17 – 31.

[117] Luo R, Zhou L, Song Y, Fan T. Evaluating the impact of carbon tax policy on manufacturing and remanufacturing decisions in a closed-loop supply chain [J]. International Journal of Production Economics, 2022 (245): 1 – 24.

[118] Marti J M, Tancrez J, Seifert R W. Carbon footprint and responsiveness trade-offs in supply chain network design [J]. International Journal of Production Economics, 2015 (166): 129 – 142.

[119] McEvoy D M, Stranlund J K. Self-enforcing internatio al environmental agreements with costly monitoring for compliance [J]. Environmental and Resource Economics, 2009, 42 (4): 491 – 508.

[120] Mohammed F, Selim S Z, Hassan A, Syed M N. Multi-period planning of closed-loop supply chain with carbon policies under uncertainty [J]. Transportation Research Part D, 2017 (51): 146 – 172.

[121] Mori K. Modeling the impact of a carbon tax: A trial analysis for Washington State [J]. Energy Policy, 2012 (48): 627 – 639.

[122] Nagurney A, Dong J. Supernetworks: Decision-Making for the Information Age [M]. Edward Elgar Publishers, Cheltenham, England, 2002.

[123] Nagurney A, Zhang D. Projected Dynamical Systems and Variational Inequalities with Applications [M]. Kluwer Academic Publishers, Boston, MA, 1996.

[124] Nerlove M, Arrow K J. Optimal advertising policy under dynamic conditions [J]. Economy, 1962: 129 – 142.

[125] Palak G, Eksioglu S D, Geunes J. Analyzing the impacts of carbon regulatory mechanisms on supplier and mode selection decisions: an application to a biofuel supply chain [J]. International Journal Production Economics, 2014 (154): 198 – 216.

[126] Perdan S, Azapagic A. Carbon trading: Current schemes and future developments

[J]. Energy Policy, 2011, 39 (10): 6040 – 6054.

[127] Plambeck E L. Reducing greenhouse gas emissions through operations and supply chain management [J]. Energy Economics, 2012 (34): S64 – S74.

[128] Plumer G, Popovich N. These Countries Have Prices on Carbon. Are They Working? [EB/OL]. https://www.nytimes.com/interactive/2019/04/02/climate/pricing-carbon-emissions.html.

[129] Ren J, Bian Y, Xu X, He P. Allocation of product-related carbon emission abatement target in a make-to-order supply chain [J]. Computers & Industrial Engineering, 2015 (80): 181 – 194.

[130] Rubinstein A. Perfect equilibrium in a bargaining model [J]. Econometrica, 1982, 50 (1): 97 – 109.

[131] Saxena L K, Jain P K, Sharma A K. A fuzzy goal programme with carbon tax policy for Brownfield Tyre remanufacturing strategic supply chain planning [J]. Journal of Cleaner Production, 2018 (198): 737 – 753.

[132] Sazvar Z, Tafakkori K, Oladzad N, et al. A capacity planning approach for sustainable-resilient supply chain network design under uncertainty: A case study of vaccine supply chain [J]. Computers & Industrial Engineering, 2021 (159): 1 – 52.

[133] Stranlund J. Endogenous monitoring and enforcement of a transferable emissions permit system [J]. Journal of Environmental Economics and Management, 1999, 38 (3): 267 – 282.

[134] Swami S, Shah J. Channel coordination in green supply chain management [J]. Journal of the Operational Research Society. 2013, 64 (3): 336 – 351.

[135] Tian Y H, Kannan G and Zhu Q H. A system dynamics model based on evolutionary game theory for green supply chain management diffusion among Chinese manufacturers [J]. Journal of Cleaner Production, 2014, 80 (1): 96 – 105.

[136] Toptal A, Cetinkaya B. How supply chain coordination affects the environment: a carbon footprint perspective [J]. Annals of Operations Research. 2017, 250 (2): 487 – 519.

[137] Urata T, Yamada T, Itsubo N, Inoue M. Global supply chain network design and Asian analysis with material-based carbon emissions and tax [J]. Computers & Industrial

Engineering, 2017 (113): 779 – 792.

[138] Wissema W, Dellink R. A GE analysis of the impact of a carbon energy tax on the Irish economy [J]. Ecologic Economics, 2007, 61 (4): 671 – 683.

[139] Xu X, He P. Joint production and pricing decisions for multiple products with cap-and-trade and carbon tax regulations [J]. Journal of Cleaner Production, 2016 (112): 4093 – 4106.

[140] Xu X, He P, Xu H, et al. Supply chain coordination with green technology under cap-and-trade regulation [J]. International Journal of Production Economics, 2017, 183 (B): 433 – 442.

[141] Yang Yuxiang, Huang Zuqing, Qiang Qiang, Zhou Gengui. A mathematical programming model with equilibrium constraints for competitive closed-loop supply chain network design [J]. Asia-Pacific Journal of Operational Research, 2017, 34 (4): 1 – 31.

[142] Yang Yuxiang, Huang Zuqing, Zhang Baoyou, Meng Lijun. Closed-loop supply chain network static equilibrium and dynamics under pollution permits system [J]. Environmental Progress & Sustainable Energy, 2019, 38 (3): 1 – 12.

[143] Yao Z, Leung S, Lai K K. Manufacturer's revenue-sharing contract and retail competition [J]. European Journal of Operations Research, 2008, 186 (2): 637 – 651.

[144] Yao Z, Xu X, Luan J. Impact of the downside risk of retailer on the supply chain coordination [J]. Computers & Industrial Engineering, 2016 (102): 340 – 350.

[145] Yilmaz A. Temperature and surface potential correlations with serrated flow of low carbon steel [J]. Journal of Materials Science, 2011, 46 (11): 3766 – 3776.

[146] Yin S, Nishi T, Grossman I E. Optimal quantity discount coordination for supply chain optimization with one manufacturer and multiple suppliers under demand uncertainty [J]. The International Journal of Advanced Manufacturing Technology, 2015, 76 (5 – 8): 1173 – 1184.

[147] Yu H, Slavang W D. A fuzzy-stochastic multi-objective model for sustainable planning of a closed-loop supply chain considering mixed uncertainty and network flexibility [J]. Journal of Cleaner Production, 2020 (266): 1 – 20.

[148] Yu W, Shang H, Han R. The impact of carbon emissions tax on vertical centralized supply chain channel structure [J]. Computers & Industrial Engineering, 2020 (141):

1 – 13.

[149] Zakeri A, Dehghanian F, Fahimnia B, et al. Carbon pricing versus emissions trading: a supply chain planning perspective [J]. International Journal of Production Economics, 2015 (164): 197 – 205.

[150] Zhang B, Xu L. Multi-item production planning with carbon cap and trade mechanism [J]. International Journal of Production Economics, 2013 (114): 118 – 127.

[151] Zhang D, Nagurney A. Formulation, stability, and computation of traffic network equilibria as projected dynamical systems [J]. Journal of Optimization Theory and Applications, 1997 (93): 417 – 444.

[152] Zhang G, Cheng P, Sun H, et al. Carbon reduction decisions under progressive carbon tax regulations: A new dual-channel supply chain network equilibrium model [J]. Sustainable Production and Consumption, 2021 (27): 1077 – 1092.

[153] Zhang J, Chiang W K, Liang Liang. Strategic pricing with reference effects in a competitive supply chain [J]. Omega, 2014, 44 (2): 126 – 135.

[154] Zhang Z, Li Y. The impact of carbon tax on economic growth in China [J]. Energy Procedia, 2011 (5): 1757 – 1761.

[155] Zhen L, Huang L, Wang W. Green and sustainable closed-loop supply chain network design under uncertainty [J]. Journal of Cleaner Production, 2019, 227 (c): 1195 – 1209.

[156] Zhu Q H, Dou Y J. Evolutionary Game Model between Governments and Core Enterprises in Greening Supply Chains [J]. Systems Engineering-Theory & Practice, 2007, 27 (12): 85 – 89.

[157] Zhu Q H, Raymond P C. Integrating Green Supply Chain Management into An Embryonic ecoindustrial Development: A Case Study of the Guitang Group [J]. Journal of Cleaner Production, 2004 (12): 1025 – 1035.

[158] Zu Y, Chen L, Fan Y. Research on low-carbon strategies in supply chain with environmental regulations based on differential game [J]. Journal of Cleaner Production, 2018 (177): 527 – 546.

附录一

《中国应对气候变化国家方案》[①]

前言

  气候变化是国际社会普遍关心的重大全球性问题。气候变化既是环境问题，也是发展问题，但归根到底是发展问题。《联合国气候变化框架公约》（以下简称《气候公约》）指出，历史上和目前全球温室气体排放的最大部分源自发达国家，发展中国家的人均排放仍相对较低，发展中国家在全球排放中所占的份额将会增加，以满足其经济和社会发展需要。《气候公约》明确提出，各缔约方应在公平的基础上，根据他们共同但有区别的责任和各自的能力，为人类当代和后代的利益保护气候系统，发达国家缔约方应率先采取行动应对气候变化及其不利影响。《气候公约》同时也要求所有缔约方制定、执行、公布并经常更新应对气候变化的国家方案。

  中国作为一个负责任的发展中国家，对气候变化问题给予了高度重视，成立了国家气候变化对策协调机构，并根据国家可持续发展战略的要求，采取了一系列与应对气候变化相关的政策和措施，为减缓和适应气候变化做出了积极的贡献。作为履行《气候公约》的一项重要义务，中国政府特制定《中国应对气候变化国家方案》。本方案明确了到 2010 年中国应对气候变化的具体目标、基本原则、重点领域及其政策措

---

① 资料来源：http：//www.gov.cn/zhengce/zhengceku/2008-03/28/content_5743.htm。

施。中国将按照科学发展观的要求，认真落实方案中提出的各项任务，努力建设资源节约型、环境友好型社会，提高减缓与适应气候变化的能力，为保护全球气候继续做出贡献。

《气候公约》第四条第七款规定："发展中国家缔约方能在多大程度上有效履行其在本公约下的承诺，将取决于发达国家缔约方对其在本公约下所承担的有关资金和技术转让承诺的有效履行，并将充分考虑到经济和社会发展及消除贫困是发展中国家缔约方的首要和压倒一切的优先事项"。中国愿在发展经济的同时，与国际社会和有关国家积极开展有效务实的合作，努力实施本方案。

第一部分　中国气候变化的现状和应对气候变化的努力

近百年来，许多观测资料表明，地球气候正经历一次以全球变暖为主要特征的显著变化，中国的气候变化趋势与全球的总趋势基本一致。为应对气候变化，促进可持续发展，中国政府通过实施调整经济结构、提高能源效率、开发利用水电和其他可再生能源、加强生态建设以及实行计划生育等方面的政策和措施，为减缓气候变化做出了显著的贡献。

一、中国气候变化的观测事实与趋势

政府间气候变化专门委员会（IPCC）第三次评估报告指出，近50年的全球气候变暖主要是由人类活动大量排放的二氧化碳、甲烷、氧化亚氮等温室气体的增温效应造成的。在全球变暖的大背景下，中国近百年的气候也发生了明显变化。有关中国气候变化的主要观测事实包括：一是近百年来，中国年平均气温升高了0.5℃~0.8℃，略高于同期全球增温平均值，近50年变暖尤其明显。从地域分布看，西北、华北和东北地区气候变暖明显，长江以南地区变暖趋势不显著；从季节分布看，冬季增温最明显。从1986年到2005年，中国连续出现了20个全国性暖冬。二是近百年来，中国年均降水量变化趋势不显著，但区域降水变化波动较大。中国年平均降水量在20世纪50年代以后开始逐渐减少，平均每10年减少2.9毫米，但1991年到2000年略有增加。从地域分布看，华北大部分地区、西北东部和东北地区降水量明显减少，平均每10年减少20~40毫米，其中华北地区最为明显；华南与西南地区降水明显增加，平均每10年增加20~60毫米。三是近50年来，中国主要极端天气与气候事件的频率和强度出

现了明显变化。华北和东北地区干旱趋重，长江中下游地区和东南地区洪涝加重。1990 年以来，多数年份全国年降水量高于常年，出现南涝北旱的雨型，干旱和洪水灾害频繁发生。四是近 50 年来，中国沿海海平面年平均上升速率为 2.5 毫米，略高于全球平均水平。五是中国山地冰川快速退缩，并有加速趋势。

中国未来的气候变暖趋势将进一步加剧。中国科学家的预测结果表明：一是与 2000 年相比，2020 年中国年平均气温将升高 1.3℃ ~2.1℃，2050 年将升高 2.3℃ ~3.3℃。全国温度升高的幅度由南向北递增，西北和东北地区温度上升明显。预测到 2030 年，西北地区气温可能上升 1.9℃ ~2.3℃，西南地区可能上升 1.6℃ ~2.0℃，青藏高原可能上升 2.2℃ ~2.6℃。二是未来 50 年，中国年平均降水量将呈增加趋势，预测到 2020 年，全国年平均降水量将增加 2% ~3%，到 2050 年可能增加 5% ~7%。其中东南沿海增幅最大。三是未来 100 年，中国境内的极端天气与气候事件发生的频率可能性增大，将对经济社会发展和人们的生活产生很大影响。四是中国干旱区范围可能扩大、荒漠化可能性加重。五是中国沿海海平面仍将继续上升。六是青藏高原和天山冰川将加速退缩，一些小型冰川将消失。

二、中国温室气体排放现状

根据《中华人民共和国气候变化初始国家信息通报》，1994 年中国温室气体排放总量为 40.6 亿吨二氧化碳当量（扣除碳汇后的净排放量为 36.5 亿吨二氧化碳当量），其中二氧化碳排放量为 30.7 亿吨，甲烷为 7.3 亿吨二氧化碳当量，氧化亚氮为 2.6 亿吨二氧化碳当量。据中国有关专家初步估算，2004 年中国温室气体排放总量约为 61 亿吨二氧化碳当量（扣除碳汇后的净排放量约为 56 亿吨二氧化碳当量），其中二氧化碳排放量约为 50.7 亿吨，甲烷约为 7.2 亿吨二氧化碳当量，氧化亚氮约为 3.3 亿吨二氧化碳当量。从 1994 年到 2004 年，中国温室气体排放总量的年均增长率约为 4%，二氧化碳排放量在温室气体排放总量中所占的比重由 1994 年的 76% 上升到 2004 年的 83%。

中国温室气体历史排放量很低，且人均排放一直低于世界平均水平。根据世界资源研究所的研究结果，1950 年中国化石燃料燃烧二氧化碳排放量为 7900 万吨，仅占当时世界总排放量的 1.31%；1950 ~2002 年间中国化石燃料燃烧二氧化碳累计排放量占世界同期的 9.33%，人均累计二氧化碳排放量 61.7 吨，居世界第 92 位。根据国际能源机构的统计，2004 年中国化石燃料燃烧人均二氧化碳排放量为 3.65 吨，相当于世界平均水平的 87%、经济合作与发展组织国家的 33%。

在经济社会稳步发展的同时，中国单位国内生产总值（GDP）的二氧化碳排放强度总体呈下降趋势。根据国际能源机构的统计数据，1990 年中国单位 GDP 化石燃料燃烧二氧化碳排放强度为 5.47kg CO_2/美元（2000 年价），2004 年下降为 2.76kg CO_2/美元，下降了 49.5%，而同期世界平均水平只下降了 12.6%，经济合作与发展组织国家下降了 16.1%。

三、中国减缓气候变化的努力与成就

作为一个负责任的发展中国家，自 1992 年联合国环境与发展大会以后，中国政府率先组织制定了《中国 21 世纪议程——中国 21 世纪人口、环境与发展白皮书》，并从国情出发采取了一系列政策措施，为减缓全球气候变化做出了积极的贡献。

第一，调整经济结构，推进技术进步，提高能源利用效率。从 20 世纪 80 年代后期开始，中国政府更加注重经济增长方式的转变和经济结构的调整，将降低资源和能源消耗、推进清洁生产、防治工业污染作为中国产业政策的重要组成部分。通过实施一系列产业政策，加快第三产业发展，调整第二产业内部结构，使产业结构发生了显著变化。1990 年中国三次产业的产值构成为 26.9：41.3：31.8，2005 年为 12.6：47.5：39.9，第一产业的比重持续下降，第三产业有了很大发展，尤其是电信、旅游、金融等行业，尽管第二产业的比重有所上升，但产业内部结构发生了明显变化，机械、信息、电子等行业的迅速发展提高了高附加值产品的比重，这种产业结构的变化带来了较大的节能效益。1991–2005 年中国以年均 5.6% 的能源消费增长速度支持了国民经济年均 10.2% 的增长速度，能源消费弹性系数约为 0.55。

20 世纪 80 年代以来，中国政府制定了"开发与节约并重、近期把节约放在优先地位"的方针，确立了节能在能源发展中的战略地位。通过实施《中华人民共和国节约能源法》及相关法规，制定节能专项规划，制定和实施鼓励节能的技术、经济、财税和管理政策，制定和实施能源效率标准与标识，鼓励节能技术的研究、开发、示范与推广，引进和吸收先进节能技术，建立和推行节能新机制，加强节能重点工程建设等政策和措施，有效地促进了节能工作的开展。中国万元 GDP 能耗由 1990 年的 2.68 吨标准煤下降到 2005 年的 1.43 吨标准煤（以 2000 年可比价计算），年均降低 4.1%；工业部门中高耗能产品的单位能耗也有了明显的下降：2004 年与 1990 年相比，6000 千瓦以上火电机组供电煤耗由每千瓦时 427 克标准煤下降到 376 克标准煤，重点企业吨钢可比能耗 997 千克标准煤下降到 702 千克标准煤，大中型企业的水泥综合能耗由

每吨 201 千克标准煤下降到 157 千克标准煤。按环比法计算，1991～2005 年的 15 年间，通过经济结构调整和提高能源利用效率，中国累计节约和少用能源约 8 亿吨标准煤。如按照中国 1994 年每吨标准煤排放二氧化碳 2.277 吨计算，相当于减少约 18 亿吨的二氧化碳排放。

第二，发展低碳能源和可再生能源，改善能源结构。通过国家政策引导和资金投入，加强了水能、核能、石油、天然气和煤层气的开发和利用，支持在农村、边远地区和条件适宜地区开发利用生物质能、太阳能、地热、风能等新型可再生能源，使优质清洁能源比重有所提高。在中国一次能源消费构成中，煤炭所占的比重由 1990 年的76.2% 下降到 2005 年的 68.9%，而石油、天然气、水电所占的比重分别由 1990 年的16.6%、2.1% 和 5.1%，上升到 2005 年的 21.0%、2.9% 和 7.2%。

到 2005 年底，中国的水电装机容量已经达到 1.17 亿千瓦，占全国发电装机容量的 23%，年发电量为 4010 亿千瓦时，占总发电量的 16.2%；户用沼气池已达到 1700多万口，年产沼气约 65 亿立方米，建成大中型沼气工程 1500 多处，年产沼气约 15 亿立方米；生物质发电装机容量约为 200 万千瓦，其中蔗渣发电约 170 万千瓦、垃圾发电约 20 万千瓦；以粮食为原料的生物燃料乙醇年生产能力约 102 万吨；已建成并网风电场 60 多个，总装机容量为 126 万千瓦，在偏远地区还有约 20 万台、总容量约 4 万千瓦的小型独立运行风力发电机；光伏发电的总容量约为 7 万千瓦，主要为偏远地区居民供电；在用太阳能热水器的总集热面积达 8500 万平方米。2005 年中国可再生能源利用量已经达到 1.66 亿吨标准煤（包括大水电），占能源消费总量的 7.5% 左右，相当于减排 3.8 亿吨二氧化碳。

第三，大力开展植树造林，加强生态建设和保护。改革开放以来，随着中国重点林业生态工程的实施，植树造林取得了巨大成绩，据第六次全国森林资源清查，中国人工造林保存面积达到 0.54 亿公顷，蓄积量 15.05 亿立方米，人工林面积居世界第一。全国森林面积达到 17491 万公顷，森林覆盖率从 20 世纪 90 年代初期的 13.92% 增加到 2005 年的 18.21%。除植树造林以外，中国还积极实施天然林保护、退耕还林还草、草原建设和管理、自然保护区建设等生态建设与保护政策，进一步增强了林业作为温室气体吸收汇的能力。与此同时，中国城市绿化工作也得到了较快发展，2005 年中国城市建成区绿化覆盖面积达到 106 万公顷，绿化覆盖率为 33%，城市人均公共绿地 7.9 平方米，这部分绿地对吸收大气二氧化碳也起到了一定的作用。据专家估算，1980～2005 年中国造林活动累计净吸收约 30.6 亿吨二氧化碳，森林管理累计净吸收

16.2 亿吨二氧化碳，减少毁林排放 4.3 亿吨二氧化碳。

第四，实施计划生育，有效控制人口增长。自 20 世纪 70 年代以来，中国政府一直把实行计划生育作为基本国策，使人口增长过快的势头得到有效控制。根据联合国的资料，中国的生育率不仅明显低于其他发展中国家，也低于世界平均水平。2005 年中国人口出生率为 12.40‰，自然增长率为 5.89‰，分别比 1990 年低了 8.66 和 8.50 个千分点，进入世界低生育水平国家行列。中国在经济不发达的情况下，用较短的时间实现了人口再生产类型从高出生、低死亡、高增长到低出生、低死亡、低增长的历史性转变，走完了一些发达国家数十年乃至上百年才走完的路。通过计划生育，到 2005 年中国累计少出生 3 亿多人口，按照国际能源机构统计的全球人均排放水平估算，仅 2005 年一年就相当于减少二氧化碳排放约 13 亿吨，这是中国对缓解世界人口增长和控制温室气体排放做出的重大贡献。

第五，加强了应对气候变化相关法律、法规和政策措施的制定。针对近几年出现的新问题，中国政府提出了树立科学发展观和构建和谐社会的重大战略思想，加快建设资源节约型、环境友好型社会，进一步强化了一系列与应对气候变化相关的政策措施。2004 年国务院通过了《能源中长期发展规划纲要（2004－2020）》（草案）。2004 年国家发展和改革委员会发布了中国第一个《节能中长期专项规划》。2005 年 2 月，全国人大常委会审议通过了《中华人民共和国可再生能源法》，明确了政府、企业和用户在可再生能源开发利用中的责任和义务，提出了包括总量目标制度、发电并网制度、价格管理制度、费用分摊制度、专项资金制度、税收优惠制度等一系列政策和措施。2005 年 8 月，国务院下发了《关于做好建设节约型社会近期重点工作的通知》和《关于加快发展循环经济的若干意见》。2005 年 12 月，国务院发布了《关于发布实施〈促进产业结构调整暂行规定〉的决定》和《关于落实科学发展观加强环境保护的决定》。2006 年 8 月，国务院发布了《关于加强节能工作的决定》。这些政策性文件为进一步增强中国应对气候变化的能力提供了政策和法律保障。

第六，进一步完善了相关体制和机构建设。中国政府成立了共有 17 个部门组成的国家气候变化对策协调机构，在研究、制定和协调有关气候变化的政策等领域开展了多方面的工作，为中央政府各部门和地方政府应对气候变化问题提供了指导。为切实履行中国政府对《气候公约》的承诺，从 2001 年开始，国家气候变化对策协调机构组织了《中华人民共和国气候变化初始国家信息通报》的编写工作，并于 2004 年底向《气候公约》第十次缔约方大会正式提交了该报告。近年来中国政府还不断加强了与应

对气候变化紧密相关的能源综合管理，成立了国家能源领导小组及其办公室，进一步
强化了对能源工作的领导。为规范和推动清洁发展机制项目在中国的有序开展，2005
年10月中国政府有关部门颁布了经修订后的《清洁发展机制项目运行管理办法》。

第七，高度重视气候变化研究及能力建设。中国政府重视并不断提高气候变化相
关科研支撑能力，组织实施了国家重大科技项目"全球气候变化预测、影响和对策研
究""全球气候变化与环境政策研究"等，开展了国家攀登计划和国家重点基础研究
发展计划项目"中国重大气候和天气灾害形成机理与预测理论研究""中国陆地生态
系统碳循环及其驱动机制研究"等研究工作，完成了"中国陆地和近海生态系统碳收
支研究"等知识创新工程重大项目，开展了"中国气候与海平面变化及其趋势和影响
的研究"等重大项目研究，并组织编写了《气候变化国家评估报告》，为国家制定应
对全球气候变化政策和参加《气候公约》谈判提供了科学依据。中国政府有关部门还
开展了一些有关清洁发展机制能力建设的国际合作项目。

第八，加大气候变化教育与宣传力度。中国政府一直重视环境与气候变化领域的
教育、宣传与公众意识的提高。在《中国21世纪初可持续发展行动纲要》中明确提
出：积极发展各级各类教育，提高全民可持续发展意识；强化人力资源开发，提高公
众参与可持续发展的科学文化素质。近年来，中国加大了气候变化问题的宣传和教育
力度，开展了多种形式的有关气候变化的知识讲座和报告会，举办了多期中央及省级
决策者气候变化培训班，召开了"气候变化与生态环境"等大型研讨会，开通了全方
位提供气候变化信息的中英文双语政府网站《中国气候变化信息网》等，并取得了较
好的效果。

第二部分　气候变化对中国的影响与挑战

受认识水平和分析工具的限制，目前世界各国对气候变化影响的评价尚存在较大
的不确定性。现有研究表明，气候变化已经对中国产生了一定的影响，造成了沿海海
平面上升、西北冰川面积减少、春季物候期提前等，而且未来将继续对中国自然生态
系统和经济社会系统产生重要影响。与此同时，中国还是一个人口众多、经济发展水
平较低、能源结构以煤为主、应对气候变化能力相对较弱的发展中国家，随着城镇化、
工业化进程的不断加快以及居民用能水平的不断提高，中国在应对气候变化方面面临
严峻的挑战。

一、中国与气候变化相关的基本国情

（一）气候条件差，自然灾害较重。

中国气候条件相对较差。中国主要属于大陆型季风气候，与北美和西欧相比，中国大部分地区的气温季节变化幅度要比同纬度地区相对剧烈，很多地方冬冷夏热，夏季全国普遍高温，为了维持比较适宜的室内温度，需要消耗更多的能源。中国降水时空分布不均，多分布在夏季，且地区分布不均衡，年降水量从东南沿海向西北内陆递减。中国气象灾害频发，其灾域之广、灾种之多、灾情之重、受灾人口之众，在世界上都是少见的。

（二）生态环境脆弱。

中国是一个生态环境比较脆弱的国家。2005 年全国森林面积 1.75 亿公顷，森林覆盖率仅为 18.21%。2005 年中国草地面积 4.0 亿公顷，其中大多是高寒草原和荒漠草原，北方温带草地受干旱、生态环境恶化等影响，正面临退化和沙化的危机。2005 年中国土地荒漠化面积约为 263 万平方公里，已经占到整个国土面积的 27.4%。中国大陆海岸线长达 1.8 万多公里，濒临的自然海域面积约 473 万平方公里，面积在 500 平方米以上的海岛有 6500 多个，易受海平面上升带来的不利影响。

（三）能源结构以煤为主。

中国的一次能源结构以煤为主。2005 年中国的一次能源生产量为 20.61 亿吨标准煤，其中原煤所占的比重高达 76.4%；2005 年中国一次能源消费量为 22.33 亿吨标准煤，其中煤炭所占的比重为 68.9%，石油为 21.0%，天然气、水电、核电、风能、太阳能等所占比重为 10.1%，而在同年全球一次能源消费构成中，煤炭只占 27.8%，石油 36.4%，天然气、水电、核电等占 35.8%。由于煤炭消费比重较大，造成中国能源消费的二氧化碳排放强度也相对较高。

（四）人口众多。

中国是世界上人口最多的国家。2005 年底中国人口（不包括香港、澳门、台湾）达到 13.1 亿人，约占世界人口总数的 20.4%；中国城镇化水平比较低，约有 7.5 亿人的庞大人口生活在农村，2005 年城镇人口占全国总人口的比例只有 43.0%，低于世界平均水平；庞大的人口基数，也使中国面临巨大的劳动力就业压力，每年有 1000 万人以上新增城镇劳动力需要就业，同时随着城镇化进程的推进，目前每年约有上千万的农村劳动力向城镇转移。由于人口数量巨大，中国的人均能源消费水平仍处于比较低的水平，2005 年中国人均商品能源消费量约 1.7 吨标准煤，只有世界平均水平的 2/3，远低于发达国家的平均水平。

（五）经济发展水平较低。

中国目前的经济发展水平仍较低。2005 年中国人均 GDP 约为 1714 美元（按当年汇率计算，下同），仅为世界人均水平的 1/4 左右；中国地区之间的经济发展水平差距较大，2005 年东部地区的人均 GDP 约为 2877 美元，而西部地区只有 1136 美元左右，仅为东部地区人均 GDP 的 39.5%；中国城乡居民之间的收入差距也比较大，2005 年城镇居民人均可支配收入为 1281 美元，而农村居民人均纯收入只有 397 美元，仅为城镇居民收入水平的 31.0%；中国的脱贫问题还未解决，截至 2005 年底，中国农村尚有 2365 万人均年纯收入低于 683 元人民币的贫困人口。

二、气候变化对中国的影响

（一）对农牧业的影响。

气候变化已经对中国的农牧业产生了一定的影响，主要表现为自 20 世纪 80 年代以来，中国的春季物候期提前了 2～4 天。未来气候变化对中国农牧业的影响主要表现在：一是农业生产的不稳定性增加，如果不采取适应性措施，小麦、水稻和玉米三大作物均以减产为主。二是农业生产布局和结构将出现变动，种植制度和作物品种将发生改变。三是农业生产条件发生变化，农业成本和投资需求将大幅度增加。四是潜在荒漠化趋势增大，草原面积减少。气候变暖后，草原区干旱出现的概率增大，持续时间加长，土壤肥力进一步降低，初级生产力下降。五是气候变暖对畜牧业也将产生一定的影响，某些家畜疾病的发病率可能提高。

（二）对森林和其他生态系统的影响。

气候变化已经对中国的森林和其他生态系统产生了一定的影响，主要表现为近 50 年中国西北冰川面积减少了 21%，西藏冻土厚度最大减薄了 4～5 米。未来气候变化将对中国森林和其他生态系统产生不同程度的影响：一是森林类型的分布北移。从南向北分布的各种类型森林向北推进，山地森林垂直带谱向上移动，主要造林树种将北移和上移，一些珍稀树种分布区可能缩小。二是森林生产力和产量呈现不同程度的增加。森林生产力在热带、亚热带地区将增加 1%～2%，暖温带增加 2% 左右，温带增加 5%～6%，寒温带增加 10% 左右。三是森林火灾及病虫害发生的频率和强度可能增高。四是内陆湖泊和湿地加速萎缩。少数依赖冰川融水补给的高山、高原湖泊最终将缩小。五是冰川与冻土面积将加速减少。到2050年，预计西部冰川面积将减少27%左右，青藏高原多年冻土空间分布格局将发生较大变化。六是积雪量可能出现较大幅度减少，且年际变率显著增大。七是将对物种多样性造成威胁，可能对大熊猫、滇金丝猴、藏羚羊和秃杉等产生较大影响。

（三）对水资源的影响。

气候变化已经引起了中国水资源分布的变化，主要表现为近40年来中国海河、淮河、黄河、松花江、长江、珠江等六大江河的实测径流量多呈下降趋势，北方干旱、南方洪涝等极端水文事件频繁发生。中国水资源对气候变化最脆弱的地区为海河、滦河流域，其次为淮河、黄河流域，而整个内陆河地区由于干旱少雨非常脆弱。未来气候变化将对中国水资源产生较大的影响：一是未来50～100年，全国多年平均径流量在北方的宁夏、甘肃等部分省（区）可能明显减少，在南方的湖北、湖南等部分省份可能显著增加，这表明气候变化将可能增加中国洪涝和干旱灾害发生的概率。二是未来50～100年，中国北方地区水资源短缺形势不容乐观，特别是宁夏、甘肃等省（区）的人均水资源短缺矛盾可能加剧。三是在水资源可持续开发利用的情况下，未来50～100年，全国大部分省份水资源供需基本平衡，但内蒙古、新疆、甘肃、宁夏等省（区）水资源供需矛盾可能进一步加大。

（四）对海岸带的影响。

气候变化已经对中国海岸带环境和生态系统产生了一定的影响，主要表现为近50年来中国沿海海平面上升有加速趋势，并造成海岸侵蚀和海水入侵，使珊瑚礁生态系统发生退化。未来气候变化将对中国的海平面及海岸带生态系统产生较大的影响：一是中国沿岸海平面仍将继续上升。二是发生台风和风暴潮等自然灾害的概率增大，造成海岸侵蚀及致灾程度加重。三是滨海湿地、红树林和珊瑚礁等典型生态系统损害程度也将加大。

（五）对其他领域的影响。

气候变化可能引起热浪频率和强度的增加，由极端高温事件引起的死亡人数和严重疾病将增加。气候变化可能增加疾病的发生和传播机会，增加心血管病、疟疾、登革热和中暑等疾病发生的程度和范围，危害人类健康。同时，气候变化伴随的极端天气气候事件及其引发的气象灾害的增多，对大中型工程项目建设的影响加大，气候变化也可能对自然和人文旅游资源、对某些区域的旅游安全等产生重大影响。另外由于全球变暖，也将加剧空调制冷电力消费的增长趋势，对保障电力供应带来更大的压力。

三、中国应对气候变化面临的挑战

（一）对中国现有发展模式提出了重大的挑战。

自然资源是国民经济发展的基础，资源的丰度和组合状况，在很大程度上决定着一个国家的产业结构和经济优势。中国人口基数大，发展水平低，人均资源短缺是制约中国经济发展的长期因素。世界各国的发展历史和趋势表明，人均二氧化碳排放量、商品能源消费量和经济发达水平有明显相关关系。在目前的技术水平下，达到工业化国家的发展水平意味着人均能源消费和二氧化碳排放必然达到较高的水平，世界上目前尚没有既有较高的人均 GDP 水平又能保持很低人均能源消费量的先例。未来随着中国经济的发展，能源消费和二氧化碳排放量必然还要持续增长，减缓温室气体排放将使中国面临开创新型的、可持续发展模式的挑战。

（二）对中国以煤为主的能源结构提出了巨大的挑战。

中国是世界上少数几个以煤为主的国家，在 2005 年全球一次能源消费构成中，煤炭仅占 27.8%，而中国高达 68.9%。与石油、天然气等燃料相比，单位热量燃煤引起的二氧化碳排放比使用石油、天然气分别高出约 36% 和 61%。由于调整能源结构在一定程度上受到资源结构的制约，提高能源利用效率又面临着技术和资金上的障碍，以煤为主的能源资源和消费结构在未来相当长的一段时间将不会发生根本性的改变，使得中国在降低单位能源的二氧化碳排放强度方面比其他国家面临更大的困难。

（三）对中国能源技术自主创新提出了严峻的挑战。

中国能源生产和利用技术落后是造成能源效率较低和温室气体排放强度较高的一个主要原因。一方面，中国目前的能源开采、供应与转换、输配技术、工业生产技术和其他能源终端使用技术与发达国家相比均有较大差距；另一方面，中国重点行业落后工艺所占比重仍然较高，如大型钢铁联合企业吨钢综合能耗与小型企业相差 200 千克标准煤左右，大中型合成氨吨产品综合能耗与小型企业相差 300 千克标准煤左右。先进技术的严重缺乏与落后工艺技术的大量并存，使中国的能源效率比国际先进水平约低 10 个百分点，高耗能产品单位能耗比国际先进水平高出 40% 左右。应对气候变化的挑战，最终要依靠科技。中国目前正在进行的大规模能源、交通、建筑等基础设施建设，如果不能及时获得先进的、有益于减缓温室气体排放的技术，则这些设施的高排放特征就会在未来几十年内存在，这对中国应对气候变化，减少温室气体排放提出了严峻挑战。

（四）对中国森林资源保护和发展提出了诸多挑战。

中国应对气候变化，一方面需要强化对森林和湿地的保护工作，提高森林适应气候变化的能力，另一方面也需要进一步加强植树造林和湿地恢复工作，提高森林碳吸收汇的能力。中国森林资源总量不足，远远不能满足国民经济和社会发展的需求，随着工业化、城镇化进程的加快，保护林地、湿地的任务加重，压力加大。中国生态环境脆弱，干旱、荒漠化、水土流失、湿地退化等仍相当严重，现有可供植树造林的土地多集中在荒漠化、石漠化以及自然条件较差的地区，给植树造林和生态恢复带来巨大的挑战。

（五）对中国农业领域适应气候变化提出了长期的挑战。

中国不仅是世界上农业气象灾害多发地区，各类自然灾害连年不断，农业生产始终处于不稳定状态，而且也是一个人均耕地资源占有少、农业经济不发达、适应能力非常有限的国家。如何在气候变化的情况下，合理调整农业生产布局和结构，改善农业生产条件，有效减少病虫害的流行和杂草蔓延，降低生产成本，防止潜在荒漠化增大趋势，确保中国农业生产持续稳定发展，对中国农业领域提高气候变化适应能力和抵御气候灾害能力提出了长期的挑战。

（六）对中国水资源开发和保护领域适应气候变化提出了新的挑战。

中国水资源开发和保护领域适应气候变化的目标：一是促进中国水资源持续开发与利用，二是增强适应能力以减少水资源系统对气候变化的脆弱性。如何在气候变化的情况下，加强水资源管理，优化水资源配置；加强水利基础设施建设，确保大江大河、重要城市和重点地区的防洪安全；全面推进节水型社会建设，保障人民群众的生活用水，确保经济社会的正常运行；发挥好河流功能的同时，切实保护好河流生态系统，对中国水资源开发和保护领域提高气候变化适应能力提出了长期的挑战。

（七）对中国沿海地区应对气候变化的能力提出了现实的挑战。

沿海是中国人口稠密、经济活动最为活跃的地区，中国沿海地区大多地势低平，极易遭受因海平面上升带来的各种海洋灾害威胁。目前中国海洋环境监视监测能力明显不足，应对海洋灾害的预警能力和应急响应能力已不能满足应对气候变化的需求，沿岸防潮工程建设标准较低，抵抗海洋灾害的能力较弱。未来中国沿海由于海平面上升引起的海岸侵蚀、海水入侵、土壤盐渍化、河口海水倒灌等问题，对中国沿海地区应对气候变化提出了现实的挑战。

第三部分 中国应对气候变化的指导思想、原则与目标

中国经济社会发展正处在重要战略机遇期。中国将落实节约资源和保护环境的基本国策,发展循环经济,保护生态环境,加快建设资源节约型、环境友好型社会,积极履行《气候公约》相应的国际义务,努力控制温室气体排放,增强适应气候变化的能力,促进经济发展与人口、资源、环境相协调。

一、指导思想

中国应对气候变化的指导思想是:全面贯彻落实科学发展观,推动构建社会主义和谐社会,坚持节约资源和保护环境的基本国策,以控制温室气体排放、增强可持续发展能力为目标,以保障经济发展为核心,以节约能源、优化能源结构、加强生态保护和建设为重点,以科学技术进步为支撑,不断提高应对气候变化的能力,为保护全球气候做出新的贡献。

二、原则

中国应对气候变化要坚持以下原则:

——在可持续发展框架下应对气候变化的原则。这既是国际社会达成的重要共识,也是各缔约方应对气候变化的基本选择。中国政府早在 1994 年就制定和发布了可持续发展战略——《中国 21 世纪议程——中国 21 世纪人口、环境与发展白皮书》,并于 1996 年首次将可持续发展作为经济社会发展的重要指导方针和战略目标,2003 年中国政府又制定了《中国 21 世纪初可持续发展行动纲要》。中国将继续根据国家可持续发展战略,积极应对气候变化问题。

——遵循《气候公约》规定的"共同但有区别的责任"原则。根据这一原则,发达国家应带头减少温室气体排放,并向发展中国家提供资金和技术支持;发展经济、消除贫困是发展中国家压倒一切的首要任务,发展中国家履行公约义务的程度取决于发达国家在这些基本的承诺方面能否得到切实有效的执行。

——减缓与适应并重的原则。减缓和适应气候变化是应对气候变化挑战的两个有机组成部分。对于广大发展中国家来说,减缓全球气候变化是一项长期、艰巨的挑战,而适应气候变化则是一项现实、紧迫的任务。中国将继续强化能源节约和结构优化的

政策导向，努力控制温室气体排放，并结合生态保护重点工程以及防灾、减灾等重大基础工程建设，切实提高适应气候变化的能力。

——将应对气候变化的政策与其他相关政策有机结合的原则。积极适应气候变化、努力减缓温室气体排放涉及到经济社会的许多领域，只有将应对气候变化的政策与其他相关政策有机结合起来，才能使这些政策更加有效。中国将继续把节约能源、优化能源结构、加强生态保护和建设、促进农业综合生产能力的提高等政策措施作为应对气候变化政策的重要组成部分，并将减缓和适应气候变化的政策措施纳入到国民经济和社会发展规划中统筹考虑、协调推进。

——依靠科技进步和科技创新的原则。科技进步和科技创新是减缓温室气体排放，提高气候变化适应能力的有效途径。中国将充分发挥科技进步在减缓和适应气候变化中的先导性和基础性作用，大力发展新能源、可再生能源技术和节能新技术，促进碳吸收技术和各种适应性技术的发展，加快科技创新和技术引进步伐，为应对气候变化、增强可持续发展能力提供强有力的科技支撑。

——积极参与、广泛合作的原则。全球气候变化是国际社会共同面临的重大挑战，尽管各国对气候变化的认识和应对手段尚有不同看法，但通过合作和对话、共同应对气候变化带来的挑战是基本共识。中国将积极参与《气候公约》谈判和政府间气候变化专门委员会的相关活动，进一步加强气候变化领域的国际合作，积极推进在清洁发展机制、技术转让等方面的合作，与国际社会一道共同应对气候变化带来的挑战。

三、目标

中国应对气候变化的总体目标是：控制温室气体排放取得明显成效，适应气候变化的能力不断增强，气候变化相关的科技与研究水平取得新的进展，公众的气候变化意识得到较大提高，气候变化领域的机构和体制建设得到进一步加强。根据上述总体目标，到 2010 年，中国将努力实现以下主要目标：

（一）控制温室气体排放。

——通过加快转变经济增长方式，强化能源节约和高效利用的政策导向，加大依法实施节能管理的力度，加快节能技术开发、示范和推广，充分发挥以市场为基础的节能新机制，提高全社会的节能意识，加快建设资源节约型社会，努力减缓温室气体排放。到 2010 年，实现单位国内生产总值能源消耗比 2005 年降低 20% 左右，相应减缓二氧化碳排放。

——通过大力发展可再生能源，积极推进核电建设，加快煤层气开发利用等措施，优化能源消费结构。到 2010 年，力争使可再生能源开发利用总量（包括大水电）在一次能源供应结构中的比重提高到 10% 左右。煤层气抽采量达到 100 亿立方米。

——通过强化冶金、建材、化工等产业政策，发展循环经济，提高资源利用率，加强氧化亚氮排放治理等措施，控制工业生产过程的温室气体排放。到 2010 年，力争使工业生产过程的氧化亚氮排放稳定在 2005 年的水平上。

——通过继续推广低排放的高产水稻品种和半旱式栽培技术，采用科学灌溉技术，研究开发优良反刍动物品种技术和规模化饲养管理技术，加强对动物粪便、废水和固体废弃物的管理，加大沼气利用力度等措施，努力控制甲烷排放增长速度。

——通过继续实施植树造林、退耕还林还草、天然林资源保护、农田基本建设等政策措施和重点工程建设，到 2010 年，努力实现森林覆盖率达到 20%，力争实现碳汇数量比 2005 年增加约 0.5 亿吨二氧化碳。

（二）增强适应气候变化能力。

——通过加强农田基本建设、调整种植制度、选育抗逆品种、开发生物技术等适应性措施，到 2010 年，力争新增改良草地 2400 万公顷，治理退化、沙化和碱化草地 5200 万公顷，力争将农业灌溉用水有效利用系数提高到 0.5。

——通过加强天然林资源保护和自然保护区的监管，继续开展生态保护重点工程建设，建立重要生态功能区，促进自然生态恢复等措施，到 2010 年，力争实现 90% 左右的典型森林生态系统和国家重点野生动植物得到有效保护，自然保护区面积占国土总面积的比重达到 16% 左右，治理荒漠化土地面积 2200 万公顷。

——通过合理开发和优化配置水资源、完善农田水利基本建设新机制和推行节水等措施，到 2010 年，力争减少水资源系统对气候变化的脆弱性，基本建成大江大河防洪工程体系，提高农田抗旱标准。

——通过加强对海平面变化趋势的科学监测以及对海洋和海岸带生态系统的监管，合理利用海岸线，保护滨海湿地，建设沿海防护林体系，不断加强红树林的保护、恢复、营造和管理能力的建设等措施，到 2010 年左右，力争实现全面恢复和营造红树林区，沿海地区抵御海洋灾害的能力得到明显提高，最大限度地减少海平面上升造成的社会影响和经济损失。

（三）加强科学研究与技术开发。

——通过加强气候变化领域的基础研究，进一步开发和完善研究分析方法，加大对相关专业与管理人才的培养等措施，到 2010 年，力争使气候变化研究部分领域达到国际先进水平，为有效制定应对气候变化战略和政策，积极参与应对气候变化国际合作提供科学依据。

——通过加强自主创新能力，积极推进国际合作与技术转让等措施，到 2010 年，力争在能源开发、节能和清洁能源技术等方面取得进展，农业、林业等适应技术水平得到提高，为有效应对气候变化提供有力的科技支撑。

（四）提高公众意识与管理水平。

——通过利用现代信息传播技术，加强气候变化方面的宣传、教育和培训，鼓励公众参与等措施，到 2010 年，力争基本普及气候变化方面的相关知识，提高全社会的意识，为有效应对气候变化创造良好的社会氛围。

——通过进一步完善多部门参与的决策协调机制，建立企业、公众广泛参与应对气候变化的行动机制等措施，到 2010 年，建立并形成与未来应对气候变化工作相适应的、高效的组织机构和管理体系。

第四部分　中国应对气候变化的相关政策和措施

按照全面贯彻落实科学发展观的要求，把应对气候变化与实施可持续发展战略、加快建设资源节约型、环境友好型社会和创新型国家结合起来，纳入国民经济和社会发展总体规划和地区规划；一方面抓减缓温室气体排放，另一方面抓提高适应气候变化的能力。中国将采取一系列法律、经济、行政及技术等手段，大力节约能源，优化能源结构，改善生态环境，提高适应能力，加强科技开发和研究能力，提高公众的气候变化意识，完善气候变化管理机制，努力实现本方案提出的目标与任务。

一、减缓温室气体排放的重点领域

（一）能源生产和转换。

1. 制定和实施相关法律法规。

大力加强能源立法工作，建立健全能源法律体系，促进中国能源发展战略的实施，确立能源中长期规划的法律地位，促进能源结构的优化，减缓由能源生产和转换过程产生的温室气体排放。采取的主要措施包括：

——加快制定和修改有利于减缓温室气体排放的相关法规。根据中国今后经济社会可持续发展对构筑稳定、经济、清洁、安全能源供应与服务体系的要求，尽快制定和公布实施《中华人民共和国能源法》，并根据该法的原则和精神，对《中华人民共和国煤炭法》《中华人民共和国电力法》等法律法规进行相应修订，进一步强化清洁、低碳能源开发和利用的鼓励政策。

——加强能源战略规划研究与制定。研究提出国家中长期能源战略，并尽快制定和完善中国能源的总体规划以及煤炭、电力、油气、核电、可再生能源、石油储备等专项规划，提高中国能源的可持续供应能力。

——全面落实《中华人民共和国可再生能源法》。制定相关配套法规和政策，制定国家和地方可再生能源发展专项规划，明确发展目标，将可再生能源发展作为建设资源节约型和环境友好型社会的考核指标，并通过法律等途径引导和激励国内外各类经济主体参与开发利用可再生能源，促进能源的清洁发展。

2. 加强制度创新和机制建设。

——加快推进中国能源体制改革。着力推进能源管理体制改革，依靠市场机制和政府推动，进一步优化能源结构；积极稳妥地推进能源价格改革，逐步形成能够反映资源稀缺程度、市场供求关系和污染治理成本的价格形成机制，建立有助于实现能源结构调整和可持续发展的价格体系；深化对外贸易体制改革，控制高耗能、高污染和资源性产品出口，形成有利于促进能源结构优质化和清洁化的进出口结构。

——进一步推动中国可再生能源发展的机制建设。按照政府引导、政策支持和市场推动相结合的原则，建立稳定的财政资金投入机制，通过政府投资、政府特许等措施，培育持续稳定增长的可再生能源市场；改善可再生能源发展的市场环境，国家电网和石油销售企业将按照《中华人民共和国可再生能源法》的要求收购可再生能源产品。

3. 强化能源供应行业的相关政策措施。

——在保护生态基础上有序开发水电。把发展水电作为促进中国能源结构向清洁低碳化方向发展的重要措施。在做好环境保护和移民安置工作的前提下，合理开发和利用丰富的水力资源，加快水电开发步伐，重点加快西部水电建设，因地制宜开发小水电资源。通过上述措施，预计 2010 年可减少二氧化碳排放约 5 亿吨。

——积极推进核电建设。把核能作为国家能源战略的重要组成部分，逐步提高核电在中国一次能源供应总量中的比重，加快经济发达、电力负荷集中的沿海地区的核电建设；坚持以我为主、中外合作、引进技术、推进自主化的核电建设方针，统一技术路线，采用先进技术，实现大型核电机组建设的自主化和本地化，提高核电产业的整体能力。通过上述措施，预计 2010 年可减少二氧化碳排放约 0.5 亿吨。

——加快火力发电的技术进步。优化火电结构，加快淘汰落后的小火电机组，适当发展以天然气、煤层气为燃料的小型分散电源；大力发展单机 60 万千瓦以上超（超）临界机组、大型联合循环机组等高效、洁净发电技术；发展热电联产、热电冷联产和热电煤气多联供技术；加强电网建设，采用先进的输、变、配电技术和设备，降低输、变、配电损耗。通过上述措施，预计 2010 年可减少二氧化碳排放约 1.1 亿吨。

——大力发展煤层气产业。将煤层气勘探、开发和矿井瓦斯利用作为加快煤炭工业调整结构、减少安全生产事故、提高资源利用率、防止环境污染的重要手段，最大限度地减少煤炭生产过程中的能源浪费和甲烷排放。主要鼓励政策包括：对地面抽采项目实行探矿权、采矿权使用费减免政策，对煤矿瓦斯抽采利用及其他综合利用项目实行税收优惠政策，煤矿瓦斯发电项目享受《中华人民共和国可再生能源法》规定的鼓励政策，工业、民用瓦斯销售价格不低于等热值天然气价格，鼓励在煤矿瓦斯利用领域开展清洁发展机制项目合作等。通过上述措施，预计 2010 年可减少温室气体排放约 2 亿吨二氧化碳当量。

——推进生物质能源的发展。以生物质发电、沼气、生物质固体成型燃料和液体燃料为重点，大力推进生物质能源的开发和利用。在粮食主产区等生物质能源资源较丰富地区，建设和改造以秸秆为燃料的发电厂和中小型锅炉。在经济发达、土地资源稀缺地区建设垃圾焚烧发电厂。在规模化畜禽养殖场、城市生活垃圾处理场等建设沼气工程，合理配套安装沼气发电设施。大力推广沼气和农林废弃物气化技术，提高农村地区生活用能的燃气比例，把生物质气化技术作为解决农村和工业生产废弃物环境问题的重要措施。努力发展生物质固体成型燃料和液体燃料，制定有利于以生物燃料乙醇为代表的生物质能源开发利用的经济政策和激励措施，促进生物质能源的规模化生产和使用。通过上述措施，预计 2010 年可减少温室气体排放约 0.3 亿吨二氧化碳当量。

——积极扶持风能、太阳能、地热能、海洋能等的开发和利用。通过大规模的风电开发和建设，促进风电技术进步和产业发展，实现风电设备国产化，大幅降低成本，尽快使风电具有市场竞争能力；积极发展太阳能发电和太阳能热利用，在偏远地区推广户用光伏发电系统或建设小型光伏电站，在城市推广普及太阳能一体化建筑、太阳能集中供热水工程，建设太阳能采暖和制冷示范工程，在农村和小城镇推广户用太阳能热水器、太阳房和太阳灶；积极推进地热能和海洋能的开发利用，推广满足环境和水资源保护要求的地热供暖、供热水和地源热泵技术，研究开发深层地热发电技术；在浙江、福建和广东等地发展潮汐发电，研究利用波浪能等其他海洋能发电技术。通过上述措施，预计 2010 年可减少二氧化碳排放约 0.6 亿吨。

4. 加大先进适用技术开发和推广力度。

大力提高常规能源、新能源和可再生能源开发利用技术的自主创新能力，促进能源工业可持续发展，增强应对气候变化的能力。

——煤的清洁高效开发和利用技术。重点研究开发煤炭高效开采技术及配套装备、重型燃气轮机、整体煤气化联合循环（IGCC）、高参数超（超）临界机组、超临界大型循环流化床等高效发电技术与装备，开发和应用液化及多联产技术，大力开发煤液化以及煤气化、煤化工等转化技术、以煤气化为基础的多联产系统技术、二氧化碳捕获及利用、封存技术等。

——油气资源勘探开发利用技术。重点开发复杂断块与岩性地层油气藏勘探技术，低品位油气资源高效开发技术，提高采收率技术，深层油气资源勘探开发技术，重点研究开发深海油气藏勘探技术和稠油油藏提高采收率综合技术。

——核电技术。研究并掌握快堆设计及核心技术，相关核燃料和结构材料技术，突破钠循环等关键技术，积极参与国际热核聚变实验反应堆的建设和研究。

——可再生能源技术。重点研究低成本规模化开发利用技术，开发大型风力发电设备，高性价比太阳光伏电池及利用技术，太阳能热发电技术，太阳能建筑一体化技术，生物质能和地热能等开发利用技术。

——输配电和电网安全技术。重点研究开发大容量远距离直流输电技术和特高压交流输电技术与装备，间歇式电源并网及输配技术，电能质量监测与控制技术，大规模互联电网的安全保障技术，西电东送工程中的重大关键技术，电网调度自动化技术，高效配电和供电管理信息技术和系统。

（二）提高能源效率与节约能源。

1. 加快相关法律法规的制定和实施。

——健全节能法规和标准。修订完善《中华人民共和国节约能源法》，建立严格的节能管理制度，完善各行为主体责任，强化政策激励，明确执法主体，加大惩戒力度；抓紧制定和修订《节约用电管理办法》、《节约石油管理办法》、《建筑节能管理条例》等配套法规；制定和完善主要工业耗能设备、家用电器、照明器具、机动车等能效标准，修订和完善主要耗能行业节能设计规范、建筑节能标准，加快制定建筑物制冷、采暖温度控制标准等。

——加强节能监督检查。健全强制淘汰高耗能、落后工艺、技术和设备的制度，依法淘汰落后的耗能过高的用能产品、设备；完善重点耗能产品和新建建筑的市场准入制度，对达不到最低能效标准的产品，禁止生产、进口和销售，对不符合建筑节能设计标准的建筑，不准销售和使用；依法加强对重点用能单位能源利用状况的监督检查，加强对高耗能行业及政府办公建筑和大型公共建筑等公共设施用能情况的监督；加强对产品能效标准、建筑节能设计标准和行业设计规范执行情况的检查。

2. 加强制度创新和机制建设。

——建立节能目标责任和评价考核制度。实施 GDP 能耗公报制度，完善节能信息发布制度，利用现代信息传播技术，及时发布各类能耗信息，引导地方和企业加强节能工作。

——推行综合资源规划和电力需求侧管理，将节约量作为资源纳入总体规划，引导资源合理配置，采取有效措施，提高终端用电效率、优化用电方式，节约电力。

——大力推动节能产品认证和能效标识管理制度的实施，运用市场机制，鼓励和引导用户和消费者购买节能型产品。

——推行合同能源管理，克服节能新技术推广的市场障碍，促进节能产业化，为企业实施节能改造提供诊断、设计、融资、改造、运行、管理一条龙服务。

——建立节能投资担保机制，促进节能技术服务体系的发展。

——推行节能自愿协议，最大限度地调动企业和行业协会的节能积极性。

3. 强化相关政策措施。

——大力调整产业结构和区域合理布局。推动服务业加快发展，提高服务业在国民经济中的比重。把区域经济发展与能源节约、环境保护、控制温室气体排放有机结合起来，根据资源环境承载能力和发展潜力，按照主体功能区划要求，确定不同区域的功能定位，促进形成各具特色的区域发展格局。

——严格执行《产业结构调整指导目录》。控制高耗能、高污染产业规模，降低高耗能、高污染产业比重，鼓励发展高新技术产业，优先发展对经济增长有重大带动作用的低能耗的信息产业，制定并实施钢铁、有色、水泥等高耗能行业发展规划和产业政策，提高行业准入标准，制定并完善国内紧缺资源及高耗能产品出口的政策。

——制定节能产品优惠政策。重点是终端用能设备，包括高效电动机、风机、水泵、变压器、家用电器、照明产品及建筑节能产品等，对生产或使用目录所列节能产品实行鼓励政策，并将节能产品纳入政府采购目录，对一些重大节能工程项目和重大节能技术开发、示范项目给予投资和资金补助或贷款贴息支持，研究制定发展节能省地型建筑和绿色建筑的经济激励政策。

——研究鼓励发展节能环保型小排量汽车和加快淘汰高油耗车辆的财政税收政策。择机实施燃油税改革方案，制定鼓励节能环保型小排量汽车发展的产业政策，制定鼓励节能环保型小排量汽车消费的政策措施，取消针对节能环保型小排量汽车的各种限制，引导公众树立节约型汽车消费理念，大力发展公共交通，提高轨道交通在城市交通中的比例，研究鼓励混合动力汽车、纯电动汽车的生产和消费政策。

4. 强化重点行业的节能技术开发和推广。

——钢铁工业。焦炉同步配套干熄焦装置，新建高炉同步配套余压发电装置，积极采用精料入炉、富氧喷煤、铁水预处理、大型高炉、转炉和超高功率电炉、炉外精炼、连铸、连轧、控轧、控冷等先进工艺技术和装备。

——有色金属工业。矿山重点采用大型、高效节能设备，铜熔炼采用先进的富氧闪速及富氧熔池熔炼工艺，电解铝采用大型预焙电解槽，铅熔炼采用氧气底吹炼铅新工艺及其他氧气直接炼铅技术，锌冶炼发展新型湿法工艺。

——石油化工工业。油气开采应用采油系统优化配置、稠油热采配套节能、注水系统优化运行、二氧化碳回注、油气密闭集输综合节能和放空天然气回收利用等技术，优化乙烯生产原料结构，采用先进技术改造乙烯裂解炉，大型合成氨装置采用先进节能工艺、新型催化剂和高效节能设备，以天然气为原料的合成氨推广一段炉烟气余热回收技术，以石油为原料的合成氨加快以天然气替代原料油的改造，中小型合成氨采用节能设备和变压吸附回收技术，采用水煤浆或先进粉煤气化技术替代传统的固定床造气技术，逐步淘汰烧碱生产石墨阳极隔膜法烧碱，提高离子膜法烧碱比重等措施。

——建材工业。水泥行业发展新型干法窑外分解技术，积极推广节能粉磨设备和水泥窑余热发电技术，对现有大中型回转窑、磨机、烘干机进行节能改造，逐步淘汰机立窑、湿法窑、干法中空窑及其他落后的水泥生产工艺。利用可燃废弃物替代矿物燃料，综合利用工业废渣和尾矿。玻璃行业发展先进的浮法工艺，淘汰落后的垂直引上和平拉工艺，推广炉窑全保温技术、富氧和全氧燃烧技术等。建筑陶瓷行业淘汰倒焰窑、推板窑、多孔窑等落后窑型，推广辊道窑技术。卫生陶瓷生产改变燃料结构，采用洁净气体燃料无匣钵烧成工艺。积极推广应用新型墙体材料以及优质环保节能的绝热隔音材料、防水材料和密封材料，提高高性能混凝土的应用比重，延长建筑物的寿命。

——交通运输。加速淘汰高耗能的老旧汽车，加快发展柴油车、大吨位车和专业车，推广厢式货车，发展集装箱等专业运输车辆；推动《乘用车燃料消耗量限值》国家标准的实施，从源头控制高耗油汽车的发展；加快发展电气化铁路，开发交—直—交高效电力机车，推广电气化铁路牵引功率因数补偿技术和其他节电措施，发展机车向客车供电技术，推广使用客车电源，逐步减少和取消柴油发电车；采用节油机型，提高载运率、客座率和运输周转能力，提高燃油效率，降低油耗；通过制定船舶技术标准，加速淘汰老旧船舶；采用新船型和先进动力系统。

——农业机械。淘汰落后农业机械；采用先进柴油机节油技术，降低柴油机燃油消耗；推广少耕免耕法、联合作业等先进的机械化农艺技术；在固定作业场地更多的使用电动机；开发水能、风能、太阳能等可再生能源在农业机械上的应用。通过淘汰落后渔船，提高利用效率，降低渔业油耗。

——建筑节能。重点研究开发绿色建筑设计技术，建筑节能技术与设备，供热系统和空调系统节能技术和设备，可再生能源装置与建筑一体化应用技术，精致建造和绿色建筑施工技术与装备，节能建材与绿色建材，建筑节能技术标准，既有建筑节能改造技术和标准。

——商业和民用节能。推广高效节能电冰箱、空调器、电视机、洗衣机、电脑等家用及办公电器，降低待机能耗，实施能效标准和标识，规范节能产品市场。推广稀土节能灯等高效荧光灯类产品、高强度气体放电灯及电子镇流器，减少普通白炽灯使用比例，逐步淘汰高压汞灯，实施照明产品能效标准，提高高效节能荧光灯使用比例。

5. 进一步落实《节能中长期专项规划》提出的十大重点节能工程。

积极推进燃煤工业锅炉（窑炉）改造、区域热电联产、余热余压利用、节约和替代石油、电机系统节能、能量系统优化、建筑节能、绿色照明、政府机构节能、节能监测和技术服务体系建设等十大重点节能工程的实施，确保工程实施的进度和效果，尽快形成稳定的节能能力。通过实施上述十大重点节能工程，预计"十一五"期间可实现节能2.4亿吨标准煤，相当于减排二氧化碳约5.5亿吨。

（三）工业生产过程。

——大力发展循环经济，走新型工业化道路。按照"减量化、再利用、资源化"原则和走新型工业化道路的要求，采取各种有效措施，进一步促进工业领域的清洁生产和循环经济的发展，加快建设资源节约型、环境友好型社会，在满足未来经济社会发展对工业产品基本需求的同时，尽可能减少水泥、石灰、钢铁、电石等产品的使用量，最大限度地减少这些产品在生产和使用过程中产生的二氧化碳等温室气体排放。

——强化钢材节约，限制钢铁产品出口。进一步贯彻落实《钢铁产业发展政策》，鼓励用可再生材料替代钢材和废钢材回收，减少钢材使用数量；鼓励采用以废钢为原料的短流程工艺；组织修订和完善建筑钢材使用设计规范和标准，在确保安全的情况下，降低钢材使用系数；鼓励研究、开发和使用高性能、低成本、低消耗的新型材料，以替代钢材；鼓励钢铁企业生产高强度钢材和耐腐蚀钢材，提高钢材强度和使用寿命；取消或降低铁合金、生铁、废钢、钢坯（锭）、钢材等钢铁产品的出口退税，限制这些产品的出口。

——进一步推广散装水泥、鼓励水泥掺废渣。继续执行"限制袋装、鼓励和发展散装"的方针，完善对生产企业销售袋装水泥和使用袋装水泥的单位征收散装水泥专项资金的政策，继续执行对掺废渣水泥产品实行减免税优惠待遇等政策，进一步推广预拌混凝土、预拌砂浆等措施，保持中国散装水泥高速发展的势头。

——大力开展建筑材料节约。进一步推广包括节约建筑材料的"四节"（节能、节水、节材、节地）建筑，积极推进新型建筑体系，推广应用高性能、低材耗、可再生循环利用的建筑材料；大力推广应用高强钢和高性能混凝土；积极开展建筑垃圾与废品的回收和利用；充分利用秸秆等产品制作植物纤维板；落实严格设计、施工等材料消耗核算制度的要求，修订相关工程消耗量标准，引导企业推进节材技术进步。

——进一步推动己二酸等生产企业开展清洁发展机制项目等国际合作，积极寻求控制氧化亚氮及氢氟碳化物（HFC_s）、全氟化碳（PFC_s）和六氟化硫（SF_6）等温室气体排放所需的资金和技术援助，提高排放控制水平，以减少各种温室气体的排放。

（四）农业。

——加强法律法规的制定和实施。逐步建立健全以《中华人民共和国农业法》《中华人民共和国草原法》《中华人民共和国土地管理法》等若干法律为基础的、各种行政法规相配合的、能够改善农业生产力和增加农业生态系统碳储量的法律法规体系，加快制定农田、草原保护建设规划，严格控制在生态环境脆弱的地区开垦土地，不允许以任何借口毁坏草地和浪费土地。

——强化高集约化程度地区的生态农业建设。通过实施农业面源污染防治工程，推广化肥、农药合理使用技术，大力加强耕地质量建设，实施新一轮沃土工程，科学施用化肥，引导增施有机肥，全面提升地力，减少农田氧化亚氮排放。

——进一步加大技术开发和推广利用力度。选育低排放的高产水稻品种，推广水稻半旱式栽培技术，采用科学灌溉技术，研究和发展微生物技术等，有效降低稻田甲烷排放强度；研究开发优良反刍动物品种技术，规模化饲养管理技术，降低畜产品的甲烷排放强度；进一步推广秸秆处理技术，促进户用沼气技术的发展；开发推广环保型肥料关键技术，减少农田氧化亚氮排放；大力推广秸秆还田和少（免）耕技术，增加农田土壤碳贮存。

（五）林业。

——加强法律法规的制定和实施。加快林业法律法规的制定、修订和清理工作。制定天然林保护条例、林木和林地使用权流转条例等专项法规；加大执法力度，完善执法体制，加强执法检查，扩大社会监督，建立执法动态监督机制。

——改革和完善现有产业政策。继续完善各级政府造林绿化目标管理责任制和部门绿化责任制，进一步探索市场经济条件下全民义务植树的多种形式，制定相关政策推动义务植树和部门绿化工作的深入发展。通过相关产业政策的调整，推动植树造林工作的进一步发展，增加森林资源和林业碳汇。

——抓好林业重点生态建设工程。继续推进天然林资源保护、退耕还林还草、京津风沙源治理、防护林体系、野生动植物保护及自然保护区建设等林业重点生态建设工程，抓好生物质能源林基地建设，通过有效实施上述重点工程，进一步保护现有森林碳贮存，增加陆地碳贮存和吸收汇。

（六）城市废弃物。

——强化相关法律法规的实施。切实贯彻落实《中华人民共和国固体废物污染环境防治法》和《城市市容和环境卫生管理条例》《城市生活垃圾管理办法》等法律法规，使管理的重点由目前的末端管理过渡到全过程管理，即垃圾的源头削减、回收利用和最终的无害化处理，最大限度地规范垃圾产生者和处理者的行为，并把城市生活垃圾处理工作纳入城市总体规划。

——进一步完善行业标准。根据新形势要求，制定强制性垃圾分类和回收标准，提高垃圾的资源综合利用率，从源头上减少垃圾产生量。严格执行并进一步修订现行的《城市生活垃圾分类及其评价标准》《生活垃圾卫生填埋技术规范》《生活垃圾填埋无害化评价标准》等行业标准，提高对填埋场产生的可燃气体的收集利用水平，减少垃圾填埋场的甲烷排放量。

——加大技术开发和利用的力度。大力研究开发和推广利用先进的垃圾焚烧技术，提高国产化水平，有效降低成本，促进垃圾焚烧技术产业化发展。研究开发适合中国国情、规模适宜的垃圾填埋气回收利用技术和堆肥技术，为中小城市和农村提供亟须的垃圾处理技术。加大对技术研发、示范和推广利用的支持力度，加快垃圾处理和综合利用技术的发展步伐。

——发挥产业政策的导向作用。以国家产业政策为导向，通过实施生活垃圾处理收费制度，推行环卫行业服务性收费、经济承包责任制和生产事业单位实行企业化管理等措施，促进垃圾处理体制改革，改善目前分散式的垃圾收集利用方式，推动垃圾处理的产业化发展。

——制定促进填埋气体回收利用的激励政策。制定激励政策，鼓励企业建设和使用填埋气体收集利用系统。提高征收垃圾处置费的标准，对垃圾填埋气体发电和垃圾焚烧发电的上网电价给予优惠，对填埋气体收集利用项目实行优惠的增值税税率，并在一定时间内减免所得税。

二、适应气候变化的重点领域

（一）农业。

——继续加强农业基础设施建设。加快实施以节水改造为中心的大型灌区续建配套，着力搞好田间工程建设，更新改造老化机电设备，完善灌排体系。继续推进节水灌溉示范，在粮食主产区进行规模化建设试点，干旱缺水地区积极发展节水旱作农业，继续建设旱作农业示范区。狠抓小型农田水利建设，重点建设田间灌排工程、小型灌区、非灌区抗旱水源工程。加大粮食主产区中低产田盐碱和渍害治理力度，加快丘陵山区和其他干旱缺水地区雨水集蓄利用工程建设。

——推进农业结构和种植制度调整。优化农业区域布局，促进优势农产品向优势产区集中，形成优势农产品产业带，提高农业生产能力。扩大经济作物和饲料作物的种植，促进种植业结构向粮食作物、饲料作物和经济作物三元结构的转变。调整种植制度，发展多熟制，提高复种指数。

——选育抗逆品种。培育产量潜力高、品质优良、综合抗性突出和适应性广的优良动植物新品种。改进作物和品种布局，有计划地培育和选用抗旱、抗涝、抗高温、抗病虫害等抗逆品种。

——遏制草地荒漠化加重趋势。建设人工草场，控制草原的载畜量，恢复草原植被，增加草原覆盖度，防止荒漠化进一步蔓延。加强农区畜牧业发展，增强畜牧业生产能力。

——加强新技术的研究和开发。发展包括生物技术在内的新技术，力争在光合作用、生物固氮、生物技术、病虫害防治、抗御逆境、设施农业和精准农业等方面取得重大进展。继续实施"种子工程"、"畜禽水产良种工程"，搞好大宗农作物、畜禽良种繁育基地建设和扩繁推广。加强农业技术推广，提高农业应用新技术的能力。

（二）森林和其他自然生态系统。

——制定和实施与适应气候变化相关的法律法规。加快《中华人民共和国森林法》《中华人民共和国野生动物保护法》的修订，起草《中华人民共和国自然保护区法》，制定湿地保护条例等，并在有关法律法规中增加和强化与适应气候变化相关的条款，为提高森林和其他自然生态系统适应气候变化能力提供法制化保障。

——强化对现有森林资源和其他自然生态系统的有效保护。对天然林禁伐区实施严格保护，使天然林生态系统由逆向退化向顺向演替转变。实施湿地保护工程，有效减少人为干扰和破坏，遏制湿地面积下滑趋势。扩大自然保护区面积，提高自然保护区质量，建立保护区走廊。加强森林防火，建立完善的森林火灾预测预报、监测、扑救助、林火阻隔及火灾评估体系。积极整合现有林业监测资源，建立健全国家森林资源与生态状况综合监测体系。加强森林病虫害控制，进一步建立健全森林病虫害监测预警、检疫御灾及防灾减灾体系，加强综合防治，扩大生物防治。

——加大技术开发和推广应用力度。研究与开发森林病虫害防治和森林防火技术，研究选育耐寒、耐旱、抗病虫害能力强的树种，提高森林植物在气候适应和迁移过程中的竞争和适应能力。开发和利用生物多样性保护和恢复技术，特别是森林和野生动物类型自然保护区、湿地保护与修复、濒危野生动植物物种保护等相关技术，降低气候变化对生物多样性的影响。加强森林资源和森林生态系统定位观测与生态环境监测技术，包括森林环境、荒漠化、野生动植物、湿地、林火和森林病虫害等监测技术，完善生态环境监测网络和体系，提高预警和应急能力。

（三）水资源。

——强化水资源管理。坚持人与自然和谐共处的治水思路，在加强堤防和控制性工程建设的同时，积极退田还湖（河）、平垸行洪、疏浚河湖，对于生态严重恶化的河流，采取积极措施予以修复和保护。加强水资源统一管理，以流域为单元实行水资源统一管理，统一规划，统一调度。注重水资源的节约、保护和优化配置，改变水资源

"取之不尽、用之不竭"的错误观念，从传统的"以需定供"转为"以供定需"。建立国家初始水权分配制度和水权转让制度。建立与市场经济体制相适应的水利工程投融资体制和水利工程管理体制。

——加强水利基础设施的规划和建设。加快建设南水北调工程，通过三条调水线路与长江、黄河、淮河和海河四大江河联通，逐步形成"四横三纵、南北调配、东西互济"的水资源优化配置格局。加强水资源控制工程（水库等）建设、灌区建设与改造，继续实施并开工建设一些区域性调水和蓄水工程。

——加大水资源配置、综合节水和海水利用技术的研发与推广力度。重点研究开发大气水、地表水、土壤水和地下水的转化机制和优化配置技术，污水、雨洪资源化利用技术，人工增雨技术等。研究开发工业用水循环利用技术，开发灌溉节水、旱作节水与生物节水综合配套技术，重点突破精量灌溉技术、智能化农业用水管理技术及设备，加强生活节水技术及器具开发。加强海水淡化技术的研究、开发与推广。

（四）海岸带及沿海地区。

——建立健全相关法律法规。根据《中华人民共和国海洋环境保护法》和《中华人民共和国海域使用管理法》，结合沿海各地区的特点，制定区域管理条例或实施细则。建立合理的海岸带综合管理制度、综合决策机制以及行之有效的协调机制，及时处理海岸带开发和保护行动中出现的各种问题。建立综合管理示范区。

——加大技术开发和推广应用力度。加强海洋生态系统的保护和恢复技术研发，主要包括沿海红树林的栽培、移种和恢复技术，近海珊瑚礁生态系统以及沿海湿地的保护和恢复技术，降低海岸带生态系统的脆弱性。加快建设已经选划的珊瑚礁、红树林等海洋自然保护区，提高对海洋生物多样性的保护能力。

——加强海洋环境的监测和预警能力。增设沿海和岛屿的观测网点，建设现代化观测系统，提高对海洋环境的航空遥感、遥测能力，提高应对海平面变化的监视监测能力。建立沿海潮灾预警和应急系统，加强预警基础保障能力，加强业务化预警系统能力和加强预警产品的制作与分发能力，提高海洋灾害预警能力。

——强化应对海平面升高的适应性对策。采取护坡与护滩相结合、工程措施与生物措施相结合，提高设计坡高标准，加高加固海堤工程，强化沿海地区应对海平面上升的防护对策。控制沿海地区地下水超采和地面沉降，对已出现地下水漏斗和地面沉降区进行人工回灌。采取陆地河流与水库调水、以淡压咸等措施，应对河口海水倒灌和咸潮上溯。提高沿海城市和重大工程设施的防护标准，提高港口码头设计标高，调整排水口的底高。大力营造沿海防护林，建立一个多林种、多层次、多功能的防护林工程体系。

三、气候变化相关科技工作

——加强气候变化相关科技工作的宏观管理与协调。深化对气候变化相关科技工作重要意义的认识，努力贯彻落实"自主创新、重点跨越、支撑发展、引领未来"的科技指导方针和《国家中长期科学和技术发展规划纲要》对气候变化相关科技工作提出的要求，加强气候变化领域科技工作的宏观管理和政策引导，健全气候变化相关科技工作的领导和协调机制，完善气候变化相关科技工作在各地区和各部门的整体布局，进一步强化对气候变化相关科技工作的支持力度，加强气候变化科技资源的整合，鼓励和支持气候变化科技领域的创新，充分发挥科学技术在应对和解决气候变化方面的基础和支撑作用。

——推进中国气候变化重点领域的科学研究与技术开发工作。加强气候变化的科学事实与不确定性、气候变化对经济社会的影响、应对气候变化的经济社会成本效益分析和应对气候变化的技术选择与效果评价等重大问题的研究。加强中国气候观测系统建设，开发全球气候变化监测技术、温室气体减排技术和气候变化适应技术等，提高中国应对气候变化和履行国际公约的能力。重点研究开发大尺度气候变化准确监测技术、提高能效和清洁能源技术、主要行业二氧化碳、甲烷等温室气体的排放控制与处置利用技术、生物固碳技术及固碳工程技术等。

——加强气候变化科技领域的人才队伍建设。加强气候变化科技领域的人才培养，建立人才激励与竞争的有效机制，创造有利于人才脱颖而出的学术环境和氛围，特别重视培养具有国际视野和能够引领学科发展的学术带头人和尖子人才，鼓励青年人才脱颖而出。加强气候变化的学科建设，加大人才队伍的建设和整合力度，在气候变化领域科研机构建立"开放、流动、竞争、协作"的运行机制，充分利用多种渠道和方式提高中国科学家的研究水平和中国主要研究机构的自主创新能力，形成具有中国特色的气候变化科技管理队伍和研发队伍，并鼓励和推荐中国科学家参与气候变化领域国际科研计划和在相关国际研究机构中担任职务。

——加大对气候变化相关科技工作的资金投入。加大政府对气候变化相关科技工作的资金支持力度，建立相对稳定的政府资金渠道，确保资金落实到位、使用高效，发挥政府作为投入主渠道的作用。多渠道筹措资金，吸引社会各界资金投入气候变化的科技研发工作，将科技风险投资引入气候变化领域。充分发挥企业作为技术创新主体的作用，引导中国企业加大对气候变化领域技术研发的投入。积极利用外国政府、国际组织等双边和多边基金，支持中国开展气候变化领域的科学研究与技术开发。

四、气候变化公众意识

——发挥政府的推动作用。各级政府要把提高公众意识作为应对气候变化的一项重要工作抓紧抓好。要进一步提高各级政府领导干部、企事业单位决策者的气候变化意识，逐步建立一支具有较高全球气候变化意识的干部队伍；利用社会各界力量，宣传我国应对气候变化的各项方针政策，提高公众应对气候变化的意识。

——加强宣传、教育和培训工作。利用图书、报刊、音像等大众传播媒介，对社会各阶层公众进行气候变化方面的宣传活动，鼓励和倡导可持续的生活方式，倡导节约用电、用水，增强垃圾循环利用和垃圾分类的自觉意识等；在基础教育、成人教育、高等教育中纳入气候变化普及与教育的内容，使气候变化教育成为素质教育的一部分；举办各种专题培训班，就有关气候变化的各种问题，针对不同的培训对象开展专题培训活动，组织有关气候变化的科普学术研讨会；充分利用信息技术，进一步充实现有气候变化信息网站的内容及功能，使其真正成为获取信息、交流沟通的一个快速而有效的平台。

——鼓励公众参与。建立公众和企业界参与的激励机制，发挥企业参与和公众监督的作用。完善气候变化信息发布的渠道和制度，拓宽公众参与和监督渠道，充分发挥新闻媒介的舆论监督和导向作用。增加有关气候变化决策的透明度，促进气候变化领域管理的科学化和民主化。积极发挥民间社会团体和非政府组织的作用，促进广大公众和社会各界参与减缓全球气候变化的行动。

——加强国际合作与交流。加强国际合作，促进气候变化公众意识方面的合作与交流，积极借鉴国际上好的做法，完善国内相关工作。积极开展与世界各国关于全球气候变化的出版物、影视和音像作品的交流和交换，建立资料信息库，为国内有关单位、研究机构、高等学校等查询、了解气候变化相关信息提供服务。

五、机构和体制建设

——加强应对全球气候变化工作的领导。应对气候变化涉及经济社会、内政外交，国务院决定成立国家应对气候变化领导小组，温家宝总理担任组长，曾培炎副总理、唐家璇国务委员担任副组长。领导小组将研究确定国家应对气候变化的重大战略、方针和对策，协调解决应对气候变化工作中的重大问题。应对气候变化工作的办事机构设在发展改革委。国务院有关部门要认真履行职责，加强协调配合，形成应对气候变化的合力。地方各级人民政府要加强对本地区应对气候变化工作的组织领导，抓紧制定本地区应对气候变化的方案，并认真组织实施。

——建立地方应对气候变化的管理体系。建立地方应对气候变化管理机构，贯彻落实《国家方案》的相关内容，组织协调本地区应对气候变化的工作，协调本地区各方面的行动。建立地方气候变化专家队伍，根据各地区在地理环境、气候条件、经济发展水平等方面的具体情况，因地制宜地制定应对气候变化的相关政策措施。同时加强中央政府与地方政府的协调，促进相关政策措施的顺利实施。

——有效利用中国清洁发展机制基金。根据《清洁发展机制项目运行管理办法》中的有关规定，中国政府对清洁发展机制项目收取一定比例的"温室气体减排量转让额"，用于建立中国清洁发展机制基金，并通过基金管理中心支持气候变化领域的相关活动。中国清洁发展机制基金的建立，对于加强气候变化基础研究工作，提高适应与减缓气候变化的能力，保障《国家方案》的有效实施，缓解气候变化领域的资金需求压力，都将起到积极的作用。

第五部分　中国对若干问题的基本立场及国际合作需求

气候变化主要是发达国家自工业革命以来大量排放二氧化碳等温室气体造成的，其影响已波及全球。应对气候变化，需要国际社会广泛合作。为有效应对气候变化，并落实本方案，中国愿与各国加强合作，并呼吁发达国家按《气候公约》规定，切实履行向发展中国家提供资金和技术的承诺，提高发展中国家应对气候变化的能力。

一、中国对气候变化若干问题的基本立场

（一）减少温室气体排放。

减少温室气体排放是应对气候变化的重要方面。《气候公约》附件一缔约方国家应按"共同但有区别的责任"原则率先采取减排措施。发展中国家由于其历史排放少，当前人均温室气体排放水平比较低，其主要任务是实现可持续发展。中国作为发展中国家，将根据其可持续发展战略，通过提高能源效率、节约能源、发展可再生能源、

加强生态保护和建设、大力开展植树造林等措施，努力控制温室气体排放，为减缓全球气候变化做出贡献。

（二）适应气候变化。

适应气候变化是应对气候变化措施不可分割的组成部分。过去，适应方面没有引起足够的重视，这种状况必须得到根本改变。国际社会今后在制定进一步应对气候变化法律文书时，应充分考虑如何适应已经发生的气候变化问题，尤其是提高发展中国家抵御灾害性气候事件的能力。中国愿与国际社会合作，积极参与适应领域的国际活动和法律文书的制定。

（三）技术合作与技术转让。

技术在应对气候变化中发挥着核心作用，应加强国际技术合作与转让，使全球共享技术发展所产生的惠益。应建立有效的技术合作机制，促进应对气候变化技术的研发、应用与转让；应消除技术合作中存在的政策、体制、程序、资金以及知识产权保护方面的障碍，为技术合作和技术转让提供激励措施，使技术合作和技术转让在实践中得以顺利进行；应建立国际技术合作基金，确保广大发展中国家买得起、用得上先进的环境友好型技术。

（四）切实履行《气候公约》和《京都议定书》的义务。

《气候公约》规定了应对气候变化的目标、原则和承诺，《京都议定书》在此基础上进一步规定了发达国家 2008～2012 年的温室气体减排目标，各缔约方均应切实履行其在《气候公约》和《京都议定书》下的各项承诺，发达国家应切实履行其率先采取减排温室气体行动，并向发展中国家提供资金和转让技术的承诺。中国作为负责任的国家，将认真履行其在《气候公约》和《京都议定书》下的义务。

（五）气候变化区域合作。

《气候公约》和《京都议定书》设立了国际社会应对气候变化的主体法律框架，但这绝不意味着排斥区域气候变化合作。任何区域性合作都应是对《气候公约》和《京都议定书》的有益补充，而不是替代或削弱，目的是为了充分调动各方面应对气候变化的积极性，推动务实的国际合作。中国将本着这种精神参与气候变化领域的区域合作。

二、气候变化国际合作需求

（一）技术转让和合作需求。

——气候变化观测、监测技术。主要技术需求包括：大气、海洋和陆地生态系统观测技术，气象、海洋和资源卫星技术，气候变化监测与检测技术，以及气候系统的模拟和计算技术等方面，其中各种先进的观测设备制造技术、高分辨率和高精度卫星技术、卫星和遥感信息的提取和反演技术、高性能的气候变化模拟技术等都是中国在气候系统观测体系建设方面所急需的，是该领域技术合作需求的重点。

——减少温室气体排放技术。中国正在进行大规模的基础设施建设，对减少温室气体排放重大技术的需求十分强烈。主要技术需求包括：先进的能源技术和制造技术，环保与资源综合利用技术，高效交通运输技术，新材料技术，新型建筑材料技术等方面，其中高效低污染燃煤发电技术，大型水力发电机组技术，新型核能技术，可再生能源技术，建筑节能技术，洁净燃气汽车、混合动力汽车技术，城市轨道交通技术，燃料电池和氢能技术，高炉富氧喷煤炼铁及长寿命技术，中小型氮肥生产装置的改扩建综合技术，路用新材料技术，新型墙体材料技术等在中国的应用与推广，将对减少温室气体排放产生重大影响。

——适应气候变化技术。主要技术需求包括：喷灌、滴灌等高效节水农业技术，工业水资源节约与循环利用技术，工业与生活废水处理技术，居民生活节水技术，高效防洪技术，农业生物技术，农业育种技术，新型肥料与农作物病虫害防治技术，林业与草原病虫害防治技术，速生丰产林与高效薪炭林技术，湿地、红树林、珊瑚礁等生态系统恢复和重建技术，洪水、干旱、海平面上升、农业灾害等观测与预警技术等。如果中国能及时获得上述技术，将有助于增强中国适应气候变化的能力。

（二）能力建设需求。

——人力资源开发方面。主要需求包括：气候变化基础研究、减缓和适应的政策分析、信息化建设、清洁发展机制项目管理等方面的人员培训、国际交流、学科建设和专业技能培养等能力建设。

——适应气候变化方面。主要需求包括：开发气候变化适应性项目，开展极端气候事件案例研究，完善气候观测系统，提高沿海地区及水资源和农业等部门适应气候变化等能力建设。

——技术转让与合作方面。主要需求包括：及时跟踪国际技术发展动态，有效识别与评价气候变化领域中的先进适用技术，促进技术转让与合作的对策分析，提高对转让技术的消化和吸收等能力建设。

——提高公众意识方面。主要需求包括：制定提高公众气候变化意识的中长期规划及相关政策，建立与国际接轨的专业宣传教育网络和机构，培养宣传教育人才，面向不同区域、不同层次利益相关者的宣传教育活动，宣传普及气候变化知识，引导公众选择有利于保护气候的消费模式等能力建设。

——信息化建设方面。主要需求包括：分布式的气候变化信息数据库群，基于网络的气候变化信息共享平台，以应用为导向的气候变化信息体系和信息服务体系，公益性信息服务体系和发展产业化信息服务体系，国际信息交流与合作等能力建设。

——国家信息通报编制方面。主要需求包括：满足清单编制需求的统计体系，确定主要排放因子所需的测试数据，清单质量控制、气候变化影响和适应性评价、未来温室气体排放预测等方法，以及国家温室气体数据库等能力建设。

附录二

《"十四五"节能减排综合工作方案》①

（本文有删减）

为认真贯彻落实党中央、国务院重大决策部署，大力推动节能减排，深入打好污染防治攻坚战，加快建立健全绿色低碳循环发展经济体系，推进经济社会发展全面绿色转型，助力实现碳达峰、碳中和目标，制定本方案。

一、总体要求

以习近平新时代中国特色社会主义思想为指导，全面贯彻党的十九大和十九届历次全会精神，深入贯彻习近平生态文明思想，坚持稳中求进工作总基调，立足新发展阶段，完整、准确、全面贯彻新发展理念，构建新发展格局，推动高质量发展，完善实施能源消费强度和总量双控（以下称能耗双控）、主要污染物排放总量控制制度，组织实施节能减排重点工程，进一步健全节能减排政策机制，推动能源利用效率大幅提高、主要污染物排放总量持续减少，实现节能降碳减污协同增效、生态环境质量持续改善，确保完成"十四五"节能减排目标，为实现碳达峰、碳中和目标奠定坚实基础。

---

① 资料来源：http://www.gov.cn/gongbao/content/2022/content_5674299.htm。

二、主要目标

到2025年，全国单位国内生产总值能源消耗比2020年下降13.5%，能源消费总量得到合理控制，化学需氧量、氨氮、氮氧化物、挥发性有机物排放总量比2020年分别下降8%、8%、10%以上、10%以上。节能减排政策机制更加健全，重点行业能源利用效率和主要污染物排放控制水平基本达到国际先进水平，经济社会发展绿色转型取得显著成效。

三、实施节能减排重点工程

（一）重点行业绿色升级工程。以钢铁、有色金属、建材、石化化工等行业为重点，推进节能改造和污染物深度治理。推广高效精馏系统、高温高压干熄焦、富氧强化熔炼等节能技术，鼓励将高炉—转炉长流程炼钢转型为电炉短流程炼钢。推进钢铁、水泥、焦化行业及燃煤锅炉超低排放改造，到2025年，完成5.3亿吨钢铁产能超低排放改造，大气污染防治重点区域燃煤锅炉全面实现超低排放。加强行业工艺革新，实施涂装类、化工类等产业集群分类治理，开展重点行业清洁生产和工业废水资源化利用改造。推进新型基础设施能效提升，加快绿色数据中心建设。"十四五"时期，规模以上工业单位增加值能耗下降13.5%，万元工业增加值用水量下降16%。到2025年，通过实施节能降碳行动，钢铁、电解铝、水泥、平板玻璃、炼油、乙烯、合成氨、电石等重点行业产能和数据中心达到能效标杆水平的比例超过30%。（工业和信息化部、国家发展改革委、生态环境部、市场监管总局、国家能源局等按职责分工负责，地方各级人民政府负责落实。以下均需地方各级人民政府落实，不再列出）

（二）园区节能环保提升工程。引导工业企业向园区集聚，推动工业园区能源系统整体优化和污染综合整治，鼓励工业企业、园区优先利用可再生能源。以省级以上工业园区为重点，推进供热、供电、污水处理、中水回用等公共基础设施共建共享，对进水浓度异常的污水处理厂开展片区管网系统化整治，加强一般固体废物、危险废物集中贮存和处置，推动挥发性有机物、电镀废水及特征污染物集中治理等"绿岛"项目建设。到2025年，建成一批节能环保示范园区。（国家发展改革委、工业和信息化部、生态环境部等按职责分工负责）

（三）城镇绿色节能改造工程。全面推进城镇绿色规划、绿色建设、绿色运行管理，推动低碳城市、韧性城市、海绵城市、"无废城市"建设。全面提高建筑节能标准，加快发展超低能耗建筑，积极推进既有建筑节能改造、建筑光伏一体化建设。因地制宜推动北方地区清洁取暖，加快工业余热、可再生能源等在城镇供热中的规模化应用。实施绿色高效制冷行动，以建筑中央空调、数据中心、商务产业园区、冷链物流等为重点，更新升级制冷技术、设备，优化负荷供需匹配，大幅提升制冷系统能效水平。实施公共供水管网漏损治理工程。到 2025 年，城镇新建建筑全面执行绿色建筑标准，城镇清洁取暖比例和绿色高效制冷产品市场占有率大幅提升。（住房城乡建设部、生态环境部、国家发展改革委、自然资源部、交通运输部、市场监管总局、国家能源局等按职责分工负责）

（四）交通物流节能减排工程。推动绿色铁路、绿色公路、绿色港口、绿色航道、绿色机场建设，有序推进充换电、加注（气）、加氢、港口机场岸电等基础设施建设。提高城市公交、出租、物流、环卫清扫等车辆使用新能源汽车的比例。加快大宗货物和中长途货物运输"公转铁""公转水"，大力发展铁水、公铁、公水等多式联运。全面实施汽车国六排放标准和非道路移动柴油机械国四排放标准，基本淘汰国三及以下排放标准汽车。深入实施清洁柴油机行动，鼓励重型柴油货车更新替代。实施汽车排放检验与维护制度，加强机动车排放召回管理。加强船舶清洁能源动力推广应用，推动船舶岸电受电设施改造。提升铁路电气化水平，推广低能耗运输装备，推动实施铁路内燃机车国一排放标准。大力发展智能交通，积极运用大数据优化运输组织模式。加快绿色仓储建设，鼓励建设绿色物流园区。加快标准化物流周转箱推广应用。全面推广绿色快递包装，引导电商企业、邮政快递企业选购使用获得绿色认证的快递包装产品。到 2025 年，新能源汽车新车销售量达到汽车新车销售总量的 20% 左右，铁路、水路货运量占比进一步提升。（交通运输部、国家发展改革委牵头，工业和信息化部、公安部、财政部、生态环境部、住房城乡建设部、商务部、市场监管总局、国家能源局、国家铁路局、中国民航局、国家邮政局、中国国家铁路集团有限公司等按职责分工负责）

（五）农业农村节能减排工程。加快风能、太阳能、生物质能等可再生能源在农业生产和农村生活中的应用，有序推进农村清洁取暖。推广应用农用电动车辆、节能环保农机和渔船，发展节能农业大棚，推进农房节能改造和绿色农房建设。强化农业面源污染防治，推进农药化肥减量增效、秸秆综合利用，加快农膜和农药包装废弃物回收处理。深入推进规模养殖场污染治理，整县推进畜禽粪污资源化利用。整治提升农村人居环境，提高农村污水垃圾处理能力，基本消除较大面积的农村黑臭水体。到

2025年,农村生活污水治理率达到40%,秸秆综合利用率稳定在86%以上,主要农作物化肥、农药利用率均达到43%以上,畜禽粪污综合利用率达到80%以上,绿色防控、统防统治覆盖率分别达到55%、45%,京津冀及周边地区大型规模化养殖场氨排放总量削减5%。(农业农村部、生态环境部、国家能源局、国家乡村振兴局牵头,国家发展改革委、工业和信息化部、住房城乡建设部、水利部、市场监管总局等按职责分工负责)

(六)公共机构能效提升工程。加快公共机构既有建筑围护结构、供热、制冷、照明等设施设备节能改造,鼓励采用能源费用托管等合同能源管理模式。率先淘汰老旧车,率先采购使用节能和新能源汽车,新建和既有停车场要配备电动汽车充电设施或预留充电设施安装条件。推行能耗定额管理,全面开展节约型机关创建行动。到2025年,创建2000家节约型公共机构示范单位,遴选200家公共机构能效领跑者。(国管局、中直管理局等按职责分工负责)

(七)重点区域污染物减排工程。持续推进大气污染防治重点区域秋冬季攻坚行动,加大重点行业结构调整和污染治理力度。以大气污染防治重点区域及珠三角地区、成渝地区等为重点,推进挥发性有机物和氮氧化物协同减排,加强细颗粒物和臭氧协同控制。持续打好长江保护修复攻坚战,扎实推进城镇污水垃圾处理和工业、农业面源、船舶、尾矿库等污染治理工程,到2025年,长江流域总体水质保持为优,干流水质稳定达到Ⅱ类。着力打好黄河生态保护治理攻坚战,实施深度节水控水行动,加强重要支流污染治理,开展入河排污口排查整治,到2025年,黄河干流上中游(花园口以上)水质达到Ⅱ类。(国家发展改革委、生态环境部、工业和信息化部、水利部牵头,住房城乡建设部、交通运输部、国家能源局等按职责分工负责)

(八)煤炭清洁高效利用工程。要立足以煤为主的基本国情,坚持先立后破,严格合理控制煤炭消费增长,抓好煤炭清洁高效利用,推进存量煤电机组节煤降耗改造、供热改造、灵活性改造"三改联动",持续推动煤电机组超低排放改造。稳妥有序推进大气污染防治重点区域燃料类煤气发生炉、燃煤热风炉、加热炉、热处理炉、干燥炉(窑)以及建材行业煤炭减量,实施清洁电力和天然气替代。推广大型燃煤电厂热电联产改造,充分挖掘供热潜力,推动淘汰供热管网覆盖范围内的燃煤锅炉和散煤。加大落后燃煤锅炉和燃煤小热电退出力度,推动以工业余热、电厂余热、清洁能源等替代煤炭供热(蒸汽)。到2025年,非化石能源占能源消费总量比重达到20%左右。"十四五"时期,京津冀及周边地区、长三角地区煤炭消费量分别下降10%、5%左右,汾渭平原煤炭消费量实现负增长。（国家发展改革委、生态环境部、工业和信息化部、住房城乡建设部、市场监管总局、国家能源局等按职责分工负责）

（九）挥发性有机物综合整治工程。推进原辅材料和产品源头替代工程，实施全过程污染物治理。以工业涂装、包装印刷等行业为重点，推动使用低挥发性有机物含量的涂料、油墨、胶粘剂、清洗剂。深化石化化工等行业挥发性有机物污染治理，全面提升废气收集率、治理设施同步运行率和去除率。对易挥发有机液体储罐实施改造，对浮顶罐推广采用全接液浮盘和高效双重密封技术，对废水系统高浓度废气实施单独收集处理。加强油船和原油、成品油码头油气回收治理。到 2025 年，溶剂型工业涂料、油墨使用比例分别降低 20 个百分点、10 个百分点，溶剂型胶粘剂使用量降低20%。（工业和信息化部、生态环境部等按职责分工负责）

（十）环境基础设施水平提升工程。加快构建集污水、垃圾、固体废物、危险废物、医疗废物处理处置设施和监测监管能力于一体的环境基础设施体系，推动形成由城市向建制镇和乡村延伸覆盖的环境基础设施网络。推进城市生活污水管网建设和改造，实施混错接管网改造、老旧破损管网更新修复，加快补齐处理能力缺口，推行污水资源化利用和污泥无害化处置。建设分类投放、分类收集、分类运输、分类处理的生活垃圾处理系统。到 2025 年，新增和改造污水收集管网 8 万公里，新增污水处理能力 2000 万立方米/日，城市污泥无害化处置率达到 90%，城镇生活垃圾焚烧处理能力达到 80 万吨/日左右，城市生活垃圾焚烧处理能力占比 65% 左右。（国家发展改革委、住房城乡建设部、生态环境部等按职责分工负责）

四、健全节能减排政策机制

（一）优化完善能耗双控制度。坚持节能优先，强化能耗强度降低约束性指标管理，有效增强能源消费总量管理弹性，加强能耗双控政策与碳达峰、碳中和目标任务的衔接。以能源产出率为重要依据，综合考虑发展阶段等因素，合理确定各地区能耗强度降低目标。国家对各省（自治区、直辖市）"十四五"能耗强度降低实行基本目标和激励目标双目标管理，由各省（自治区、直辖市）分解到每年。完善能源消费总量指标确定方式，各省（自治区、直辖市）根据地区生产总值增速目标和能耗强度降低基本目标确定年度能源消费总量目标，经济增速超过预期目标的地区可相应调整能源消费总量目标。对能耗强度降低达到国家下达的激励目标的地区，其能源消费总量在当期能耗双控考核中免予考核。各地区"十四五"时期新增可再生能源电力消费量不纳入地方能源消费总量考核。原料用能不纳入全国及地方能耗双控考核。有序实施国家重大项目能耗单列,支持国家重大项目建设。加强节能形势分析预警,对高预警等级地区加强工作指导。推动科学有序实行用能预算管理,优化能源要素合理配置。(国家发展改革委牵头,国家统计局、国家能源局等按职责分工负责)

(二)健全污染物排放总量控制制度。坚持精准治污、科学治污、依法治污,把污染物排放总量控制制度作为加快绿色低碳发展、推动结构优化调整、提升环境治理水平的重要抓手,推进实施重点减排工程,形成有效减排能力。优化总量减排指标分解方式,按照可监测、可核查、可考核的原则,将重点工程减排量下达地方,污染治理任务较重的地方承担相对较多的减排任务。改进总量减排核算方法,制定核算技术指南,加强与排污许可、环境影响评价审批等制度衔接,提升总量减排核算信息化水平。完善总量减排考核体系,健全激励约束机制,强化总量减排监督管理,重点核查重复计算、弄虚作假特别是不如实填报削减量和削减来源等问题。(生态环境部负责)

(三)坚决遏制高耗能高排放项目盲目发展。根据国家产业规划、产业政策、节能审查、环境影响评价审批等政策规定,对在建、拟建、建成的高耗能高排放项目(以下称"两高"项目)开展评估检查,建立工作清单,明确处置意见,严禁违规"两高"项目建设、运行,坚决拿下不符合要求的"两高"项目。加强对"两高"项目节能审查、环境影响评价审批程序和结果执行的监督评估,对审批能力不适应的依法依规调整上收审批权。对年综合能耗5万吨标准煤及以上的"两高"项目加强工作指导。严肃财经纪律,指导金融机构完善"两高"项目融资政策。(国家发展改革委、工业和信息化部、生态环境部牵头,人民银行、市场监管总局、银保监会、国家能源局等按职责分工负责)

(四)健全法规标准。推动制定修订资源综合利用法、节约能源法、循环经济促进法、清洁生产促进法、环境影响评价法及生态环境监测条例、民用建筑节能条例、公共机构节能条例等法律法规,完善固定资产投资项目节能审查、电力需求侧管理、非道路移动机械污染防治管理等办法。对标国际先进水平制定修订一批强制性节能标准,深入开展能效、水效领跑者引领行动。制定修订居民消费品挥发性有机物含量限制标准和涉挥发性有机物重点行业大气污染物排放标准,进口非道路移动机械执行国内排放标准。研究制定下一阶段轻型车、重型车排放标准和油品质量标准。(国家发展改革委、生态环境部、司法部、工业和信息化部、财政部、住房城乡建设部、交通运输部、市场监管总局、国管局等按职责分工负责)

（五）完善经济政策。各级财政加大节能减排支持力度，统筹安排相关专项资金支持节能减排重点工程建设，研究对节能目标责任评价考核结果为超额完成等级的地区给予奖励。逐步规范和取消低效化石能源补贴。扩大中央财政北方地区冬季清洁取暖政策支持范围。建立农村生活污水处理设施运维费用地方各级财政投入分担机制。扩大政府绿色采购覆盖范围。健全绿色金融体系，大力发展绿色信贷，支持重点行业领域节能减排，用好碳减排支持工具和支持煤炭清洁高效利用专项再贷款，加强环境和社会风险管理。鼓励有条件的地区探索建立绿色贷款财政贴息、奖补、风险补偿、信用担保等配套支持政策。加快绿色债券发展，支持符合条件的节能减排企业上市融资和再融资。积极推进环境高风险领域企业投保环境污染责任保险。落实环境保护、节能节水、资源综合利用税收优惠政策。完善挥发性有机物监测技术和排放量计算方法，在相关条件成熟后，研究适时将挥发性有机物纳入环境保护税征收范围。强化电价政策与节能减排政策协同，持续完善高耗能行业阶梯电价等绿色电价机制，扩大实施范围、加大实施力度，落实落后"两高"企业的电价上浮政策。深化供热体制改革，完善城镇供热价格机制。建立健全城镇污水处理费征收标准动态调整机制，具备条件的东部地区、中西部城市近郊区探索建立受益农户污水处理付费机制。（国家发展改革委、财政部、人民银行、银保监会、证监会、工业和信息化部、生态环境部、住房城乡建设部、税务总局、国家能源局等按职责分工负责）

（六）完善市场化机制。深化用能权有偿使用和交易试点，加强用能权交易与碳排放权交易的统筹衔接，推动能源要素向优质项目、企业、产业及经济发展条件好的地区流动和集聚。培育和发展排污权交易市场，鼓励有条件的地区扩大排污权交易试点范围。推广绿色电力证书交易。全面推进电力需求侧管理。推行合同能源管理，积极推广节能咨询、诊断、设计、融资、改造、托管等"一站式"综合服务模式。规范开放环境治理市场，推行环境污染第三方治理，探索推广生态环境导向的开发、环境托管服务等新模式。强化能效标识管理制度，扩大实施范围。健全统一的绿色产品标准、认证、标识体系，推行节能低碳环保产品认证。（国家发展改革委、生态环境部、工业和信息化部、财政部、市场监管总局、国家能源局等按职责分工负责）

（七）加强统计监测能力建设。严格实施重点用能单位能源利用状况报告制度，健全能源计量体系，加强重点用能单位能耗在线监测系统建设和应用。完善工业、建筑、交通运输等领域能源消费统计制度和指标体系，探索建立城市基础设施能源消费统计制度。优化污染源统计调查范围，调整污染物统计调查指标和排放计算方法。构建覆盖排污许可持证单位的固定污染源监测体系,加强工业园区污染源监测,推动涉挥发性有机物排放的重点排污单位安装在线监控监测设施。加强统计基层队伍建设,强化统计数据审核,防范统计造假、弄虚作假,提升统计数据质量。(国家统计局、国家发展改革委、生态环境部、工业和信息化部、住房城乡建设部、交通运输部、市场监管总局等按职责分工负责)

(八)壮大节能减排人才队伍。健全省、市、县三级节能监察体系,加强节能监察能力建设。重点用能单位按要求设置能源管理岗位和负责人。加强县级及乡镇基层生态环境监管队伍建设,重点排污单位设置专职环保人员。加大政府有关部门及监察执法机构、企业等节能减排工作人员培训力度,通过业务培训、比赛竞赛、经验交流等方式提高业务水平。开发节能环保领域新职业,组织制定相应职业标准。(国家发展改革委、生态环境部、工业和信息化部、人力资源社会保障部等按职责分工负责)

五、强化工作落实

(一)加强组织领导。各地区、各部门和各有关单位要充分认识节能减排工作的重要性和紧迫性,把思想和行动统一到党中央、国务院关于节能减排的决策部署上来,立足经济社会发展大局,坚持系统观念,明确目标责任,制定实施方案,狠抓工作落实,确保完成"十四五"节能减排各项任务。地方各级人民政府对本行政区域节能减排工作负总责,主要负责同志是第一责任人,要切实加强组织领导和部署推进,将本地区节能减排目标与国民经济和社会发展五年规划及年度计划充分衔接,科学明确下一级政府、有关部门和重点单位责任。要科学考核,防止简单层层分解。中央企业要带头落实节能减排目标责任,鼓励实行更严格的目标管理。国家发展改革委、生态环境部要加强统筹协调,做好工作指导,推动任务有序有效落实,及时防范化解风险,重大情况及时向国务院报告。(国家发展改革委、生态环境部牵头,各有关部门按职责分工负责)

(二)强化监督考核。开展"十四五"省级人民政府节能减排目标责任评价考核,科学运用考核结果,对工作成效显著的地区加强激励,对工作不力的地区加强督促指导,考核结果经国务院审定后,交由干部主管部门作为对省级人民政府领导班子和领导干部综合考核评价的重要依据。完善能耗双控考核措施,增加能耗强度降低约束性指标考核权重,加大对坚决遏制"两高"项目盲目发展、推动能源资源优化配置措施落实情况的考核力度,统筹目标完成进展、经济形势及跨周期因素,优化考核频次。

继续开展污染防治攻坚战成效考核，把总量减排目标任务完成情况作为重要考核内容，压实减排工作责任。完善中央生态环境保护督察制度，深化例行督察，强化专项督察。（国家发展改革委、生态环境部牵头，中央组织部等按职责分工负责）

（三）开展全民行动。深入开展绿色生活创建行动，增强全民节约意识，倡导简约适度、绿色低碳、文明健康的生活方式，坚决抵制和反对各种形式的奢侈浪费，营造绿色低碳社会风尚。推行绿色消费，加大绿色低碳产品推广力度，组织开展全国节能宣传周、世界环境日等主题宣传活动，通过多种传播渠道和方式广泛宣传节能减排法规、标准和知识。加大先进节能减排技术研发和推广力度。发挥行业协会、商业团体、公益组织的作用，支持节能减排公益事业。畅通群众参与生态环境监督渠道。开展节能减排自愿承诺，引导市场主体、社会公众自觉履行节能减排责任。（中央宣传部、中直管理局、国家发展改革委、科技部、生态环境部、国管局、全国妇联等按职责分工负责）